全国高等院校和职业院校经济与商务专业的选用教材

实用写作培训丛书

Copywriting Guide to Marketing Planning

营销策划文案写作指要【第二版】

陈建中　吕　波◎编著

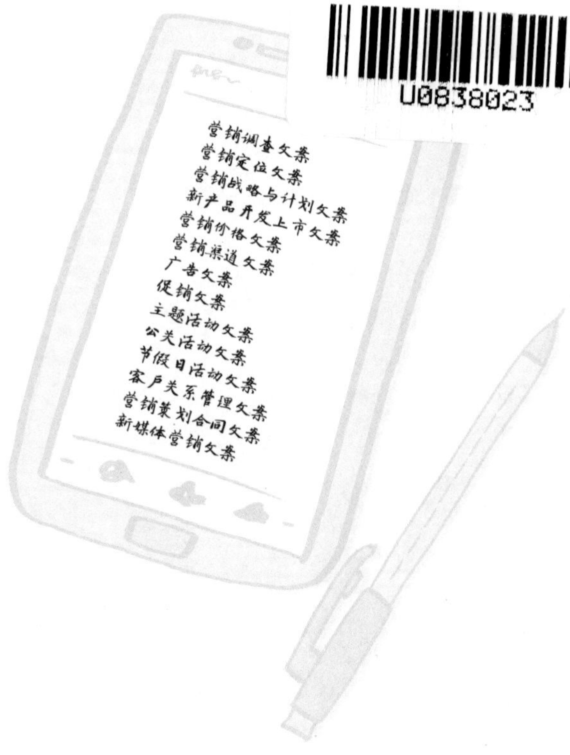

中国经济出版社
CHINA ECONOMIC PUBLISHING HOUSE
·北 京·

图书在版编目（CIP）数据

营销策划文案写作指要/陈建中，吕波编著．—2 版．
—北京：中国经济出版社，2020.3
ISBN 978 - 7 - 5136 - 5527 - 9

Ⅰ．①营…　Ⅱ．①陈…　②吕…　Ⅲ．①营销策划—文书—写作　Ⅳ．①F713.50

中国版本图书馆 CIP 数据核字（2019）第 011556 号

责任编辑　陈　瑞
责任印制　马小宾
封面设计　任燕飞工作室

出版发行　中国经济出版社
印 刷 者　北京力信诚印刷有限公司
经 销 者　各地新华书店
开　　本　710mm × 1000mm　1/16
印　　张　20.5
字　　数　336 千字
版　　次　2020 年 3 月第 2 版
印　　次　2020 年 3 月第 1 次
定　　价　49.80 元
广告经营许可证　京西工商广字第 8179 号

中国经济出版社　**网址** www.economyph.com　**社址** 北京市东城区安定门外大街 58 号　**邮编** 100011
本版图书如存在印装质量问题，请与本社销售中心联系调换（联系电话：010 - 57512564）

再版前言

《营销策划文案写作指要》一书出版以来，深受广大读者朋友欢迎。作为全国高等院校和职业院校经济与商务专业的选用教材，受到广大师生、各级政府经济与商务管理部门以及商业系统和商业企业实际工作者普遍认同和好评。本书坚持理论与实际相结合，为广大商务管理人员和营销工作者解决商务活动中出现的实际问题，以及商品流通与营销活动中的文案策划写作，提供了理论指导与范文示例，对于推动我国国际国内商品流通与交易活动，促进对内对外贸易发展，都有着积极的理论与实践指导意义。

作为高等经济院校商务专业教材，本书对于培养实践型商务专业人才具有一定的示范作用。传统商业理论教材多偏重于商务基础理论知识的培养与教育，但缺少实际应用和实际操作能力的培养。本书采用理论与实际相结合的方式，在编写体例上，既有关于商品流通营销策划文案写作的基本理论知识和写作要领，又有与商品流通和营销策划文案紧密联系的范文示例，把理论传授与实际写作结合起来，对培养学生和商业流通实际工作者的动手写作能力与实际操作水平具有明显的效果。

本书也为各级政府经济和商务管理部门管理工作人员提供了有益的参考。随着我国改革开放的深入发展，进一步扩大了国际国内的商务合作与商贸交往活动，为了解决商务交往活动中出现的各种实际问题，加强贸易双方的商务往来和科学管理，加深相互了解和深化合作，科学规范的商品流通与营销活动就显得愈益重要，本书则为政府有关部门科学管理商品流通和商务活动，促进对内对外贸易发展，增进交流合作提供了指导。

本书还为我国商贸系统及商业企业实际工作人员提高商品交易与营销策划文案写作水平，加强双方贸易往来与交流合作提供了具体的示范文本和工具书指导。随着国际国内商贸交往交易活动的深入扩大，科学宣传我国商业商品品牌，提高品牌知名度，进一步扩大商品交易活动，推动对内对外贸易发展，加强贸易合作，熟练掌握商品流通和营销策划文案写作显得尤为重要，其在商品流通和商务交往活动中已显得须臾不可缺少，也成为现代商贸工作者一项必备的基本职业素养与素质。

应广大商务管理与商贸流通工作人员的具体要求，我们在该书再版之际，对全书进行了系统全面的修订与修改，归纳起来，主要进行了以下改动：

1. 党的十九大报告提出，当前我国社会的主要矛盾，已经转化为人民日益增长的美好生活需要和不平衡不充分发展的矛盾。所谓发展不平衡，既有经济部门之间不平衡，如一、二、三产业发展不协调问题；又有区域发展不平衡，如城乡发展、东西部发展、发达地区与落后地区发展不平衡问题；还有需求与供给之间的结构不平衡及供给侧结构性改革等问题。所谓发展不充分，既有质量问题，又有结构问题；既有公平问题，又有效率问题；既有创新能力不足问题，又有发展动能减弱问题；既有收入分配不公问题，又有贫富分化问题；既有经济活力下降问题，又有经济增速放缓问题；既有产能过剩问题，又有流通不畅问题；等等。根据党的十九大报告精神，我们对部分涉及内容进行了修改调整。

2. 党中央与国务院提出了全面深化改革进入深水区，并进一步简政放权，下放和废除了大批不合理与过时的法规文件及审批规章制度，深入推动供给侧结构性改革，国家政策变化引起经济形势发生变化。我们对原书中涉及一些已经下放和废除的规章制度也进行了修改。如有关商品流通与物流业振兴政策的调整，商业企业流通领域管理问题，以及有关商品广告宣传和《电子商务法》涉及条款等都进行了适当修改。

3. 随着电子商务等新型商业业态的迅猛发展，商业流通领域出现了新的变化与趋势，如淘宝网店的开设，电子商务对传统实体店的冲击等。随着微信、微博等新媒体的崛起，为使消费者方便参与传播过程，本书特地增加了《环节十四：新媒体营销策划文案》一章，因为随着时代的发展，新媒体营销手段更容易被受众特别是年轻消费者青睐。书中该章增设了视频类营销策划文案、故事类营销策划文案、情感类营销策划文案三节，以适应电子商务与新型业态的发展。

4. 全书对原来引用的比较陈旧的资料和数据都进行了修订和改动，重新引用了近年来经济发展的最新数据与资料，如人口计划生育放开二胎政策后,2017年我国新生人口约为1723万人,其中头胎为53%左右,二胎为47%左右。书中对于由此引起的经济发展变化进一步进行了修订修改。

5. 全书还对一些疏漏、错误及语言文字进行了修改。

尽管我们对全书进行了大量修改,但难免仍然会存在不少错误与缺点,希望广大读者朋友批评指正,并有待在以后的再版中进一步修订。

作者于京华寓所

2019年9月29日

序　言

《孙子兵法》说:“夫用兵之法,全国为上,破国次之”;“是故百战百胜,非善之善也;不战而屈人之兵,善之善者也”。这实际上道出了策划的重要性,正所谓运筹帷幄,决胜千里。在企业参与市场竞争的过程中,营销策划是竞争的利器,它是指在对企业外部环境予以准确的分析,并有效地运用经营资源的基础上,对一定时间内的企业营销活动的行为方针、目标、战略,以及实施方案与具体行动做出精心设计和计划。而营销策划文案是整个营销策划的基础,由此可见写好营销策划文案的重要性不言而喻。

在写作营销策划文案时,很多人经常遇到各种各样的困惑。以下是常遇到的主要问题。

问题之一:为什么要写作营销策划文案?

本书认为,写好营销策划文案对于企业提高竞争力至关重要。众所周知,我国的企业正在积极实施“走出去”战略,比如我国的汽车企业吉利收购了瑞典的汽车品牌沃尔沃。但我国汽车企业在对于如何改变品牌的低端形象、打开国际市场等问题上却遇到了困惑。实际上,在本书的“环节七:广告文案”一节中已经为我们提供了思路。我们目前遇到的这些问题,德国品牌汽车在当年开拓美国市场时就曾经遇到过。当时,德国大众的金龟车被市场批评为具有小、丑陋、不合格等缺点,面对不利评价,德国大众是如何做的呢?它巧妙地利用文案来说话!在该车系列广告中,它们推出了《想想小的好处》《不合格的车》《某种外形很难再改良》等经典文案(具体内容参见本书),一举改变了美国消费者的印象和偏见。可以说,是营销策划文案改变了品牌的命运,我们应当充分进行借鉴。

对于个人来说,写好营销策划文案也是非常有用的。例如,我们天天都在召开或者组织各种各样的会议,但是会议要想取得较好的预期效果,也是需要制作营销策划文案的。在本书的“订货会策划文案”“会议营销的策划文案”等章节里，我们介绍了制作会议文案的写作要点、参考范文和注意要点，这可以直接拿来应用，从而有效提高个人的工作能力，提高工作的质量和效率。

问题之二：在具体写作营销策划文案时，我们应当把握哪些指导原则？

关于营销策划文案的写作指导原则，对于这一问题虽然不是每一个读者都能意识到其作用，但事实上对于我们写好营销文案至关重要。本书认为，在写作营销策划文案时应当主要把握以下原则。

1. 可操作性。市场营销策划是一项十分具体的工作，营销策划文案一定要具体可行，才可能成为企业营销活动的行动指南。例如，制定文案的成本是多少，如果成本过高，文案的可行性就大打折扣。因此，在写营销策划文案时，一定要注重可操作性，如果营销策划文案内容太抽象、太空洞、太宽泛，就会在一定程度上影响可操作性。

2. 周密性。企业开展市场营销策划工作，需要制订周密的计划并作出精心的安排。如果计划不周密、安排不到位，就会出现意想不到的问题。例如，对时间、地点、人物、主题、原因、如何做等，都要求细节到位。确保周密性还有一个重要措施，就是做好各种预案，即先对各种情况变化事先制定相应的预防措施，只有这样才能保证营销策划的正常进行。

3. 创新性。创新是企业永恒的主题，市场营销策划不仅是一项十分复杂的系统工程，而且要求具有很强的创新性。在策划过程中，要始终重视不断推陈出新，通过奇妙的构想、别致的手法、周密的计划和精心的安排，以求达到事半功倍的效果。

4. 适应性。在制作市场营销策划文案的过程中，特别是在设计阶段，要结合外部环境的变化和企业自身的状况，因地、因人、因时制宜，做到量力而行，使文案要作出客观正确的分析，既不能过高估计，也不能过低估计，以保证营销策划文案的切实可行，力争以最小的代价换取最大的利益，体现营销策划的经济性和效益性。

除了上述问题，读者还会遇到更具体的问题，例如，营销策划文案有哪些种类？如何去写好每一种具体的营销策划文案？有哪些经典的文案可供参考？写好每种文案都要注意哪些问题？

类似这些问题，我们都在本书的每一小节中分三个部分，即“写作要点”“参考范文”和“注意要点”给予了回答，请读者自己阅读本书去寻找答案。

总之，本书是从读者对于营销策划文案的一些主要困惑出发而撰写的。它告诉读者在写好策划文案时，要做到以科学、客观的市场调查为基础，以富于创造性和效益性的定位策略、诉求策略、表现策略、媒介策略为核心内容，在策划文案上要做到内容明确、具体、周密、简洁，并具有较强的可操作性，只有这样才能实现营销策划进程的合理化和效果的最大化。

希望本书能对读者提高营销策划文案的写作能力有所启发，更希望本书能对我国企业提高整体营销策划水平有所帮助！

陈建中

2013 年 4 月

目　录

环节一　营销调查文案

市场调查文案 …… 002
市场调查问卷 …… 006
市场调查分析报告 …… 014
市场预测报告 …… 017

环节二　营销定位文案

市场定位报告 …… 022
产品定位报告 …… 025
企业定位报告 …… 028
内容定位文案 …… 032
品牌定位文案 …… 035

环节三　营销战略与计划文案

市场营销战略 SWOT 分析报告 …… 042
产品分析报告 …… 044
竞争对手研究报告 …… 047
竞争对手营销策略分析报告 …… 050
营销环境分析报告 …… 052
消费者分析报告 …… 056
市场开拓文案 …… 059
市场营销计划书 …… 064

环节四　新产品开发上市文案

需求说明书 …… 070
新产品说明书 …… 072
新服务说明书 …… 074
产品使用说明书 …… 076
新产品上市策划文案 …… 078
订货会策划文案 …… 087
新产品开发评价书 …… 089
创业策划书 …… 092

环节五　营销价格文案

价格定位文案 …… 100
渠道价格分析报告 …… 104
定价策略文案 …… 105
价格促销文案 …… 108

环节六　营销渠道文案

网站策划文案 …… 112
网络营销策划书 …… 121
营销渠道策略 …… 128
媒体整合渠道文案 …… 131
会议营销的策划文案 …… 134

环节七　广告文案

广告文案 …… 138
广告策划书 …… 141
广告创意策划 …… 149
公益广告策划书 …… 152
广告策划预算书 …… 155
广告策划书的评估文案 …… 158

环节八 促销文案

促销计划书 …… 162
积点有奖促销文案 …… 168
抽奖活动促销文案 …… 171
价格折扣促销文案 …… 176
赠送礼品促销文案 …… 178
免费试用促销文案 …… 180
有奖竞赛促销文案 …… 183

环节九 主题活动文案

奠基仪式策划文案 …… 186
开业庆典策划书 …… 189
文化主题活动文案 …… 192
招商文案 …… 195
演出活动策划书 …… 201
比赛活动策划 …… 204
品牌策划文案 …… 205
企业识别系统(CI)策划文案 …… 210
品牌推广策划 …… 213

环节十 公关活动文案

新闻发布会文案 …… 226
新颖出奇事件策划文案 …… 228
新闻策划文案 …… 230
专题报道策划书 …… 233
新产品上市公关促销活动 …… 235
赞助策划书 …… 237
告示书 …… 241
商务谈判策划书 …… 242

环节十一 节假日活动文案

春节策划文案 …… 250
圣诞节策划文案 …… 253
母亲节促销活动文案 …… 256
中秋节策划文案 …… 257
端午节营销文案 …… 260
其他节日策划 …… 264

环节十二 客户关系管理文案

客户联谊会策划文案 …… 270
客户服务工作标准 …… 273
客户投诉处理规定 …… 275
企业公关危机应对策略 …… 278
突发公共事件应急预案 …… 279

环节十三 营销策划合同文案

企业广告策划合同 …… 286
广告策划的请战书(函) …… 288
销售代理协议书 …… 290
产品经销合同 …… 295
广告发布委托合同 …… 302
委托销售合同 …… 304

环节十四 新媒体营销文案

视频类营销脚本 …… 308
故事类营销策划文案 …… 309
情感类营销策划文案 …… 311

后记 …… 313

环节一

营销调查文案

环节一

NO.1 营销调查文案

市场调查文案

写作要点

制定市场调查文案是在组织正式市场调查前不可或缺的一环。组织有效的市场调查,必须基于扎实的准备工作,即要写好市场调查文案。制定市场调查文案的主要内容包括以下几点。

一、明确调查的目的和要求

根据市场调查的目标,要在调查文案中列出组织此次市场调查的具体目的和要求。例如,此次市场调查的目的是了解某产品的消费者购买行为和消费偏好情况,等等。

二、界定调查对象

市场调查的目的不同,市场调查的对象也将不同。市场调查对象可能包括消费者、零售商、批发商等。消费者是指使用该产品的消费群体;零售商和批发商是指经销该产品的商家。要根据调查目的来确定重点调查对象。

三、确定调查内容

调查内容是为实现调查目标服务的,是为得出调查结论而收集的资料。

要通过制定市场调查文案，明确要调查的各项具体内容。

四、组织调查问卷设计

调查问卷是市场调查的基本工具，其设计质量直接影响到市场调查结果的质量。调查问卷的设计要突出重点，与调查主题密切相关，舍弃那些可有可无的问题；调查问卷的设计要简明准确，尽量使用简单、直接、常用的词汇，以保证被调查者能看懂或听懂，在较短的时间内完成调查问卷。

五、制定调查的进度和预算

要根据调查的难易度制定调查的具体进度，并根据经验通过对各项费用明细的预测制订市场调查的预算方案。

参考范文

某超市顾客的不满意度调查文案设计

一、调查目的

通过对顾客不满意度调查，了解该超市在设施、陈列布局、店内环境和服务等方面的不足，借鉴竞争对手在这些方面的有效做法，改善环境，提升管理，最终提高顾客的满意度，从而吸引顾客，提高销量。

二、调查对象

调查在该超市购物的消费者。

三、调查内容

调查内容主要包括以下要点。

1. 您一般每周哪天哪段时间去超市购物？

2. 对于本超市，您认为与其他超市相比主要优点在哪儿？

3. 与您常去的超市相比，该超市在哪些方面做得不足（例如商品价格高、购物环境差、服务态度差、商品种类少、结账速度慢、交通不方便、促销活动少等）？

4. 您认为该超市在员工服务方面存在哪些问题（例如结账速度慢、员工缺乏笑容、着装不整齐、处理问题效率低、不关心顾客等）？

5. 您对该超市的硬件服务有什么不满意（包括设施、陈列布局、店内环境、班车等方面）？

6. 请您给该超市和您常去超市的商品丰富程度打分。

7. 是什么原因导致您放弃购买（例如包装破损、商品条码不对、称重类商品未称重、不能刷卡、收银等候时间长等）？

8. 您对我们的服务还有哪些建议？

四、调查形式和方法

调查采用拦截式访问形式进行。调查对象女性与男性的比例约为7∶3；大部分调查对象应为25～35岁的年轻人。

五、数据分析

对问卷中的数据进行统计整理，利用统计分析软件绘制图表，借助图表对所调查问题进行深入分析得出调查结论，并通过所得结论提出简单的改进方案或建议。

六、调查进度表

表1－1　调查进度表

项　目	内　容	时间要求
分　工	通过收集二手资料、分组讨论等方法确定调查内容	一天
方案设计	界定调查内容类别	两天
	确定调查区域和调查对象	
	确定调查方法和样本设计	
问卷设计与调查	界定相关因素	六天
	确定提问方式	
	确定问题方式	
	试调查、问卷修改	
	访问员培训及各项准备工作	
	正式实施调查	
	问卷回收、复核与整理	
	问卷的编码、录入与分析	
完成报告	撰写调查报告	三天
	提交调查报告	
	后续的数据分析及其他调查方面的服务	

七、调查费用预算

表 1-2 调查费用预算表

项目名称	项目费用(元)
问卷设计	
问卷印刷	
访问员培训	
试调查	
访问员劳务支出	
访问礼品支出	
调研差旅费	
问卷回收处理	
数据处理	
调研报告撰写	
报告打印与装订	
总计	

注意要点

主要调查对象要根据产品特点进行界定。在以消费者为调查对象时,要注意到有时某一产品的购买者和使用者不一致,例如对婴儿食品的调查,其调查对象应为孩子的母亲。此外,还应注意到一些产品的消费对象主要针对某一特定消费群体或侧重于某一消费群体,这时调查对象应注意选择产品的主要消费群体。例如,对于化妆品,调查对象主要选择女性;而对于酒类产品,其调查对象主要为男性。

调查内容要突出重点。例如,在调查消费者行为时,可按消费者购买、使用、使用后评价三个方面列出调查的具体内容项目。调查内容的确定要具体、条理清晰、简练,避免面面俱到、内容过多、过于烦琐,避免把与调查无关的内容列入其中。

调查地区的范围应与企业产品销售范围相一致。当要在某一城市做市场调查时,调查范围应为整个城市;但由于调查样本数量有限,调查范围不可能遍及城市的每一个地方,一般可根据城市的人口分布情况,主要考虑访问对象的收入、文化程度等因素，在城市中划定若干个小范围调查区域进行调查。划分的原则是使各区域内的综合情况与城市的总体情况分布一致，将总样本按比例分配到各个区域，在各个区域内实施访问调查，这样可相对缩小调查范围，减少实地访问工作量，提高调查工作效率，减少费用。

市场调查问卷

市场调查是营销策划中非常重要的内容。由市场调查所获得的市场资料与情报，是拟订营销策划文案的重要依据，但它却常常被企业高层领导者或策划人员所忽视。很多企业每年投入大笔费用做广告，却不重视市场调查，这种错误的做法必须尽快转变。市场调查的常用方法是市场问卷调查法。市场问卷调查法也称问卷法，它是调查者运用统一设计的问卷，向被选取的调查对象了解情况或征询意见，再通过对问卷的回收、整理、分析，获取有关的信息。

写作要点

一、调查问卷的结构

一份完整的问卷，应该包括调查标题、卷首语、指导语、个人特征资料、调查问题与答案、编码、结束语等，具体如表 1－3 所示。

表 1－3　调查问卷的结构

分　类	描　述
调查标题	在调查问卷的开端，是问卷的标题。问卷的标题可以明确地概括出调查的目的，但有时为了获得真实的信息，在问卷标题中可以不说明调查的真正目的，或者把标题写得笼统一些、模糊一些。
卷首语	每个问卷的前面都须有一段前言或卷首语，主要是简单地向被调查者介绍此次问卷调查的主要目的、意义、调查方的身份、填写要求等。它可以拉近和被调查者的关系，赢得被调查方的信任与合作。

续 表

分类	描述
指导语	指导语是用来解释和指导被调查者填写问卷的一组说明。对于简单的问卷，指导语可以在卷首语中一并说明；复杂一些的问卷，可以先在卷首语中总体概括阐述，再在问卷正文部分每种题型之前给出具体的答题指导。指导语应该明确答题的具体要求和注意事项，并应放在显眼之处，经常用不同的字体或方框标出，以示与问卷问题的区别。
个人特征资料	在调查原因的分析与特征的比较中，常常用到个人特征资料。个人特征资料包括：年龄、性别、工作所在地、职业、岗位或职务、工作年限、受教育状况、家庭状况、经济收入水平等。
调查问题与答案	问卷的正文包括调查的问题及备选答案，是问卷的中心部分，也是获得所需信息的关键部分。如前所述，根据问题的作答方式，可以将调查问题划分为封闭型问题、开放型问题和混合型问题。开放型问题是一种自由作答的问题，对答案没有限制。而封闭型问题则只能根据所提供的答案来回答。混合型问题则是两者兼而有之。

二、调查问卷的编制

问卷编制又称问卷设计，它是研究者根据调查研究目的和内容的需要，编写问题并形成问卷的过程。具体编制程序如表 1－4 所示。

表 1－4 调查问卷的编制步骤

步骤	执行内容
计划要调查的内容 ↓	1. 再次审视与分析研究目的。 2. 决定问卷的研究议题。 3. 由文献资料或探索性研究中取得关于此议题的初步资料。 4. 依研究议题决定问卷的内容和调查对象。
问卷的编制 ↓	1. 列出问卷调查所需研究问题的纲要。 2. 确定所要收集的信息和问卷类型。 3. 决定每个问卷的问题。 4. 决定每个问项的格式。
决定问卷中的用语 ↓	1. 决定问题的用字遣词。 2. 衡量每个问题的可理解性，且考虑依受测者的知识与能力是否有意愿去回答此问题。
问卷排序及做版面的编排 ↓	1. 将问项以适当顺序呈现。 2. 将所有的问项分成几个次主题以组成一份单一的问卷。
预试及修正	1. 将整份问卷检视一遍看语意是否通顺，所要衡量的项目是否都衡量到了并检查问卷是否有错误。 2. 预试问卷。 3. 依预试结果修正问卷中不具信度的部分。

参考范文

范文一：啤酒行业的市场调查问卷①

尊敬的客户：您好！

我想了解一下您对啤酒市场的有关问题和看法，您的回答十分重要，将有助于我们改良产品，为您提供更优质的产品。本调查只作为研究参考之用，不会对外公开，请您安心回答。

谢谢您的合作！

1. 被调查者的性别。

A. 男　　B. 女

2. 您的年龄是多大？

A. 18岁以下　　B. 18～24岁　　C. 25～30岁　　D. 31～40岁

E. 41～50岁　　F. 50岁以上

3. 您对啤酒的依赖程度怎样？

A. 偶尔才喝　　B. 想喝就喝　　C. 每日必喝

4. 您的啤酒史有多久了？

A. 1年以内　　B. 2～5年　　C. 6～10年　　D. 10年以上

5. 您是否有特别偏爱的啤酒品牌？

A. 有　　B. 没有

6. 您在购买啤酒时，是否指定品牌？

A. 一定要指定品牌　　B. 指定品牌，但不坚持非要这种品牌不可

C. 不指定品牌　　D. 只有一定不会购买的品牌

7. 您喜欢购买哪种规格的啤酒？

A. 瓶装（700毫升）　　B. 小瓶装（350毫升）

C. 易拉罐　　D. 整箱购买

① ××啤酒营销策划书[EB/OL]. http://cehuashu.chdh.cn，2009－09－20.

8. 您月收入是多少?

A. 1000 元以下　B. 1000～3000 元

C. 3000～5000 元　D. 5000～10000 元

E. 10000 元以上

9. 您一个月在喝啤酒上的消费是多少?

A. 50 元以下　B. 50～100 元

C. 100～300 元　D. 300～500 元

E. 500 元以上

10. 下列哪种牌子的啤酒是您经常喝的?

A. 华润　B. 青岛　C. 北京　D. 嘉士伯

E. 喜力　F. 百威　G. 蓝带

11. 为什么选择这种或这些品牌?

A. 口感好　B. 著名品牌,品质保证

C. 个人偏好,没有原因　D. 包装精美,比较有档次

E. 周围的人都喜欢这个品牌　F. 市场上常见,购买方便

G. 其他原因

12. 您会对什么样的品牌印象深刻?

A. 口感极佳　B. 价格适中

C. 有抽奖活动　D. 广告宣传到位

E. 品牌保证　F. 经常搞促销活动

G. 活动赞助商　H. 其他原因

13. 下列哪种口味的啤酒是您经常喝的?

A. 清爽　B. 醇和　C. 纯生　D. 小麦

E. 全麦　F. 果啤　G. 特啤　H. 其他

14. 您一般会在何处购买啤酒?

A. 大型超市　B. 商场　C. 附近小商店　D. 酒吧

E. 便利店

15. 您一般会在什么心情下喝啤酒?

A. 高兴时　B. 心烦时　C. 无聊时　D. 伤心时

E. 郁闷时　F. 其他

范文二：某运动品牌市场问卷调查表

1. 您是否喜爱运动？

是 □　否 □

2. 您是否经常购买运动系列的用品？

是 □　否 □

3. 您是否听说过“××”这个品牌？

是 □　否 □

4. 您是否观赏过“××”的广告？

是 □　否 □

5. 您对“××”的了解有多少？

很少 □　一般 □　很多 □

6. 您对“××”的印象如何？

不好 □　一般 □　好 □

7. 您觉得“××”市场的主要竞争对手是哪个品牌？

彪马 □　阿迪达斯 □　锐步 □　匡威 □

8. 您是否购买过“××”的商品？

没有 □　偶尔 □　经常 □

9. 您对“××”商品的质量是否感到满意？

不满意 □　一般 □　满意 □

10. 您对“××”的售后服务是否感到满意？

不满意 □　一般 □　满意 □

11. 您对“××”的价位有什么看法？

便宜 □　一般 □　太贵 □

12. 您觉得运动系列用品（包括服装、鞋和体育用品）的价位大概是多少才能接受？

100～300 元以下 □　300～600 元以下 □　600～1000 元以下 □

13. 您对于国内外品牌更钟爱哪个？

国内 □　国外 □

14. 您的性别。

男 □　女 □

15. 您处于下列哪一个年龄段?

少年 □　中青年 □　老年 □

16. 您的职业。

学生 □　工人 □　老板 □　其他 □

17. 您的月收入是多少?

1000 元以下 □　1000 ~ 3000 元 □

3000 ~ 5000 元 □　5000 元以上 □

18. 您对“××”产品有什么看法?

产品的价位太高难以接受 □　产品质量应该加强 □

产品的售后服务应该加强 □　产品的款式应该更加新颖 □

谢谢您的参与!

注意要点

一、问卷设计的原则

问卷设计与编制的核心部分是问题与答案的设计问题,应符合表 1 – 5 所列原则。

表 1 – 5　问卷设计的原则

原　则	描　述
相关性原则	设计问卷必须与要达到的调查目标具有相关性。
同层性原则	设计问卷的同一问题的答案必须具有相同层次的关系。
完整性原则	设计问卷的答案应该包括各种权能的答案。
互斥性原则	设计问卷的答案必须是互相排斥的,不能互相包容。
可能性原则	设计的问卷必须是被调查者能够回答,也愿意回答的。

二、问题设计的注意要点

问题设计是问卷设计的核心部分。要根据调查研究的目标和策划主题,确定合理有效的问题。问题设计要注意表 1 – 6 所列要点。

表1－6　问题设计的注意要点

要　点	描　述
问题与问卷调查的目的有关	问卷里所提的问题必须与该调查研究的目的和假设相关，并且所列项目要有较好的覆盖面，能够全面反映所要收集的信息。
避免双重含义的问题	一个句子只能提及一个问题或观念，应避免双重含义问题的出现。双重含义的问题就是在一个问题中，询问了两件事情，或者说是一句话中实际上询问了两个问题。
问题要尽量简短	问题越短，产生含混不清的可能性越小。在设计中，要尽可能不使用长问句，要使问题尽可能地清晰、简短，使回答者很快看完，很容易看懂。
问题不要带倾向性	例如，要了解被调查者是否抽烟。一般问："您抽烟吗？"如果把问题改成"您不抽烟，是吗？"就带有一种希望被调查者回答"是的，我不抽烟"的倾向。在问题中引用或列举某种权威的话，也会使问题带有倾向性，例如"医生认为抽烟是有害的，您的看法如何"。另外，在问题和答案的用词上也要注意保持中性的原则，不要用贬义和褒义的词语。
不用否定形式的提问	由于用否定形式提问容易产生误解，所以问卷设计中要避免用否定形式提问。
不问被访问者可能不知道的问题	要使我们在问卷中提出的每一个问题都有意义，重要的一点就是回答者必须具备回答所提问题的知识。
不直接问敏感性问题	在问卷里应避免提出容易使人敏感或让人不喜欢回答的问题，对于这些问题，如果直接提问，往往会引起很高的拒答率。对这类问题最好采取间接询问的方式，并且语言要特别委婉。
问题的参考框架要明确	例如，如果提出"你居住的城市属于哪种类型？"这样的问题，那么下列任何方面的回答都是适合的：人口规模、气候风景、舒适程度、生活消费、政府的效率、就业机会、社会治安，等等。只有给出了明确的参照框架，比如"就人口规模而言，这个城市属于哪种类型？"问题的意思才清楚，回答者也才能正确回答。
尽量用简单的语言	不要使用专业术语、行话，如"社会分层、核心家庭、社会角色"等，也要避免使用较抽象的概念，如"政治体制、经济体制、教育体制"等。
问题的数量要适当	一份问卷作答时间一般以30～40分钟为宜。问题太多，作答者容易产生厌倦情绪，导致敷衍塞责或不予回答；若问题太少，又不能得到有关研究的基本事实材料以致影响研究结论。

三、问题排序的注意要点

问题的前后次序及相互间的联系，会影响被回答者对问题的回答，甚至影响调查的顺利进行。一般来说，问题的排序有下列常用的规则，如表1－7所示。

表 1－7　问题排序的注意要点

要　点	描　述
熟悉易答的置前，生疏难答的置后	问卷的头几个问题一定要相当简单，回答起来相当容易，这样就可以给回答者较好的感觉，认为完成这份问卷很方便，有利于他们继续填答下去。
引发兴趣的置前，引发紧张和顾虑的置后	如果开头的一些问题能够吸引被调查者的注意力，引起他们的兴趣，问卷调查工作将会十分顺利，质量也会比较高。反之，则容易导致被调查者产生自我防卫心理，甚至产生反感，使调查难以进行下去。
开放式问题放于结尾部分	由于开放式问题需要回答者较多的思考和书写，所以，回答开放式问题所用的时间要长一些。如果问卷一开始就提出开放式问题，当回答者发现他答完前边问题的一部分就花了 10 分钟时间，他就会感到没有那么多的时间和精力填完这份问卷。
行为方面的问题居前，态度方面的问题居中，个人的背景资料居后	问卷中的问题大致包括行为、态度和个人背景资料三方面的内容。行为方面的问题主要是有关客观的、已发生的、具体的事实，容易回答。而态度方面的问题涉及回答者的主观因素，宜放在靠后一些的地方。个人背景资料问题虽然也是事实性问题，但由于它们包含回答者本人特征的全部信息，若放在开头部分，即使问卷中说明了不记名，但一上来就问这些特征，回答者的潜意识中仍免不了会产生一种本能的防卫心理，影响到问卷资料的真实性。
按一定的逻辑顺序排列问题	从时间框架上来说，一般按时间先后顺序来提出问题。既不要颠倒也不要打乱，即把询问同一方面事物的问题尽可能地排在一起，否则会破坏回答者的思路和注意力。

四、答案设计的注意要点

答案设计的注意要点如表 1－8 所示。

表 1－8　答案设计的注意要点

要　点	描　述
答案的完整性	所列的答案要能包括所有可能的回答，不能有遗漏，不能使有的回答者无答案可填（即没有一个答案符合他的情况）。但是，有些问题的答案要将它们全部列出，是十分困难的，这时可以列出“其他”一项供作答。
答案的互斥性	所列的答案之间不能相互重叠或相互包含。
答案的层次性	要看清问题所测的变量属哪个层次（是定类的、定序的还是定距的），然后根据研究的要求和变量的层次来确定答案所应具备的特征，再根据这种特征决定答案的形式。例如，要测量“每月的工资收入”，当研究者希望准确了解每一个回答者相互之间的差别和比例关系时，可采用填空形式。即“您每月的工资收入是____元”。若研究者希望了解的是总体中人们每月工资收入处于不同等级的分布情况，就可把月工资收入转化成定序变量来测量。例如：“您每月工资收入处在下列哪个范围内？①1000 元以下；②1000～2000 元；③2000～5000 元；④5000 元以上。”

市场调查分析报告

写作要点

市场调查分析报告是认识市场、了解市场、掌握市场、收集市场信息的主要工具之一，是对企业的市场环境的客观情况进行调查、分析、研究，把所有从市场调查得到的分析结论加以整理，经过分析、综合，阐明它的意义，查清事物发生的时间、地点、背景、过程和结果等。其基本内容包括以下几点。

1. 标题。标题又可分为单标题和双标题。双标题是指既有正题，又有副题。正题揭示市场分析报告的主旨，副题标明进行市场分析的对象、内容等。

2. 前言。以此来说明这次市场分析的目的、对象、范围、经历、收获、基本经验等。

3. 主体。主体是市场调查分析报告的主要部分，包括对现状、做法、经验或问题的分析。当内容多、篇幅长时，最好把它分成若干部分，各加上一个小标题；而难以用文字概括其内容的，可用序码来标明顺序。

4. 结尾。该部分是体现总结、启示和预测的结语。

参考范文

某市家居装饰市场需求分析报告①

针对家居装饰市场的状况，我们对购房者进行了现场拦截访问调查，共访问了 209 名近期有装饰意向的××市市民，现将客户对家居装修的需求分析如下。

一、客户对装修费用的预算

调查显示，有 66.1% 的客户的装修预算是 4 万～9 万元，购房的大部分

① 万龙腾市场研究咨询有限公司．深圳家居装饰市场调查分析报告[EB/OL]．http://www.wordwendang.com，2010－07－10.

客户还是工薪阶层和一般白领人士，首次置业的装修消费，非常注意自身的经济承受能力；有18.4%的客户装修预算是10万~20万元，这部分客户以二次置业为主；而装修费用预算为20万元以上的客户仅占2.6%。

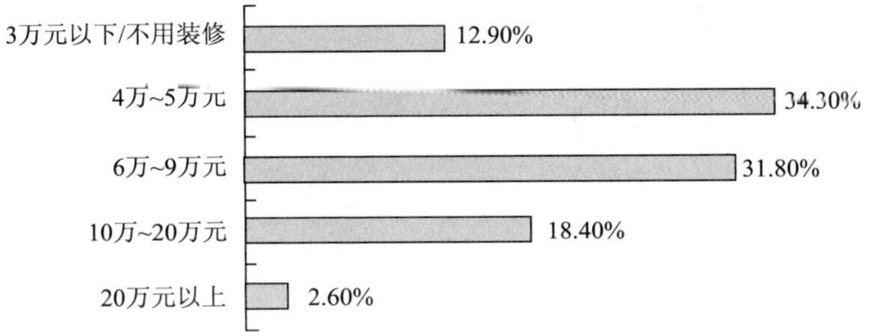

图1-1 装修费用分布

二、装修最注重的因素

调查显示，客户在装修过程中对工程质量的关注程度较为强烈，有60.59%的客户最注重装修质量，毕竟购买一套房子一旦入住就是十年八年，装修质量当然十分重要；随着生活质量提高，也有30.91%的客户更注重装修设计；而关注价格和服务的客户较少，分别占6.00%和2.50%。

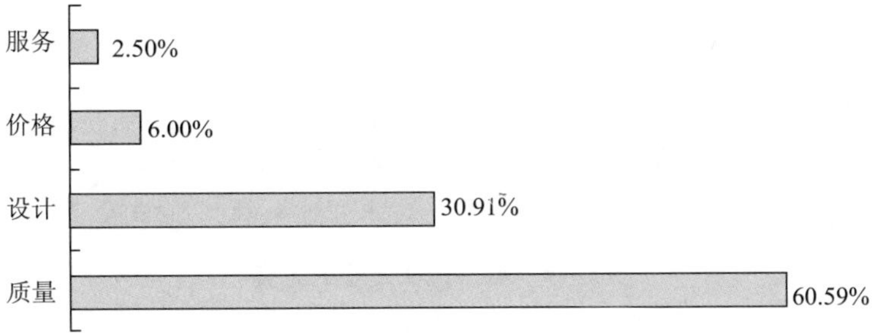

图1-2 装修最注重的因素

三、客户喜欢的地面材料

调查数据显示，实木地板和瓷砖地板是客户群的主要选择，两者合占74.20%，这正反映市场两类中高档消费群的需求，而复合地板、地毯和大理石各占一小部分市场。

四、客户选择的装修方案

在装修质量得到保障的基础上，装修设计是家装企业争夺客户的有力

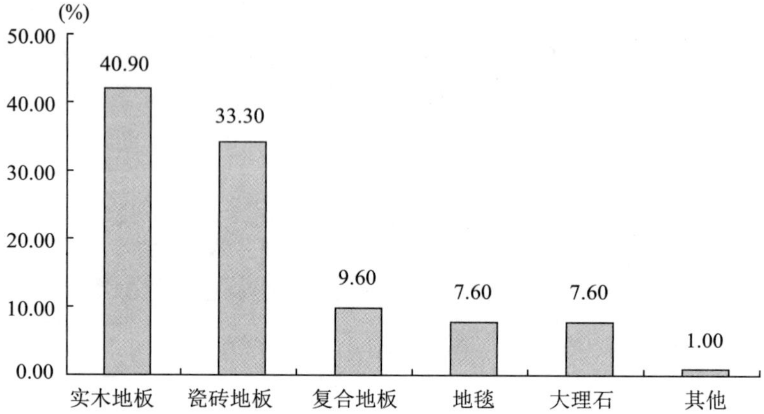

图 1-3　客户喜欢的地面材料

手段，从目前客户选择装修的情况看，可变套餐式装修方案是客户最喜欢的选择，而经济实惠的套餐式、完全可变式装修也迎合了不少客户的需求。

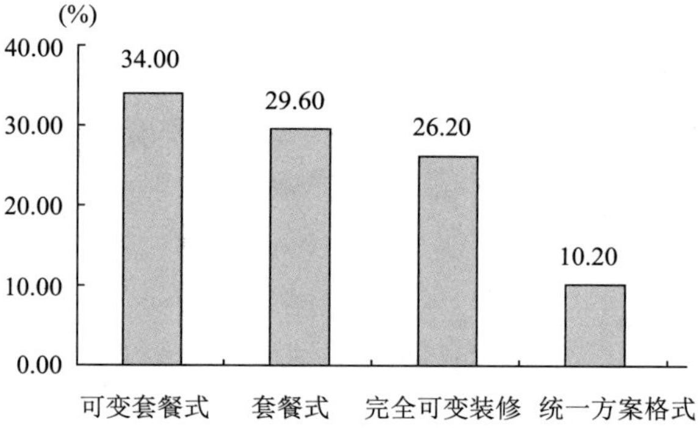

图 1-4　客户选择装修的方案

总之，知名度高、信誉好的家装企业是大家的最好选择。从目前市场状况分析，在以后的一段时间，家装市场的竞争将进一步加剧，管理差、知名度低、规模小的家装企业将随时有可能被淘汰；而重视塑造自身良好品牌形象、不断创造附加值的那些企业将不断壮大，并最终占据市场。

注意要点

市场调查分析报告要有针对性。市场调查所要研究的主要问题，在市场调查分析中要根据调查数据加以重点体现。

市场调查分析报告要实事求是。市场分析报告中关于背景的交代，对事件的发生、发展、结果的叙述，对典型事例的运用等，都必须依靠调查研究的内容，用事实说话，反映客观实际。它所采用的材料必须真实、准确，是经过科学处理和认真核实鉴别的，没有任何虚假和歪曲，不允许似是而非，将道听途说的成分加入其中。

市场调查分析报告要揭示规律。通过市场调查所得的各种事实、现象，在写作中必须做出简明扼要的评论和剖析。要通过系统的、全面的、全过程的调研分析和评论，揭示事物发展的本质和规律性。

此外，市场调查分析报告的研究方法要科学。在表达观点时，既要注意定性分析，也要搞好定量研究；既要总结历史，也要预测未来，还要尽量用图表式、比较式来对数据进行表达，使调查报告一目了然。

市场预测报告

写作要点

对于营销策划，如果没有信息来源，没有市场调查和预测，策划就成为空中楼阁。市场预测就是运用科学的方法，对影响市场供求变化的诸因素进行调查研究，分析和预见其发展趋势，掌握市场供求变化的规律，为经营决策提供可靠的依据。

预测的主要内容包括以下几方面。

1. 消费者购买力预测。预测消费者购买力要做好两个预测：①人口数量及变化预测。人口的数量及其发展速度，在很大程度上决定着消费者的消费水平。②对消费者货币收入和支出的预测。

2. 预测购买力投向。消费者收入水平的高低决定着消费结构，即消费者的生活消费支出中商品性消费支出与非商品性消费支出的比例。消费者的消费结构规律是收入水平越高，非商品性消费支出会越大，如娱乐、消遣、劳务费用支出增加，在商品性支出中，用于饮食费用支出的比重则大大降低。另外，还必须充分考虑消费心理对购买力投向的影响。

3. 预测商品需求的变化及其发展趋势。根据消费者购买力总量和购买力的投向，预测各种商品需求的数量、花色、品种、规格、质量，等等。

4. 预测市场价格的变化。企业生产中投入品的价格和产品的销售价格直接关系到企业赢利水平。在商品价格的预测中，要充分研究劳动生产率、生产成本及利润的变化，市场供求关系的发展趋势，货币价值和货币流通量变化以及国家经济政策对商品价格的影响。

5. 预测生产发展及其变化趋势。对生产发展及其变化趋势的预测，归根结底是对市场中商品供给量及其变化趋势的预测。

参考范文

“××”在中国台湾地区推销广告的市场预测①

一、从人口统计方面分析

“××”在中国台湾地区的最大购买潜力为高收入与中等收入的家庭成员，此类人士包括男女在内，约占 303 万人，年龄在 10～39 岁。现将统计数字列举如下：外省人共约 260 万人，其中 10～39 岁的约占总人数的1/2，达 130 万人；本省人共约 1040 万人，10～39 岁的约占 1/2，达 520 万人；高收入或中等收入家庭成员，约 173 万人，约占 1/3。

二、从商品质量方面分析

“××”与中国台湾地区现有的“荣冠果乐”“七星”“黑松可乐”等相比，虽属同类饮料，但是“××”的口味较其他类似饮料要好。因此，“××”在质量上具备更有利的竞争条件。

三、从心理方面分析

与其他类似饮料相比，“××”的名字、品质与口味给消费者留下的印象更深刻。主要原因在于：①“××”由美国公司生产，拥有世界性声誉，在全球市场处于领导地位；②每瓶六两半装，但只售新台币 4 元，堪称价廉物美；③四季皆宜，饮用后令人心旷神怡。以上这些特点，使“××”在顾客心理方面也占据有利条件。

---

① 陈玮．可口可乐台湾广告计划书[EB/OL]. http://expert.brandcn.com,2009－01－20.

注意要点

市场预测的方法很多,在实践中常用定性和定量方法。定性预测是指预测者根据已经掌握的部分历史和直观的资料,运用个人的经验和主观判断能力对事物的未来发展做出性质和程度上的预测。定量预测技术是通过建立数学和统计学模型使预测更加精确,在中短期预测中有着非常明显的优势。在实践中常用统计法、实际对比法、推算法、市场试销法、平均法等。有效的预测应当重视定量研究,在定量的基础上进行综合分析,并通过判断、推理,使感性认识上升为理性认识,从事物的现象深入事物的本质,从而预测市场未来的发展变化趋势。再在分析评判的基础上,根据最新信息对原预测结果进行评估和修正。

环节二

营销定位文案

环节二

NO. 2 营销定位文案

市场定位报告

写作要点

市场定位是由美国营销学家 Ries 和 Trout 于 1972 年提出后开始流行起来的。市场定位并不是要对产品本身做什么事，而是对潜在顾客的心理采取行动，即把产品在潜在顾客的心中确定一个适当的位置，让产品在客户头脑中独树一帜。市场定位是设计者通过设计、提供产品形象，从而使其能在目标顾客心目中占有一个独特的、有价值的位置的行动。

参考范文

××汽车的市场定位[①]

一、市场分析

半个多世纪以来，世界经济危机此起彼伏，汽车业市场竞争愈演愈烈，汽车厂家层出不穷。仅高档轿车市场就涌现出了美国的克莱斯勒，英国的劳斯莱斯，德国的宝马、奔驰，意大利的菲亚特等品牌，汽车市场呈现品牌林

① 彭玲，卢泰宏．“奔驰”奔驰[EB/OL]．销售与市场．http://www.fw123.net，2007－01－19.

立的局面。为了建立和巩固品牌形象,汽车厂商不惜重金,制作大量的品牌广告和企业形象广告。

世界汽车市场一直处于不断的变化发展之中,众多的影响因素,如供求关系、政府的关税政策、环保法规、经济形势、原材料和能源的价格等,更是加大了汽车市场的复杂性与不确定性。竞争态势、消费者、环保问题是汽车行业竞争的最重要的三个视角。在汽车行业众多的品牌中,宝马车强调的是“驾驶的乐趣”,沃尔沃强调“耐久安全”,马自达侧重“可靠”,萨博着重于“飞行科技”,TOYOTA 强调“跑车外形”,菲亚特强调“精力充沛”,这些定位观点是各不相同的。

二、××的市场定位:元首座驾

××的定位是“高贵、王者,显赫、至尊”,××的 TV 广告中较出名的系列是“世界元首使用最多的车”。

高品质、信赖性、安全性、先进技术、环境适应性是××造车的基本理念,凡是公司所推出的汽车均须达到五项理念的标准,缺少其中任何一项或未达标准者均被视为缺陷品。

××公司对品质的追求精益求精,在价格定位上也选取了高价位,与日本车的价格相比,一辆××车的价格可以买两辆日本车。价值定价成为××公司最重要的制胜武器,消费者为了得到身份与地位的心理满足感而不惜重金。

三、新卖点之一:大打“安全”牌

据统计,每年全球因交通事故死伤的人数高达 127 万人,汽车的安全问题尤其突出。××公司一向重视交通安全问题,它首创的吸收冲击式车身,SRS 安全气囊等安全设计被汽车工业界引为标杆,并导致各汽车大厂竞相投入研究开发的行列。

翻开××公司的历史,从 20 世纪 50 年代开始它就致力于安全问题的研究。1953 年××公司发明的框形底盘上的承载式焊接结构使得衡量车身制造的标准朝着既美观又安全的方向迈出了第一步。在 600 型的基础上,××公司又研制出“安全客舱”:载客的内舱在发生交通事故时不会被挤瘪,承受冲击力的是发动机箱和行李箱这两个缓冲区,为了不让方向盘挤坏驾驶员,转向柱是套管式的,可以推拢到一起;每一部小轿车上,从车身到驾驶室部件,共有 136 个零部件是为安全服务的。

四、新卖点之二：环保至上

在现实生活中，尽管汽车给人们带来很多的好处，但遗憾的是汽车加速了环境的污染。汽车马达的发动增加了城市的噪声；汽车排出的废气严重污染了城市的空气……环境污染成为汽车的两大克星之一（另一是能源危机）。这就确定了未来的汽车必须是环保型汽车，例如利用电能的电车，石油、太阳能、煤、核能、水力、风力都可以用来发电，这就使得汽车能源不局限于某一种能源，又可彻底地消除噪声与废气的污染。

××公司把对环保问题的关切作为诉求重点，长期以来重视环保技术的研究，研制节能和保护环境方面的新型汽车。石油危机发生后，××公司着力研究汽车代用能源，例如乙烷、甲烷、电子发动或混合燃料发动装置等。

××公司每年定期推出强化企业形象的广告，表现其对环境问题的高度关心是它的重要内容。一般汽车公司是以美国环保法规为最终标准，多数的商品开发也以满足美国的标准为前提，但××公司除了这些之外，还制定了一套比美国标准还严格的品质管理规定。“使你加入节约能源及环境保护的工作”就是××广告的口号。

注意要点

产品定位是成功地创造出一个市场导向的价值建议，其实质是向顾客提出一个购买该产品的强烈理由。在实际应用中，独特的定位要抓住核心，不能面面俱到，在实践中可以借鉴以下几种形式：①单一利益定位或第一名定位，例如佳洁士牙膏突出防蛀；②双重利益定位，比如沃尔沃汽车将其定位于“最安全”“最耐用”；③三重利益定位，比如牙膏强调“防蛀”“爽口”“增白”，就是三重定位。

产品定位报告

写作要点

产品定位,是指企业对用什么样的产品来满足目标消费者或目标消费市场的需求。其有别于市场定位,市场定位是指企业对目标消费者或目标消费市场的选择。从理论上讲,应该先进行市场定位,然后再进行产品定位。产品定位是对目标市场的选择与企业产品结合的过程,也就是将市场定位企业化、产品化的工作。

在产品定位中,可能涉及以下内容。

1. 产品的功能属性定位:解决产品主要是满足消费者什么样的需求,对消费者来说其主要的产品属性是什么。

2. 产品的产品线定位:解决产品在整个企业产品线中的地位,本类产品需要什么样的产品线,即解决产品线的宽度与深度的问题。

3. 产品的外观及包装定位:产品的外观与包装的设计风格、规格等。

4. 产品卖点定位:提炼出产品独特销售主张。

5. 产品的基本营销策略定位:确定产品的基本策略——做市场领导者、挑战者、跟随者还是补缺者,以及确定相应的产品价格策略、沟通策略与渠道策略。

6. 产品的品牌属性定位:主要审视产品的上述策略的实施决定的品牌属性是否与企业的母品牌属性存在冲突,如果存在冲突,如何解决或调整。

参考范文

××产品定位[①]

一、背景分析

在日常生活中，保健品作为一种特殊产品，虽对人体起着十分有益的作用，但总体而言，其疗效没有药品直接、迅速，其价格又比食品昂贵，因此导致其生命周期比较短暂。市场上有很多做得不错的品牌，比如“红桃K”“昂立一号”“丰韵丹”“巨能钙”等，它们之所以能在市场上立足，主要得益于其鲜明的功能定位、特定的渠道选择和强大的宣传支持。

二、产品分析

××小麦草片作为一种纯天然、高科技、功能性的保健食品，意欲参与国内同行业的激烈竞争，首先面临的问题就是如何看待这个产品，也就是如何在消费者心目中给产品进行形象定位的问题，它直接关系着产品上市后的销售成败。若将其作为保健品看待，势必影响到产品的生命周期，很可能企业刚刚收回前期的投资，消费者已经对产品产生了厌倦，产品的生命周期已经进入了衰退期；若作为食品看待，一方面在定价上难以保证高价位，另一方面其药品式的外观也难以得到消费者的认同；而作为药品看待，一方面它是食品企业生产，属于保健食品，另一方面在销售渠道的选择上也必然受到限制。

三、产品定位

经过综合分析，我们认为应把产品定位于类似于药品的功能性、高价位保健食品。这样，虽不能使产品进入大众流通渠道，却能够保证产品较为持久的生命周期，同时还可以通过强调其组成成分——稀有元素硒进行高价格定位，保障企业的高额利润。

为保证能够成功地树立起产品形象以推动市场销售，应注意以下几点。

1. 在宣传上弱化其保健食品的概念，转移消费者的注意力，突出功能性诉求；在包装及宣传资料上印刷生产厂家时应采用其他形式出现（如××实

① 奥施乐小麦草片全国市场企划提纲[EB/OL]. http://www.ztou.com,2007-05-04.

业等）。

2. 在销售渠道上采用药品的销售途径，禁入食品或其他日用品流通渠道。

3. 突出产品所含稀有元素（硒）组成成分以支持高价位诉求，应更换产品名称（如××硒片等），这样可使产品成为第一个以稀有元素硒为个性诉求的产品，容易给人留下深刻的印象，易于率先占领一块属丁自己的市场。同时通过对硒这种稀有元素独特作用的介绍来统领众多的产品功效，有利于避免功能诉求太广泛、不明确。

4. 改进包装。考虑到国内消费者的价格接受程度和购买习惯，将原包装缩小，降低每盒售价，以降低市场切入的门槛；同时在内外包装上使产品突出功能性、纯天然、稀有珍贵的形象识别，在硒片色彩上也可进行尝试，如采用浅绿色等，以此强化产品含有特种澳门小麦草中稀有元素——硒，同时与众多常见药片形成视觉差异。

5. 差异化的功能定位。对产品进行差异化功能定位，功能上以“净化血液，清除人体自由基”为统领，根据不同区域病例比重差异进行有针对性的诉求，如有的地域着重强调防治糖尿病，而有的地域强调防治高血脂、青春痘等。

注意要点

产品定位的方法有多种，具体可以借鉴以下方法：①产品差异定位法，即本公司所销售的产品，与对手相比的差异性。②利益定位法，即产品的品质、选择性、价格、服务及地点等，能给消费者带来的价值。③产品使用者定位法，即针对使用者来定位。④针对特定竞争者定位法，这种定位法是直接针对某一特定竞争者，而不是针对某一产品类别。在实际定位时，应将产品固有的特性、独特的优点、竞争优势等与目标市场的特征、需求、欲望等结合在一起考虑。

企业定位报告

写作要点

企业定位是指企业通过其产品及其品牌，基于顾客需求，其企业独特的个性、文化和良好形象，塑造于消费者心目中，并占据一定位置。企业定位包括各方面的内容，概括来说主要有以下几点。

1. 经营思想和方向定位：包括为什么我选择的客户要向我购买？我的价值判断与竞争对手有何不同？特点何在？哪些战略控制方式能够抵消客户或竞争对手的力量？

2. 客户群定位：要解决的是“我希望对哪些客户提供服务”。其内容包括：我能够为哪些客户提供价值？哪些客户可以让我赚钱？我希望放弃哪些客户？

3. 价值定位：如何得到回报？要解决的是“我将如何获得赢利”。其内容包括：如何为客户创造价值，从而获得其中的一部分作为我的利润？我采用什么赢利模式？

4. 业务范围定位：公司从事的经营活动、提供的产品和服务。要解决的是“我将从事何种经营活动”。其内容包括：我希望向客户提供何种产品、服务和解决方案？我希望从事何种经营？起到何种作用？我打算将哪些业务进行分包、外购或者与其他公司协作生产？

参考范文

××整形美容医院广告宣传定位①

一、企业经营思想定位

经营方向定位：××整形美容医院在整体经营中必须确立明确的方向

① 整形美容医院广告宣传策划书[EB/OL]. http://www.yxmei.com,2010－11－17.

及项目定位。建议做出如下规范。

进一步确立医学整形美容项目的主导及支柱产业地位，在整体宣传策划、资源调度上给予足够的支持，确保支柱产业健康、稳定、深入地发展。

皮肤美容项目居于次要地位，辅助、完善整个医院的经营类别，在管理资源的动用上与医学整形美容进行配合，共同构筑完整的××整形美容医院的整体形象及品牌。

在上述定位下，努力使××整形美容医院以全新的姿态重新站在××乃至全国的医学整形舞台上，将××整形美容医院建设成为中国西南地区的集医学整形美容、医学创伤修复、医学畸形矫正、医学皮肤治疗及美容的权威机构，真正成为学术型的医院及涵盖相关领域的企业。

二、经营思想的定位

医学整形美容产业是为人类塑造美丽，改善、提高人民生活品质，提高社会文明程度的神圣产业。××在近几年的发展过程中通过不断地摸索，对于上述社会意义以及相应的经济价值的认知已经非常明确。××的经营定位、思想应该以战略眼光重新认识“美丽产业”所带来的巨大社会资源及潜力，以及巨大的社会影响力。切不可因追求目前的短期利益，而放弃了对战略资源的整合开发，丧失整个社会市场。

××整形美容医院的经营思想可以提炼为：“美丽××，美丽人生。”

上述经营思想的确立、成形，将彻底改变目前在经营过程中奉行的原则及指导思想。虽然在执行过程中肯定会有若干的问题，但主线的明晰、思想的超前才是真正的战略优势。

三、经营方式定位

××整形美容医院是立足于市场成长起来的专业型医院，市场化运作是企业生存、发展的关键及活力所在。同时，医疗行业的特殊性质决定了作为一家医院必须立足于雄厚的技术实力、准确的市场定位、精致的服务才能在竞争激烈的市场中找到属于自己的空间。因此，市场化的运作才是××整形美容医院生存、发展的根本支点，适应市场的需求、反应、速度才是××整形美容医院适应市场的管理方式。

医院在关键环节上应该与国有医院一样按照严格的医疗技术标准建

立、管理自己的医技部门与技术人员队伍，但营销队伍的组建、市场的拓展部门以及相关流程的建立必须是快速的、有效的、市场化的。

四、企业类型的定位

××整形美容医院在广大消费者心目中究竟是一家什么样的医院？这是一个亟待解决的问题。

××整形美容医院是一家以具有高新医疗、科研技术，以同步国际的高精尖医学设备为基础，从事高难度人体医学整形、医学型皮肤美容以及相关附属产业，承载了亚洲先进整形技术的正规化、专业化的技术型医院。上述定位与其他美容门诊部具有截然不同的本质性差异。

医院拥有多年在医学整形美容领域以及皮肤美容领域积累的丰富经验，已经形成了独具特色的医疗技术体系，其系统性、独创性在同行中居领先水平，在整形技术方面已经成为西南地区的领头企业及行业的标杆。因此，此项定位的明确化将进一步划清××与其他小规模整形机构的界限，明确塑造××的差异化需求。

五、营销目标定位

××整形美容医院将以目标清晰的企业产品、技术、价格定位重新进入市场，塑造技术型企业的实力并以合理的价格体系、以时尚的消费理念重新引导市场，创造新的消费高峰，从而实现业绩的稳定增长及企业的长远发展。同时将不断优化企业内部的管理，不断提高医疗技术、医疗服务以及综合服务，逐步杜绝医疗纠纷及提高处理水平，为企业高速发展打下坚实的基础。

六、价格体系的定位

价格是企业在市场经济中实现利润、扩展和发展的根本性工具，违背企业实际能力的价格策略，不仅不会促进企业的发展，反而会起到竭泽而渔的效果，令企业失去持续成长的动力。××历来推崇高端的定位，但实际情况是除了定价高，其他的配套服务体系没有能够及时跟进，顾客所付出的与得到的不成正比，往往引发一系列的负面问题，并导致了大量的不利口碑在消费者中传播，在一定程度上影响了企业固有的顾客资源循环。因此，现有的价格策略必须要进行调整，真正回到企业的产品与服务水平能得到市场认可的定位上来，以实现企业对市场的重新激活。

七、营销形式定位

现在的市场已经进入了相对低迷阶段，顾客素质提高，消费行为的逐渐理性以及“货比三家”的常规消费行为，还有媒介的负面报道加大了市场开发的难度；再加上企业本身在转制过程中的一系列决策的不稳定，导致了企业形象不明、定位不清，顾客的认知度下降直接导致了企业在消费者中知名度的下降，很难有突破性的发展。因此，新年度的营销决策及营销推广形式必须是多管齐下，从过去的单一营销形式转变为复合营销形式，从医学整形美容市场的培育、医院日常经营业绩的保持提升，企业品牌的塑造、二级市场的开发等多种营销形式配合，共同构筑新的营销体系，才能保障实现企业的逐步复苏。

八、营销手段定位

××使用的营销手段总体看来是比较单一的。因行业特性及消费者隐私的限制，在医学整形美容行业推行折扣的营销手段总体看来是有效的，但随着市场竞争的加剧，除了打折以外的诸多手段如“套餐”形式、VIP会员拓展、附加值服务等对企业综合实力要求较高项目的提供等，也因为企业内部存在的种种制约，以及转制过程中一些部门的精简而不能有效地发挥作用。因此，上述工作的恢复，将是下一步工作中的一个重点。

九、营销机构、机制定位

广告部从引导医院运作的策划部缩编到只负责平面设计的广告部，而医院另设的营销策划中心却在长达数月的时间中处于瘫痪状态，实际的销售活动的设计、组织、推广还须要由广告部来负责。缩编后的广告部负担了媒介开发、广告设计、发布、监控，二级市场的开发等工作，人力资源已经显现出紧张的状态。其中，设计人员的短缺及现有设计人员的思维僵化已经严重制约了公司广告水平的提升。因此，要对公司的营销机构重新进行清晰的定位与重组，吸纳新的设计人员，设置新的工作结构，重新配置现有人员，采取切实有效的措施激发大家的工作热情是关键。

十、广告机构定位

广告部：现有的工作结构在年末的工作变动中已经发生了变化，要完成新年度的工作计划及目标，就必须要建立新的组织机构，完成人力资源的重新搭配，根据上述工作内容建立新的组织机构。

媒介部：负责媒体的预定、投放、监督，媒体发布财务结算工作，以及日常广告投放数据的统计、核算；报刊广告合办栏目的监督、协调；电视广告的设计、制作、发布，电视合办栏目的设计、开发，制作、投播，单项电视广告片的设计、制作等工作。

拓展部：负责医院促销活动的设计、组织及实施，负责与医院其他部门人员、医生等配合进行医院所需二级市场的开发、推广等事项的执行。

上述组织机构的调整要本着分工明确、专业清晰、人员尽量精简的原则进行。

注意要点

几乎绝大多数的行业，在法律法规允许下，在现今所有权和管理权高度分离的市场中，在没有大的政策限制下，行业最终都会形成三足鼎立的局面，另外还有许多的专业企业来填补很小的细分市场。

为此，企业要考虑自身处在一个什么样的位置上，是领导者还是挑战者，还是第三位，甚至是专家型企业，当我们不是这里的企业时，企业应当进行合理定位，防止被市场竞争淘汰。

内容定位文案

写作要点

在展示广告中，广告的定位是通过内容体现的。例如，在消费者搜索网络广告时，会根据一个广告组中的所有关键字来确定其主题，然后再用这一主题来寻找相关的网页内容。内容定位主要包括主题与目标定位、内容定位及构成、消费者定位、市场定位，广告定位等。

参考范文

××目录手册策划方案①

一、主题与目标

以体现“文化·视觉·时尚·创新”为主题。以强势姿态出现,以精良的产品、真诚的投入、温和的态度及亲和的方式,强行制造和推行独有的语言,使之成为品位象征,与读者共同进步,达成目标与远景。

目标是成为中国最声誉卓然、最具时尚魅力的男性时尚礼品目录手册。远景是成为创新的引领中国人时尚理念的《××礼品目录手册》,中国高档时尚礼品的领袖。

二、内容定位及构成

(一)内容定位

展现切实的时尚生活,体现社会生活中的精品人文精神;用摄影镜头捕捉生活中体现时尚中人文精神的真善美,满足读者轻松阅读的快感;以具有现场感、震撼力的图片吸引注意力,触及读者心灵深处,满足读者好奇心及追求时尚的多层次需求。

(二)内容结构

主题内容:约占10%,包括以每期“专题故事”为中心,培养读者持续阅读的习惯;时尚人物;时尚生活;时尚娱乐;“时尚时事焦点”内容以新闻组图为主,辅以计算机制图、文字。

时尚礼品目录内容约占80%,包括产品美图、历史产品的升值瞬间。

时尚礼品企业资讯约占10%。

三、栏目定位

时尚专题故事:比起部分具体的持续发展的事件中截取出来的单幅报道图片,图片故事对于事先安排的依赖要小得多,因而也更具现场动感并更加丰富。

时尚时事焦点:最具现场感的拥有震撼力的图片。强力推出的集照片、

① “万象藏品”礼品目录手册策划方案[EB/OL]. http://www.xiecehua.com,2010-09-17.

图表、文字为一体的报道。

时尚栏目：人物不局限于“大人物”，也可穿插“小人物”，尽量使人物多流露一些内在细节的东西，而不是表面化的动作本身，以更好地体现时尚的人文文化。

时尚前沿：以时尚视觉展现新时尚对我们生活的影响和变化。

时尚企业资讯：提供时尚领域的图片资讯，用礼品目录手册自己的时尚摄影师去捕捉独特内容镜头，配合广告引入。

四、读者定位

20～55岁，接受过和正在接受良好教育，具有和将会具有稳定或较高收入的主流人群，包括男性和女性读者。这一人群是社会中坚，他们正在和将成为各个领域的主导力量，是市场未来最具成长潜力的中高端消费阶层。

五、市场定位

该市场定位与小众媒体不同，特点包括：其面向大众发行；以实现较大发行量为基础；覆盖多层次广告受众。

六、广告销售定位

面向大众的各行业精品广告（着重强调广告设计的视觉效果）。广告内容包括：企业形象品牌及产品品牌。

主要行业：

IT行业——摄影、摄像器材生产商及其产品；家用电器、家具等日常消费品；计算机、高档办公设备等高档消费品；手机等通信产品运营商、经销商及其产品。

金融行业——银行、保险、基金等金融业系列产品。

汽车行业——名牌汽车。

房地产业——精品楼盘及星级酒店。

日常用品——酒、化妆品、手表及服装等高档日用品。

七、发行营销定位

直接向目标客户投递（含会员）。另外，还有邮发零售＋自办零售＋邮发征订＋自办征订。以服务、执行功能为主，建立联合营销为基础的终端营销服务网络。

注意要点

在制作广告系列时，要注意内容的定位。在网络营销中的内容定位主要是关键字定位，例如在网络搜索时，有了关键词为内容的相关广告定位，当输入每个产品类别时，才有可能被列为搜索对象在客户的列表中搜索到。

品牌定位文案

写作要点

品牌定位是指企业在市场定位和产品定位的基础上，对特定的品牌在文化取向及个性差异上的商业性决策。它是建立一个与目标市场有关的品牌形象的过程和结果。换言之，即指为某个特定品牌确定一个适当的市场位置，使商品在消费者的心中占领一个特殊的位置。

品牌定位要考虑目标消费者的需要。借助消费者行为调查，可以了解目标对象的生活形态或心理层面的情况。消费者有不同类型、不同消费层次、不同消费习惯和偏好，企业的品牌定位要从主客观条件和因素出发，寻找适合竞争目标要求的目标消费者。要根据市场细分中的特定细分市场，满足特定消费者的特定需要，找准市场空隙，细化品牌定位。品牌定位一定要摸准顾客的"脉搏"，唤起他们内心的需要，这是品牌定位的重点。所以说，品牌定位的关键是要抓住消费者的心。

品牌定位要给消费者以实际的利益，满足他们某种切实的需要。企业品牌要在同类产品中脱颖而出，还要尽力塑造差异。只有与众不同的特点才容易吸引消费者的注意力。所以说，企业品牌要想取得强有力的市场地位，它应该具有一个或几个特征，看上去好像是市场上"唯一"的。这种差异可以表现在许多方面，如质量、价格、技术、包装、售后服务等，甚至还可以是脱离产品本身的某种想象出来的概念。

参考范文

××品牌定位①

一、品牌释名

凉茶是广东、广西地区的一种由中草药熬制，具有清热祛湿等功效的"药茶"。在众多老字号凉茶中，尤以××最为著名。××凉茶发明于清道光年间，被公认为凉茶始祖，有"药茶王"之称。到了近代，××凉茶更随着华人的足迹流传到世界各地。

20世纪50年代初由于政治原因，××凉茶铺分成两支：一支完成公有化改造，发展为今天的××药业股份有限公司，生产××凉茶颗粒（国药准字）；另一支由王氏家族的后人带到香港地区。在中国大陆，××的品牌归××药业股份有限公司所有；在中国大陆以外的国家和地区，××品牌为王氏后人所注册。YY是位于东莞的一家港资公司，经××药业特许，由香港地区王氏后人提供配方，该公司在中国大陆地区独家生产、经营××牌罐装凉茶（食字号）。

二、背景

××年以前，从表面上看，红色罐装××（以下简称××）是一个经营得很不错的品牌，在广东、浙南地区销量稳定，赢利状况良好，有比较固定的消费群，××饮料的销售业绩连续几年维持在1亿多元。发展到这个规模后，YY的管理层发现，要把企业做大，要走向全国，就必须克服一连串的问题，甚至原本的一些优势也成为困扰企业继续成长的障碍。

所有困扰中，最核心的问题是企业不得不面临一个现实难题——××当"凉茶"卖，还是当"饮料"卖？

（一）现实难题表现一：广东、浙南消费者对××认知混乱

在广东区域，××拥有凉茶始祖××的品牌，却长着一副饮料化的面孔，让消费者觉得"它好像是凉茶，又好像是饮料"，陷入认知混乱之中。而

---

① 成美（中国）营销顾问公司．红罐王老吉品牌定位战略[EB/OL]．哈佛商业评论．http://www.apoints.com，2008-01-29．

在YY的另一个主要销售区域浙南，主要是温州、台州、丽水三地，消费者将××与康师傅茶、旺仔牛奶等饮料相提并论，没有不适合长期饮用的禁忌。面对消费者这些混乱的认知，企业亟须通过广告提供一个强势的引导，明确××的核心价值，并与竞争对手区别开来。

（二）现实难题表现二：××无法走出广东、浙南

在两广以外，人们并没有凉茶的概念，甚至在调查中有人频频说出“凉茶就是凉白开”“我们不喝凉的茶水，泡热茶”这些看法。普及凉茶的概念显然费用惊人。而且，内地的消费者“降火”的需求已经被填补，他们大多是通过服用牛黄解毒片之类的药物来解决。

（三）现实难题表现三：推广概念模糊

如果用“凉茶”概念来推广，YY公司担心其销量将受到限制，但作为“饮料”推广又没有找到合适的区隔，因此，在广告宣传上不得不模棱两可。很多人都见过这样一条广告：一个非常可爱的小男孩为了打开冰箱拿一罐××，用屁股不断蹭冰箱门。广告语是“健康家庭，永远相伴”。显然，这个广告并不能够体现××的独特价值。

在××前几年的推广中，消费者不知道为什么要买它，企业也不知道怎么去卖它。在这样的状态下××居然还平平安安地度过了好几年。出现这种现象，外在的原因是中国市场还不成熟，存在许多市场空白；内在的原因是这个产品本身具有一种不可替代性，刚好能够填补这个位置。在中国，容许这样一批中小型企业稀里糊涂地赚得盆满钵满。但在发展到一定规模之后，企业要想做大，就必须搞清楚一个问题：消费者为什么买我的产品？

三、重新定位

××销售问题首要解决的是品牌定位。××虽然销售了7年，其品牌却从未经过系统、严谨的定位，企业都无法回答××究竟是什么，消费者就更不用说了，完全不清楚为什么要买它——这是××缺乏品牌定位所致。这个根本问题不解决，拍什么样“有创意”的广告片都无济于事。

广东的消费者饮用××主要在烧烤、登山等场合。其原因不外乎“吃烧烤容易上火，喝一罐先预防一下”，“可能会上火，但这时候没有必要吃牛黄解毒片”。而在浙南，饮用场合主要集中在“外出就餐、聚会、家庭”。

消费者的这些认知和购买消费行为均表明，消费者对××并无“治疗”要求，而是作为一种功能饮料购买，购买××的真实动机是用于“预防上

火”，如希望在品尝烧烤时减少上火情况发生等，真正上火以后可能会采用药物，如牛黄解毒片、传统凉茶类治疗。

再进一步研究消费者对竞争对手的看法，则发现××的直接竞争对手，如菊花茶、清凉茶等由于缺乏品牌推广，仅仅是低价渗透市场，并未占据“预防上火的饮料”的定位。而可乐、茶饮料、果汁饮料、水等明显不具备“预防上火”的功能，仅仅是间接的竞争。

综上所述，××的品牌定位是“预防上火的饮料”，独特的价值在于喝××能预防上火，让消费者无后顾之忧地尽情享受生活：吃煎炸、香辣美食、烧烤、通宵达旦地看足球赛等。

这样定位××，是从现实格局通盘考虑，主要益处有四：①利于××走出广东、浙南。由于“上火”是一个全国普遍性的中医概念，而不再像“凉茶”那样仅局限于两广地区，这就为××走向全国彻底扫清了障碍。②避免××与国内外饮料巨头直接竞争，形成独特区隔。③成功地将××产品的劣势转化为优势，如淡淡的中药味，成功转变为“预防上火”的有力支撑；3.5元的零售价格，因为“预防上火”的功能，不再“高不可攀”；“××”的品牌名、悠久的历史，成为预防上火“正宗”的有力支撑。④利于YY企业与国内××药业合作。

正由于YY的××定位在功能饮料，区别于××药业的“药品”，因此能更好地促成两家合作共建“××”品牌。

四、品牌定位的推广

××的推广主题是“怕上火，喝××”，在传播上尽量凸显××作为饮料的性质。在第一阶段的广告宣传中，××都以轻松、欢快、健康的形象出现，避免出现对症下药式的负面诉求，从而把××和“传统凉茶”区别开来。

为更好地唤起消费者的需求，电视广告选用了消费者认为日常生活中最易上火的五个场景：吃火锅、通宵看球赛、吃油炸食品、烧烤和夏日阳光浴，画面中人们在开心享受上述活动的同时，纷纷畅饮××。结合时尚、动感十足的广告歌反复吟唱“不用害怕什么，尽情享受生活，怕上火，喝××”，促使消费者在吃火锅、烧烤时，自然联想到××，从而促成购买。

注意要点

品牌定位对于一个品牌的成功起着十分重要的作用。品牌定位的核心是展示其竞争优势,通过一定的策略把竞争优势传达给消费者。因此,对品牌经营者而言在确定目标后最重要的是选择正确的品牌定位策略,建立他所希望的,对该目标市场内大多数消费者有吸引力的竞争优势。

品牌定位从产品开始,除了产品定位以外,作为品牌定位重要内容的就是品牌整合营销传播过程中的广告诉求。

品牌定位与产品差异化二者既有关联,又有显著区别。传统的产品差异化是在产品供过于求的条件下,生产者对现有产品的变异求新,以实现与竞争者产品的差异,其差异化主要通过产品本身的性能和质量等有形因素来实现的。而品牌定位则不同。品牌定位不仅是为了实现产品差异化,还是为了实现品牌差异化。随着市场竞争的日益加剧,同一行业中各企业产品的差异化越来越难以形成。除了利用影响消费者选购产品时的有形因素,以及其给消费者带来的物质和功能性利益外,还要利用产品的风格、文化、个性等无形因素及其给消费者带来的精神和情感性利益,来塑造企业及其品牌的独特而有价值的形象,以期占据有利的心理据点,就成了企业竞争的理性选择。由此可见,产品差异化不是品牌定位的全部内容,它是品牌定位的基础或手段。品牌定位是全新的、更高层次上的营销思路与营销战略。

因此,品牌定位不仅要明确而且要个性鲜明,让消费者感到商品有特色、有品位,甚至成为某一层次消费者文化品位的象征,让顾客从中得到情感和理性的满足感,从而有别于同类产品,逐渐形成稳定的消费群体。

环节三

营销战略与计划文案

环节三

NO. 3 营销战略与计划文案

市场营销战略 SWOT 分析报告

写作要点

SWOT 分析是一种竞争态势分析方法，通过评价企业的优势(Strengths)、劣势(Weaknesses)，以及在竞争市场上的机会(Opportunities)和威胁(Threats)，来制订营销战略的选择方案。在企业市场营销战略前，要对企业进行深入、全面的 SWOT 分析。

SWOT 分析法的优点是直观、使用方便，即使没有精确的数据支持和更专业化的分析工具，也可以得出颇具说服力的结论。当然，它也存在一些不足和缺陷，所以在应用时应该注意信息的准确性和客观性，做到定性和定量分析并重。SWOT 分析的具体步骤如表 3－1 所示。

表 3－1　SWOT 分析步骤

步　骤	描　述
第一步	罗列企业的优势和劣势、可能的机会与威胁。
第二步	将优势、劣势与机会、威胁相组合，形成：SO 策略(依靠内部优势，利用外部机会)；WO 策略(利用外部机会，弥补内部劣势)；ST 策略(利用内部优势，规避外部威胁)；WT 策略(减少内部劣势，规避外部威胁)。
第三步	对 SO、ST、WO、WT 策略进行甄别和选择，确定企业目前应该采取的具体战略与策略。

参考范文

铁矿石市场营销战略的SWOT分析①

背景分析：铁矿石作为生产钢铁最主要的原材料之一，其价格变化对于钢材价格有着非常大的影响。自从2010年铁矿石谈判启动后，必和必拓、力拓和淡水河谷三大矿商的报价便一路飙升，从20% ~30%到50%，再到80% ~90%，远远超出了中国钢铁企业的心理底线，甚至超过了国际钢铁企业的预期。根据近年来日本钢企与三大矿山巨头率先达成的协议，较之2009年的60美元/吨，2010年初进口铁矿石价格已涨到110美元/吨，长达40多年的铁矿石谈判长协机制也被打破，这使得中国钢企在谈判中再次处于不利地位。而进口铁矿石每吨现货价格在短短一个月内，从140美元到150美元，再以160美元/吨的价格创了新高。

在分析优势、劣势、机会、威胁的基础上，根据铁矿石市场状况，制定SWOT分析如表3-2所示。

表3-2　铁矿石市场的SWOT分析

内部能力 外部因素	优　势	劣　势
	重视程度高 积极性高 成本优势	对海外依赖度高 品位、产量下降 产业集中度低
机　会	SO	WO
控制先发资源 放眼于未来建设及人才培养	积极性和重视程度高，可抢占先发资源，获得资源优势，避免损失。	开发资源，弥补国内资源贫乏的缺陷。
威　胁	ST	WT
议价能力低 经营压力大 价格对行业影响大	适当、适时地分散资源市场，减少成本，使利润最大化。	开拓市场，降低资源依赖度，调整产业结构，取得定价议价主动权，解决亏损问题。

根据SWOT分析，我们可知：铁矿石的国际趋势和国内趋势并不尽如人意，国内企业在当前所能掌握的筹码并不多，还只能根据外商意愿和国际铁矿石价格走势来议价定价。

① 路兰新．浅析铁矿石进口谈判的忐忑之路．财会研究[J]．2010 (6)：63-65.

注意要点

在制定企业的营销策划战略时，在SWOT分析的基础上，还要结合SWOT分析定位图（见图3－1），确定市场营销战略的总体行动方向。由图3－1可知，我国钢铁企业面对当前铁矿石的市场形势，应该采取减少内部劣势，规避外部威胁的防御性发展的市场营销战略。采取这一战略有利于保护和巩固我国企业在钢铁行业的地位，同时通过缓解内部劣势和应付外在威胁，以达到由防御型向扭转型转变，最终实现市场增长型战略。

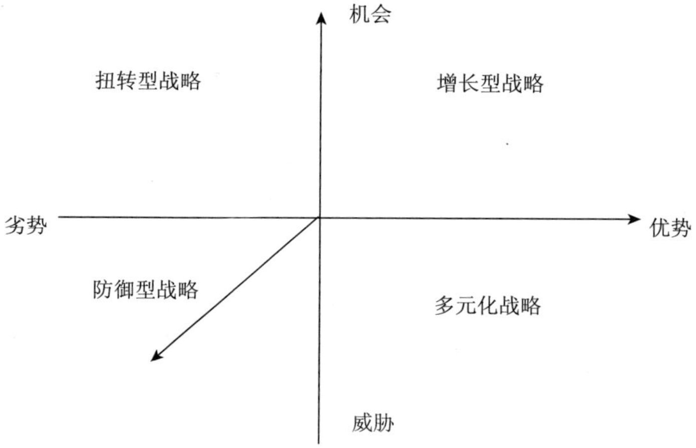

图3－1　SWOT分析定位图

产品分析报告

写作要点

产品分析报告通常包括基本参数表、技术参数表，并对产品与竞争对手进行比较分析。分析的内容包括产品性能分析、产品质量分析、产品价格分析、产品外观分析、产品采购分析、产品工艺分析等。本节以××轿车的产品分析报告作为范文进行讲解。

参考范文

××轿车的产品分析报告①

一、产品基本参数

表 3－3 产品参数表

产品名称	××2.0L 豪华运动版	××2.4L 旗舰版	××2.4L 精英版	××2.0L 世博版
产地属性	国产	国产	国产	国产
级别属性	中型车	中型车	中型车	中型车
款型	2010	2010	2010	2010
排量(L)	2.0	2.4	2.4	2.0
最高车速(km/h)	232	205	205	197
0～100 加速时间(s)	7.7	9.8	9.8	11.4
综合参考油耗(L)	9.6	9	9	8.8
保修政策	两年或 6 万公里	两年或 6 万公里	两年或 6 万公里	两年或 6 万公里
长/宽/高(mm)	4830/1856/1484	4830/1856/1484	4830/1856/1484	4830/1856/1484
最大功率(kW)	162	125	125	108
其他参数	略	略	略	略

二、产品质量分析

××是 YY 轿车的品牌之一。YY 轿车在海外被公认为是美制车中质量较好的车种。上海 YY 的零件由世界的各大样板工厂提供，其中国内样板工厂采购占到 40% 以上，全球资源的优化带来了 YY 的高质量。YY 轿车不仅在国外大受赞誉，在国内的消费者中评价也较高。例如，在中国质量协会的调查中，在同级车中名列第二，可见 YY 在消费者心中的评价较高，满意程度也较高。

① 别克君威轿车的产品分析[EB/OL]. http://www.che168.com,2010－12－20.

三、产品价格分析

××的配置低的产品与同类车型价格比较，价格比竞争对手略低，处于同级车中较低水平。而××的两款3.0车型豪华配置丰富，在降价后基本和同级车持平，加之性能在同级车平均水平之上，在市场上较具竞争力。

四、产品性能分析

××与同档次车最大的优势就是舒适、安静，美国车的悬挂调效偏软，相对于欧洲车系偏硬的悬挂调效，对乘坐者来说十分舒适。安静是YY品牌一贯的追求，在美国，YY一直强调的目标是要带来同级车中最安静的车厢，在我国，YY的安静也成为YY区别于其他车型的最大特征。

××采用的发动机是其与同价位车角逐中耀眼的配备，其大排量及低转速高扭矩的特性令快速起步、加速超车游刃有余，高速平稳顺畅，其独有的60°稳定结构，运行缓冲空间大，令发动机振动噪声最低，造就了这款车完美的静音效果。由于产品注重安静舒适，大量采用隔音材料，车身重量大(2吨)，加之V6发动机独有的平顺，使其在0～100公里加速的前期油门的响应相对迟钝，所以其加速性能还不能令消费者满意。

五、产品外观和命名分析

××具有与YY品牌一脉相承的豪华、气派、尊贵、高雅的外观，对目标消费者极具吸引力。而名字“××”也是近年来轿车中文命名中少有的好名字，让人很容易联想到君临天下，威武的形象，彰显东方意境与中国文化内涵。

六、其他方面分析

在零部件采购及供应链方面，在实施本土化的同时积极推动国内零部件行业的全球化进程，产品的零部件完全由厂家在全球的样板工厂采购，国产化率达到40%以上，零件保证了优质。在设计生产时，特别对车子进行了本土化调整，根据中国路况和油品特质进行了充分的本土化改进，采用16万公里免费更换铂金火花塞、高密度新型凸轮轴，可靠、耐用而不显娇柔。

注意要点

根据上述范文可知，产品分析报告的内容除了对产品参数进行分析外，更重要的是利用比较分析法与同类产品进行对比分析。比较研究重点不是选择比较维度，指出什么相同与不同，更重要的是指出为什么不同或相同，换言之，对原因的解释更重要。选择比较的维度在比较研究时是最重要的一关，甚至是最关键的，也可以说是最难的。例如，上文所选择的比较维度分别是质量、价格、性能、外观、命名、采购链、工艺等方面与同类产品进行的对比分析。在对比中，读者可以使用图表等使比较结果一目了然。如果选择的维度不合适，你可能什么结论也得不出，甚至可以说你只是在简单地重复别人的劳动。比较的重点是差异性而非共同性。显然，你对该产品与竞争对手的知识掌握得越多、理解得越深，则在选择指标上越自如。最终，要把同类产品按照不同的衡量尺度进行对比，分析其共同点和不同点，然后得出结论，这就是产品分析报告中的比较方法。做好产品分析报告要熟练使用比较研究的方法。

竞争对手研究报告

写作要点

建立一个竞争对手分析的框架非常重要。将杂乱的信息按照建立好的框架进行分类，就可以避免情报工作的盲目性，有的放矢地收集竞争对手的信息。竞争对手分析的框架主要有两种。

一、基于平衡计分卡的竞争对手分析框架

一般来说，平衡计分卡从四个方面来考察企业的业绩，即学习与创新、内部业务流程、客户与市场、财务。既然可以用平衡计分卡来考察一家企业的绩效，那么同样可以用平衡计分卡的思想来分析竞争对手。

二、波特的竞争对手分析模型

波特的《竞争战略》一书中提出了竞争对手分析的模型，从企业的现行战略、未来目标、竞争实力和自我假设四个方面分析竞争对手的行为和反应模式。这是竞争对手研究的另一种思路。

综合以上理论，本书认为，在实际写作中，对竞争对手进行研究分析的重点包括以下几点。

①竞争对手的市场占有率分析。市场占有率通常用企业的销售量与市场的总体容量的比例来表示。②竞争对手的财务状况分析。竞争对手财务状况的分析主要包括赢利能力分析、成长性分析和负债情况分析、成本分析，等等。③竞争对手的产能利用率分析。产能利用率是一个很重要的指标，尤其是对制造企业来说，它直接关系到企业生产成本的高低。④竞争对手的创新能力分析。对竞争对手学习和创新的分析，可以从如下几个指标来进行：推出新产品的速度，科研经费占销售收入的百分比，销售渠道的创新，管理创新等。⑤对竞争对手的领导人进行分析。

不同的行业有不同的特点，例如有的行业关注投资回报率，有的行业更关注市场占有率。行业所处的阶段不同，关注的焦点也会不一样。所以，企业有必要建立符合自身行业特点的竞争对手分析模型，而绝对不能照搬照抄。

参考范文

××滴眼露的竞争对手[①]

随着经济与科技的发展，计算机、电视等一系列产品越来越普及为家庭必备的电器，这使人们的视力受到很大的影响，各类眼科症状如干眼症、视力疲劳等成了大众病。因此，滴眼露便在这样的情形下得到了快速发展，同时各种产品也被迅速开发与使用，并占据了一定的市场份额，如仁和的闪亮滴眼露、正大福瑞达的润洁等。而由某医疗科技有限公司生产的××滴眼露便在这样的一种强劲的竞争环境下推出了，它一推出便投入更为激烈的市场竞争当中。

市场上的滴眼液产品主要有以下几类，具体情况见表3－4。

① 刘秀荣，刘秋红．清见滴眼露学院营销策划书[EB/OL]．http://ybjkw.com,2008－11－08.

表 3-4 滴眼液主要产品表

产　品	YY 明滴眼露	ZZ 滴眼露	WW 目滴眼液	AA 闪亮滴眼露
市场占有率	30%	15%	25%	10%
功效	明目去翳，清热解痉。	本品具有清凉止痒、缓解视力疲劳、抑制眼部细菌生长、促进眼部营养、保持眼睛湿润和卫生及避免结膜充血等作用。	清热泻火，养肝明目，用于肝虚火旺引起的视力疲劳症和慢性结膜炎。	促进眼部营养，保持眼睛湿润和卫生、防止视疲劳。
适用人群（适用症）	用于青少年假性近视，轻度青光眼及缓解眼疲劳。	防止和减少戴隐形眼镜引起的眼不适和并发症。适用于学生、计算机操作者、财会人员、司机及其他从事眼负担较重工作人员的眼部保健；对眼干燥症状也有明显的缓解作用。	适用人群较宽泛，可长期使用。	适用人群较宽泛。
注意事项		青光眼或眼部有剧痛感者，禁用本品。		包装开启后应在一个月内使用，每次使用后必须立即关闭容器，如出现浑浊，应停止使用。
规格及价格		10 毫升/13.8 元	10 毫升/10 元	15 毫升/7 元

注意要点

企业要做好竞争对手分析的工作，为企业制定战略提供充分的依据，除了掌握一些常用的分析方法以外，还要注意加强竞争对手分析的针对性。对竞争对手的分析，每一项都应该有其针对性。有的企业在对竞争对手进行分析的时候，往往把所能掌握的竞争对手的信息都罗列出来，但之后便没有了下文。因此，要明确对竞争对手分析的目的是什么。按照战略管理的观点，对竞争对手进行分析是为了找出本企业与竞争对手相比存在的优势和劣势，以及竞争对手给本企业带来的机遇和威胁，从而为企业制定战略提供依据。所以，对于竞争对手的信息也要有一个遴选的过程，要善于剔除无用的信息，避免工作的盲目性和无效率。

竞争对手营销策略分析报告

写作要点

竞争对手的营销策略分析报告的流程和内容包括：先识别竞争者，再判定竞争者的营销战略，分析竞争者的营销手段与目标，评估竞争者营销的优劣势，最后预测竞争者的反应模式。

参考范文

××轿车与竞争对手营销比较①

一、确定竞争对手

××在中高档车市场上共有6个竞争对手，分别是广州本田雅阁、上海大众帕萨特、长安福特蒙迪欧、北京现代索纳塔、一汽马自达6、日产风神新蓝鸟。其中主要的竞争对手有2个，即广州本田雅阁和上海大众帕萨特。

二、主要竞争对手的营销分析

（一）广州本田

广州本田汽车有限公司由广州汽车集团公司和本田技研工业株式会社按50:50的股比合资建设和经营，于1998年7月1日正式挂牌成立，合资期限30年。目前，广州本田的生产能力已达到年产12万辆汽车，生产的车型有新一代广州雅阁、7人座多功能轿车——Odyssey（奥德赛），以及家用轿车飞渡。

广州本田生产的雅阁轿车是××的主要竞争对手之一，中高档市场占

① 车市逐鹿2.0黄金版——君威，雅阁，帕萨特蓄势待发[EB/OL]. http://auto.cnr.cn,2003-02-14.

有率达29%。广州本田的销售主要集中在大中城市的140家4S店,目标消费群定位在希望得到既体面又实惠的有品位车型的部分消费者,这部分消费者的主要特点是“满足生活、享受生活”。

(二)上海大众

上海大众汽车有限公司是中德合资的轿车生产企业。公司于1985年3月成立,9月正式投产。中德双方各投资50%。拥有桑塔纳、桑塔纳2000、帕萨特、波罗、高尔夫四个产品平台五大系列几十款车型。上海大众所生产的帕萨特系列是上海通用××的最大竞争对手,帕萨特在中高档市场上的占有率达到了41.8%。这样的成绩依赖于帕萨特铺天盖地的广告和覆盖全面的营销渠道。上海大众拥有国内最庞大的营销渠道,仅4S店就有500多家,这给上海大众帕萨特的销售和服务带来了得天独厚的便利。

帕萨特所面向的目标消费群是成熟、稳重、事业有成的男性,这类人群的范围比较广泛,很多消费者看中的是帕萨特的维修方便,到任何一个县市都可以维修,这使得消费者对帕萨特的评价大多是皮实耐用,扎实稳重。

三、竞争对手的营销优势与劣势比较

在产品质量上,××与帕萨特、雅阁都是出自世界名厂,质量上乘,没有特别的优势之处,只是在细节的处理上各有不同。在定价上三款车的价格覆盖范围都较广,大致可分为高、中、低三档,在2.0L级别中,帕萨特更占优势,在2.5L这一级别,××性价比高,优势明显,而3.0L的级别中,雅阁的价格极具吸引力,三个品牌各有优势。在促销上,雅阁借助其多年来在消费者中形成的良好口碑,在广告上投入很少;帕萨特的投入最大,大约是雅阁的两倍,主要用于平面广告,试车广告也是平均水平的7倍;××在宣传上注重品牌的塑造,打出的广告都与品牌的塑造有关。在销售渠道上上海大众傲视群雄,500多家4S店将近是上海通用和广州本田加起来之和。

表3－5　竞争对手比较表

车　型	索纳塔	××	风神蓝鸟	雅　阁	帕萨特
生产厂家	北京现代	上海通用	风神公司	广州本田	上海大众
特约维修站（4S店）规模	34家	130家	63家	140家	500家
新车免费保养的次数	1	4	2	1	1
质保期	2年或6万公里	2年或4万公里	2年或6万公里	2年或6万公里	2年或6万公里
保养费用（元）	320	340	210	200	250
换三滤机油（元）	480	500	400	618	600

注意要点

竞争对手的营销分析是竞争对手分析的一个重要内容。竞争对手的分析要体现量化数据，如销售量、市场份额、知名度、认知度、毛利、投资报酬率、现金流量、新投资、设备能力利用等，这些都是要重点进行体现的。但在竞争对手的营销分析中，只要涉及与营销有关的数据即可，主要包括销售量、市场份额、知名度、认知度以及营销的利润率等。

营销环境分析报告

写作要点

企业的营销环境，指的是影响企业的市场营销管理能力、决定其能否有效地发展与维持与其目标顾客的交易关系的外在参与者和它们的影响力。营销环境主要由以下部分组成。

一、宏观环境

宏观环境是指影响企业市场营销微观环境的巨大社会力量。包括人口、经济、自然、科技、政治、法律及社会文化背景，等等。

（一）宏观经济形势，包括宏观政策、市场环境、技术趋势等

企业外部的政治环境：进出口政策、外汇与税收制度、国有化政策与社会治安等。

经济与具体市场环境：宏观经济形势、地区的产业结构与政策、人均收入与可支配收入、消费模式等。

基础设施与人力资源环境：科教文化设施的分布与服务水准、交通通信能源的建设、消费者受教育的程度与薪资水平等。

企业所属产业的发展政策：所属产业的发展前景、受鼓励或受限制程度。

（二）市场的政治背景、法律背景及文化背景

包括：是否具有高效廉洁的司法机关、无歧视性且与国际接轨的法律、良好的知识产权保护、健康开放的社会生活方式、积极向上的文化氛围等；是否具有有利或者不利的政治因素可能影响产品的市场；企业的产品与市场的文化背景有无冲突之处；是否有有利或不利的法律因素可能影响产品的销售和广告（如对香烟、烈性酒、药品等的特殊政策）。

二、微观环境

微观环境是指与企业密切联系、影响其为顾客服务能力的参与者，包括企业自身、企业的供应商、顾客、竞争者和广泛的公众。具体来说有以下内容。

1. 企业的自身目标和资源。
2. 企业的供应商与企业的关系。
3. 企业的营销与企业的关系。
4. 顾客对企业和产品的态度及其实际购买行为。
5. 竞争者的情况。

三、市场概况

市场概况主要包括以下内容。

1. 市场的规模：整个市场的销售额；市场可能容纳的最大销售额；消费者总量及总的购买量；以上要素在过去一段时期中的变化；未来市场规模的

变化趋势。

2. 市场的构成：构成这一市场的主要品牌；各品牌所占据的市场份额；居于竞争优势地位的品牌；与本品牌构成竞争的品牌；未来市场构成的变化趋势。

3. 市场构成的特性：市场有无季节性；有无其他突出的特点。

参考范文

保健品市场营销环境分析①

一、宏观政策影响

药健字号产品是中国特有的一个产品类别，在国外只有食品与药品这两个品类概念，没有药健字号产品这一说。我国入世之后，为适应与国际接轨之需，政府对保健品行业进行了治理调整。受国家政策影响，保健品行业推出的新品相对较少，行家分析认为这与国家的医改有关。一部分以中药为原料、疗效确切的药健字号产品将申请药准字，大部分药健字号保健品将被改成食品类批准文号产品。因此，企业开发保健品越发谨慎起来。

二、行业自身因素

目前，我国政府批准生产的保健食品约3000种，进入市场的有600余种，其中多数为调节免疫、调节血脂、抗疲劳类产品，约占62.2%。专家认为，由于保健食品的国家标准迟迟未能出台，市场监管力度不够，造成国内保健食品市场混乱，保健品生产低水平重复、科技含量低、产品质量不高，再加上虚假广告泛滥，使我国保健食品市场出现较严重的“信任危机”，也造成了国内保健品市场“屡战屡败、屡败屡起”的现象，无法适应世界保健产品的发展趋势。

三、消费者因素

保健品鼎盛期，消费者对这一新兴产业表现得极不成熟，“跟着广告走”、被动消费、盲目消费、畸形消费现象严重。急于“给健康投资”的消费者在对保健品的成分、作用机理、适用范围、功效等都没弄清楚，在自己缺什么、该补什么、怎样补都不明白的情况下，经常出现乱买、乱服保健品的情

① 思美．保健品市场解析[EB/OL]. http://www.emkt.com.cn,2002-07-11.

况。此外,消费者消费的原因还包括“广告挡不住”和“模仿消费”等因素。在市场销量的表现上,保健品开始淡化淡季与旺季之分。

四、终端行销

到终端购买产品的顾客,购指定品牌的占70%,另外30%的人并没有明确的购买目的,这部分消费者主要靠产品包装、POP等终端宣传品的刺激和营业员导购实现购买;而指定品牌购买的消费者经过营业员的极力推荐,会有25%左右的人改变原来的购买品牌,而改购推荐品牌。这是一个相当高的比例。可见,终端工作是营销基础工作中的重中之重。

五、竞争分析

排毒养颜市场是云南盘龙云海药业有限公司首先做起来的,同样也是这个概念市场的最大受益者。但在“排毒养颜”这个“树荫”下已经集聚了不少乘凉的产品,如香港地区清波堂的清补养颜胶囊、广州一品堂的芦荟排毒胶囊、上海的双金爱生等,它们作为后来者,在行销方面已有所成就,形成了一定的产品知名度,但它们的市场始终处于一种跟进状态,它们的存在抢走了排毒养颜胶囊一定的市场份额,但是从总体上来说,它们对排毒养颜胶囊的市场占有率与市场份额的影响不大。

总之,现在仍属保健品行业的修整期,整个行业销售表现一般,没有热点产品。保健品产业是一个综合性产业,需要多部门、多学科联手,需要引入国外先进的技术和管理经验,需要形成现代化的、外向型的大型保健品集团,更需要科学地、实事求是地开展保健品的广告宣传,为消费者创造良好的消费环境,引导消费者正确认识和使用保健品。

注意要点

对市场环境的各要素进行分析的目的在于找出企业在市场上面临的主要机会点和问题点。在对营销环境进行分析时,要重点抓住某一关键环节来进行分析。对于竞争激烈的行业,应当重点对竞争对手进行分析,要涉及以下内容,比如,企业目前最主要的竞争对手是谁?竞争者的营销目标是什么?竞争者产品的优势及缺陷在什么地方?竞争者所占有的市场份额有多大?竞争对手的核心产品研发、生产与销售状况、性价比、功效、技术领先性、生产目标与现实生产能力、销售额、销售区域、重点市场的情况怎样?企业与竞争者相比优势与劣势各有哪些？而对于政策性约束起决定性的营销环境，研究的重点应当放在政策环境的研究上。

消费者分析报告

写作要点

一、消费者的总体消费态势

现有的与本产品有关的消费时尚，消费者消费本产品所属的产品类型的特性。

二、现有消费者分析

1. 现有消费群体的构成：现有消费者的总量、年龄、职业、收入、受教育程度及现有消费者的分布。

性别：女性更易接受情感型广告，而男性则更喜欢粗犷的或渲染民族气魄类的广告形式。

职业：脑力劳动者更喜欢理性诉求的广告形式，体力劳动者更喜欢直白、简洁和幽默搞笑的广告类型。

收入：主要找出在收入方面能成为你的消费者的那部分居住地区。

2. 现有消费者的消费行为：购买的动机、购买的时间、购买的频率、购买的数量、购买的地点。

3. 现有消费者的态度：消费者对商品印象以及评价如何？对本品牌的忠诚度如何？对竞争者产品的忠诚度如何？

它具体包括：对本品牌的认知程度；对本品牌的偏好程度；对本品牌的指名购买的比率；对本品牌的未满足的需求；对本产品最满意的方面；对本产品最不满意的方面。

三、潜在消费者

1. 潜在消费者的特性：总量、年龄、职业、收入、受教育程度及分布。

2. 潜在消费者现在的购买行为：现在购买哪些品牌的产品？对现在购买品牌的态度如何？有无可能改变计划购买的品牌？

3. 潜在消费者被本品牌吸引的可能性：对本品牌的态度如何？他们需求的满足程度如何？

参考范文

关于经济型轿车的消费对象分析①

经济型轿车的市场定位，主要是确定消费对象，具体包括其收入水平、职业背景、年龄范围、心理价位和购车计划。

一、收入水平

年收入在10万元以上的人，大部分人都有轿车购买计划。但我国上海地区由于人多地少和牌照费太高等原因，比例有所减少。从购车者的年收入与其购车的比例关系来看，随着被调查者的收入的提高，购买私人轿车的人数比例有所增加，年收入在5万元以上的消费者中已有34%的人有购车计划。经济型轿车的销售对象主要是年平均收入在5万元以上的消费者。

二、职业背景

通过对全国七个城市中从事各种职业的人群的调查，发现对私人轿车购买欲望最强烈的是"三资"企业中的中高级职员和私营工商业者。调查数据表明，中国存在另外一个极具潜力的庞大的消费群体，他们都是高薪收入者。这些人多在"三资"企业、银行、外国驻华机构等单位工作。他们的工作相对稳定，收入逐年增长，更重要的是他们中大多数人的文化层次较高，品味高雅，思想超前，容易接受新鲜事物，消费观念比较超前，始终追随着消费潮流。从某种角度上说，他们将领导着中国消费市场的发展方向。在对这个消费群体的定向调查中发现，几乎没有人不想购买私人轿车，但有着自己非常明确的看法，不会盲目追求。他们购车的目的是提高生活质量，至于对购买何种车型的考虑因素是极其务实的，主要是考虑车的品质与性价比。他们并不以自己口袋里的钱来算计应购买的车型，而是更多地考虑轿车的

① 王宏雁，陈礼番．经济型轿车的市场定位分析[J]．汽车与配件，1999(28)：7－11.

发展方向，也想让轿车体现自己的身份与地位；他们在某些方面也摆脱不了中国人购物时的“一步到位”的观念，要买就买好的；他们在考虑购不购车、何时购车时，并不过多地在乎诸如停车场地、附加费用等问题，因为他们对国家政策和中国发展持乐观态度。此外，他们身上还具备一种“爱国精神”，他们热切地期望中国的民族汽车工业能够兴旺发达，所以也在等待适合自己的国产轿车问世。因此，经济型轿车的销售对象应主要围绕在“三资”企业工作的中高薪收入者和私营工商业者。

三、年龄范围

各年龄段中希望购买私人轿车的人数有较大的区别，调查结果表明，30～40岁的年龄段中比例最高。这些人的事业不仅刚刚起步，而且处于上升阶段，甚至有些已经颇有成就，家庭建设也初见成效。因此，他们有条件、有需要、更有决心购买私人轿车。所以，经济型轿车的销售对象主要是年龄在40岁左右的年富力强的中青年人。

四、心理价位

从统计中可以知道，70%的消费者希望私人轿车的价格在5万～10万元之间。

总之，经济型轿车的市场定位已经十分明确，即经济型轿车的销售对象应该主要针对年平均收入为5万元以上，收入增长速度高于平均水平，工作相对稳定，消费观念超前的中青年人。所以，我们认为，新开发的经济型轿车应该针对这些高薪收入者设计成技术含量高、性能品质优、外形个性化、用途多样化的车型。

注意要点

对消费者分析，要发现解决的问题主要是对现有消费者在消费能力上的分析，以及调查消费者对产品有无明显的不满。对消费者进行分析时，还要注意把握发现的机会，例如，对本产品的偏好；购买频率提高的可能性；购买量扩大的可能；影响他人的可能；对其他品牌的不满；对本产品的态度；未满足的需求等。

市场开拓文案

写作要点

市场开拓文案的内容主要包括：市场现状和企业现状分析、开拓文案的目的和意义、文案运作时间、具体的行动计划、运作方法和流程、宣传文案以及预算等。

参考范文

某电工品牌武汉市场开拓计划书①

一、市场现状分析

武汉市历来是商家必争之地，各大品牌竞争十分激烈，市场内已经有大型建材市场。青风路是做大型批发的集散地（主要以流通为主），但也是低档货物集散地，市场中存有大量假冒产品，所以一般不被品牌产品看好，但青风路对全省及周边省市辐射能力很强，有很大的影响力。汉西建材市场主要是做板材、陶瓷、卫浴交易批发；最重要的就属汉口顺道街建材市场和武昌小东门建材市场，品牌批发大部分集中在这两处，各厂家在这两处的竞争也一度达到白热化，所以这两处商家实力雄厚、网络宽，但是对厂家要求高。有很多厂家的办事处都设在这两处。主要品牌在武汉市场的情况如下。

YY：品牌的知名度、美誉度高且渗透力强，而且与设计院、装饰公司关系密切，工程量大，而且营销渠道控制到位，价格体系控制十分好，能保证商家利润，也受到商家的欢迎，属于电工行业未来的标杆型企业。

FD：知名度大，广告投放量大，价位低廉，质量保证，产品外形漂亮，深受

① 余小海．某电工品牌武汉市场开拓计划书[EB/OL]. http://www.mba163.com,2005-12-05.

武汉广大消费者喜爱。但是，由于做品牌初期，急功近利，市场的渠道、价格体系控制不到位，现在整体市场体系较乱，商家之间互相杀价，所得利润很低，严重挫伤各商家的积极性，已开始走下坡路。但很多方面仍值得我们借鉴。

QS：在行业内品牌知名度高，质量可靠，美誉度好，而且系列齐全，对做工程一块有独到的方法，但是在渠道方面缺乏，不重视开发网络，所以一直坚持走工程路线。

HY：在行业内属于最早的电工品牌之一，而且系列齐全，是电工行业唯一一个中国驰名商标，质量可靠深受消费者喜欢，但厂家在市场维护上和产品美誉度上把握不够。

FT：价格十分低廉，质量保证，而且市场运作十分灵活，深受商家的喜爱，也深得消费者喜爱。尤其近年来，开始向品牌化道路发展，开始在中央3台投放广告，但是厂家对市场的整体营销运作不到位，而且没有突出产品，在大型工程上运用不上，得不到行政部门认可，也得不到大型工程商等的认可。

HY：属于湖南产品，到湖北已有7年多时间，为了开拓市场，曾在中央台投放广告，招商做得比较成功，现在整体网络健全，而且产品系列十分齐全，便于商家整体进入工程，价格也比较低廉。

LE：一直采取自然销售的方式，也就是铺货，经过两年时间把网络做开，而且现在在湖北设立仓库，方式比较灵活，加上一直在中央台投放一定量广告，是发展得比较快的品牌。

二、企业现状分析

某电工企业刚进入武汉市场时，由于对市场的了解不够，采取的销售方式较盲目，价格体系透明，公司政策缺乏保密性，导致在相当长的一段时间内很难选到好的代理商。如果所选的代理商不具备强有力的经济实力以及市场控制能力，是很难在短期内把市场做大、做强的。既然武汉市难以占领制高点，我们决定武汉市场先缓后一步，着重开发下面的地、州、市，主要是黄冈、宜昌、荆州。经过试点局部开发，黄冈市场取得一定成功，在短短两个月做成黄冈第一品牌，而且市场基础较稳定。

三、目标

1. 到20××年底，确定2～3家有实力的代理商，实现3个月回款（武汉)××万元。

2. 到20××年底,实现网络的梯队建设,完善好整个营销网络,力争分销网络达100家。

四、市场推广组合策略

(一)渠道策略

对销售网络进行严格管理,同时维护好自己的网络,价格体系严格控制,防止低价销售;总代理和工程代理一般不参与零售竞争;充分调动、发挥代理商的已有优势,发动业务员工的主观能动性,迅速拓展市场;严格发展特约经销商(10家),对其进行价格管理,严禁它们之间互相恶性竞争,扰乱市场操作;对商家业务人员进行多方培训、引导、处理好个人关系,全面调动其积极性。

(二)广告策略

加强卖场的建设,对终端消费者产生视觉的冲击,由于武汉目前还没有一家上档次的形象店,影响了公司产品的整体形象。我们认为首先应该加强形象店的建设,每个建材市场开发一家,共约8家;在地段好的地方做好户外广告,可适当给予店主报酬;制作小型条幅、横幅,在适当可挂的市场挂,在经销商门头悬挂;制作POP墙贴,楼层广告墙贴,公益广告墙贴,海报若干份,尤其是楼层贴很重要;在楚天金报或武汉晚报、武汉晨报上做作为期半年的报花广告宣传,以提升整体产品的知名度;可适当考虑公交车的车身广告,大约需5辆车身。

(三)销售促进策略

为了市场的开拓,发展有实力的代理商及经销商,必须进行大规模的促销活动,发展水电工队伍。水电工是一个产品推向用户的关键,他们能够讲产品的好,也能讲产品的坏,作用十分重大,因此要加强水电工的组织工作;制作200套水电工工作服(适合秋冬穿),在水电工中可选出队长1~2名,让其对水电工进行联系、管理;圆珠笔等小宣传物可放置在银行、邮局等人流量大、视觉效果强的地方;开发几大建材超市,如好美家、佳佳兴等;加强新楼盘、小区的活动,开发新小区经销商。

(四)公关策略

加强与行政部门(如技术监督局、城管、市容等)的沟通,定期拜访各部门并与其处理好关系;与各大建材市场管理处管理人员处好关系,在市场内开展各种宣传活动;与各大商场、建材超市商场管理人员进行协调,让其主推品牌；拜访各工程客户及相关设计院，了解各楼盘、小区情况。

（五）人员推销策略

商务人员必须明确目标，牢记“商务人员承诺”；必须每天拜访5家客户，并有详细记录；所有商务人员一律不由代理商管理与考核，必须把开拓武汉市场作为一场战役来看，须做到整体作战，统一住到分中心，做到日清日毕，白天工作，晚上探讨、学习、反省，真正做到日清日高。

五、行动计划

（一）具体工作目标

完成初步市场开拓任务，确定有实力的代理商1家，特约经销商10家，分销商200家；实现品牌知名度的大幅度提升，做到知名度在武汉排名靠前；实现回款××万元左右。

（二）需求公司支持

第一个月促销小姐36名，第二个月18名，第三个月18名；公司宣传彩页6万张，各楼层贴2000套，小墙贴、大墙贴各2000张；代理商店内装饰1家，专卖店样装饰10家，门招制作50～100块；在武汉晨报、楚天金报或武汉晚报上连续3个月做2厘米×3厘米的报花广告并每月刊登三篇新闻报道；申请公司允许分中心根据当地实际情况制作赠品，如水电工工作服200套等；适当考虑做5辆公交车身广告。

（三）详细工作计划与部署

第一阶段：时间一个月

人员：5名公司商务及36名促销小姐。

A. 前3天，由5人对武汉顺道街、青风路其他建材市场、主要建材店进行重新调查摸底、了解某产品情况。

B. 第一个双休日，全体人员全力促销，向商家、消费者进行某产品的宣传活动。

C. 对了解的重点店进行回访、跟踪、谈代理事宜，以及其10家特约经销商（重点跟踪、扶持），大约需要10天时间。

D. 为了配合促销活动的开展在武汉晨报或楚天金报上做3个月报花广告并每月配3篇新闻报道。

E. 利用5～10天时间落实代理商事宜，并且落实4家特约经销商。

第二阶段：时间一个月

人员:3 名公司商务及 18 名促销小姐(2 组)。

A. 对以前做过促销宣传的路段进行跟进式促销,并加强针对社区、新楼盘的宣传活动。

B. 利用 5~10 天时间抓紧楼层贴的张贴,大小墙贴贴到大街小巷的三轮车上及建材市场中的运货车上,并且把印有某电工品牌的圆珠笔全都寄到当地的银行及邮局(可利用促销小姐一起做)。

C. 回访、维护已开发的代理商及特约经销商,布置其店内装饰,需 2 人长期跟踪维护开发新的零售店 30 家。

D. 宣传到位后,可将我们的产品进驻各大建材超市,抢占各建材超市的显眼位置,并做好设置。

E. 着手建立固定水电工队伍,发展新的终端出货渠道。

第三阶段:时间一个月

人员:3 名公司商务及 18 名促销小姐(2 组)。

A. 带领 2 队双休日进行重复促销宣传,并且利用展架在小区宣传。

B. 抓紧新零售店的开发,利用促销时间之余,争取开发零售店 50 家。

C. 着重拜访家庭装饰公司,与其确立良好的关系。

D. 召开重点水电工会议,确立关系,加强沟通。

E. 抓紧分销渠道的回访工作,并且重点维护已做宣传点的地点,如小墙贴、圆珠笔、楼层贴的保持工作,遭到破坏的抓紧修补。

F. 在分销店及建材市场中抓紧横幅的悬挂。

六、损益分析(略)

注意要点

市场开拓首先要选择好要开拓的市场。包括综合考虑潜在的市场规模、竞争状况、产品入市的难度,以及企业短时间内运作的能力。一般来说,市场可被划分为四类进行开发:第一类市场,其特征是市场规模大、消费能力强、竞争激烈,如直辖市、主要省会城市及沿海重要城市;第二类市场,其特征是市场规模适中、消费能力适中、竞争程度适中,如各省会非中心城市、地级市;第三类市场,其特征是市场规模适中、消费能力强、竞争程度适中;第四类市场,其特征是市场规模有限、消费能力有限、竞争程度弱,如各地区县级市及县城。

在组织市场开发时，要遵循市场发展成长的规律，注意开发的顺序，提高开拓市场成功的可能性。在产品入市之初，由于经验不足、应付市场竞争的能力有限，而且急于回笼资金，不宜直接进入重点城市参与激烈竞争，而应该避实击虚，重点突破，积蓄力量。针对不同的市场，企业所采取的开拓策略也是不同的，要及时组织市场调查，收集反馈信息及使用情况资料，便于及时地调整营销策略。

市场营销计划书

写作要点

市场营销计划书是在市场开发工作中的计划制订部分，是后期执行营销方案的重要依据。市场营销计划书主要包括以下内容。

一、明确目标与思路

如果目标或宗旨是多方面的，则需要分条列清。市场营销计划要有一个明晰的思路贯穿于市场开发的全过程，以指导市场开发工作在既定的轨道上进行。

二、市场计划的步骤

市场开发不可能一蹴而就，需要一个循序渐进的过程，有阶段、有目标地去进行。市场计划书不能定过高的目标，否则会因任务过重而损害业务人员的积极性。

三、明确所需的支持

市场开发计划书必须明确人员如何分工、费用如何投入、政策如何运用等问题。只有取得相应的支持，后期工作才能顺利展开。

四、提出可预见的效果

利用销售额、销售量、铺货率、投入—产出比等可以量化的数字来说话，是更具说服力的。

参考范文

市场营销计划书范文①

××世界休闲博览会的赞助计划是“一揽子”计划，产品类别众多，营销期长达两年，赞助企业享有使用世界休闲博览会品牌进行市场开发的权利。该计划力求巩固、加强和保护赞助企业的特有权利。

一、赞助宗旨

××世界休闲博览会赞助计划的宗旨如下。

1. 推广先进休闲理念，推动休闲产业发展，提升世界休闲博览会和“××——东方休闲之都”在国内外的形象与品牌知名度。

2. 确保世界休闲博览会获得充足、稳定的组织经费和可靠的技术及服务支持。

3. 为中外企业提供独特的世界休闲博览会市场营销平台，鼓励中外企业广泛参与，通过世界休闲博览会的市场营销提高企业形象和产品品牌的知名度。

4. 与中外企业分享商机，通过资源互换实现共赢。

5. 为赞助商提供优质服务，使它们获得充分的投资回报。

二、层次与类别

××世界休闲博览会赞助计划包括以下两个层次。

1. 世界休闲博览会合作伙伴。

2. 世界休闲博览会赞助商。

每个层次设定了赞助的基准价位。在同一层次中，不同的基准价位也会有所差异，以体现不同行业之间的差别。具体价位将在协商过程中向潜

① 2006杭州世界休闲博览会市场开发启动书简介[EB/OL]. http://www.28.com,2008-11-02.

在赞助企业做出说明。

各级赞助商将通过在资金、技术、产品和服务等方面的赞助，支持××世界休闲博览会执委会的筹办工作，支持世界休闲博览会的举办。不同层次的赞助商享有不同的市场营销权。赞助商在指定地域范围内享有市场开发的排他权。

三、开发方式与步骤

（一）开发方式

坚持“公开、透明、公平”原则，根据行业的不同情况采取以下不同的推广方式。

1. 公开推广：公告通知或公开征集企业赞助意向。

2. 定向推广：向具备技术条件的企业发出征集赞助邀请。

3. 个案推广：与符合技术条件的企业进行直接洽谈。

（二）推广步骤

主要采取以下步骤进行推广。

1. ××世界休闲博览会执委会（授权××世界休闲博览会有限公司，下同）将征集情况知会企业，向企业征集赞助意向。

2. 企业提交赞助意向文件。

3. 进行企业资格评审。

4. 与企业洽谈赞助方案。

5. 企业提交正式的赞助方案。

6. 提出赞助商候选人。

7. 博览会执委会最后审定赞助方案并授权××世界休闲博览会有限公司与赞助商签订合约。

在实际操作中，以上步骤可根据需要酌情增加或减少。

四、享有的权益

赞助企业向××世界休闲博览会执委会直接提供有力的资金和实物支持。作为回报，赞助企业将享有相应的权益。以下是××世界休闲博览会执委会给予赞助企业的主要回报方式。

1. 使用××世界休闲博览会名称、会标和吉祥物进行广告和市场营销活动。

2. 享有特定产品/服务类别的排他权利。

3. 获得世界休闲博览会的接待权益，包括休闲博览会期间的住宿、证件、开闭幕式及会展和活动门票,使用赞助商接待中心等。

4. 享有世界休闲博览会期间电视广告、报纸广告、户外广告的优先购买权。

5. 享有赞助文化活动和各类特色活动的优先选择权。

6. 博览会执委会实施赞助商识别计划和鸣谢活动。

7. 博览会执委会实施防范隐性市场计划,保护赞助商权益。

8. 根据对博览会贡献价值的不同,合作伙伴和赞助商享有不同的权益回报。

相应的其他更具体的选择标准、权益细节及特别声明等条款略。

注意要点

上述赞助计划书仅是市场营销计划的一种。市场营销计划要注意以下要点。

1. 营销计划书为了增强可执行性,有时需要进行市场调查与分析,通过对市场的调查掌握第一手的资料。例如,对整体市场环境的调查,了解市场人口容量、文化程度、年龄结构、当地经济特色等指标;对经济环境的调查,了解整体市场的消费能力和水平,为后期市场目标确定提供依据;对人文环境的调查,了解消费者的消费动机、特点等相关指标,找到我们的目标消费者;对零售渠道和零售业态的调查,了解主流市场在哪儿,确定市场后期进攻的方向。通过分析找到所要开发市场的特性,找到后期工作的突破点和捷径。

2. 营销计划书为了增强针对性,有时还需要对重点对手进行分析。需注意的是,不是所有的企业都是我们的市场竞争对手,只有和我们旗鼓相当、品类接近的企业才是我们真正的对手,因而对于竞争对手的选择需要对市场的竞品进行斟酌和筛选。只有找到了竞争对手才能找到要超越的目标,使市场的开发工作具备针对性。在选定好竞争对手后,我们需要做的工作就是对竞争对手有一个清晰的认识,对它进行全面的分析,了解对手的优势、劣势和我方可利用的机会以及给我们带来的威胁,只有做到这两点才能让对手完全暴露在我们面前,市场计划书才能有的放矢,市场后期开发工作才能避实击虚。

3. 计划书还要正视自身的优势和劣势。只有做到正视自身的优势和劣势,才能在市场开发工作中或者在市场开发计划书中制订出符合自身的实施方案,扬长避短,克敌制胜。

环节四

新产品开发上市文案

环节四

NO.4 新产品开发上市文案

需求说明书

写作要点

需求说明书是为了能使研究的项目成功开发,或者进一步为开发工作做好准备,而特别制定的一种基本实施方案的说明。需求说明书的预期读者一般为项目经理、项目的设计开发人员以及其相关人员等。

参考范文

某软件的需求说明书

一、引言

软硬件系统基本支持:系统的运行平台是PC机。本系统拟采用××技术开发,一期开发实现单机模式,选择CJHJ为开发语言。

二、主要目标

所开发的软件要能实现以下要求。

1. 日期和时间:实现多种日历表,如农历表。

2. 日程事务提醒。办公日程提醒,如会议、出差、上课、课间休息;生活琐事提醒,如就餐时间、体育锻炼。

3. 提醒方案:实现多种提醒设定选项,如每日、每周循环提醒。

4. 提醒方式:以娱乐提醒方式为主(可以是音频或视频片段),如学习工作中休息时刻到时就播放范晓萱的《健康歌》。

三、对现有系统的分析

现有系统是指当前实际使用的系统,这个系统可能是计算机系统,也可能是机械系统甚至是一个人工系统。对现有系统进行分析的目的是进一步阐明建议中的开发新系统或修改现有系统必要性。

现有系统主要功能过于简单,主要包括通讯录、日程表、文档管理、闹钟等,远不能满足对于各种提醒方案和各种提醒方式的要求。

四、所建议的系统

(一)闹钟,用于提醒各种事务,包括用餐、休息等

日期和时间:实现多种日历表,如农历表;根据已经成熟的日期换算算法直接得到结果。

(二)日程事务提醒

根据用户设定的某个时间的具体事务,当时间到达时,将用闹钟或是语音的方式提醒用户。

提供日程安排提醒功能。使用了一个比较有效的事务处理模型,即紧急、重要事务处理模型。事务按照紧急性和重要性排在二维坐标上,那么通知的时候会按照图示的模型提醒,以保证用户的工作最高效。

五、投资及效益分析

(一)支出

一次性支出:系统开发阶段所需经费主要为书籍资料费,由开发团队自行准备,总额不超过××元。

非一次性支出:开发团队日常生活费用自理。

(二)收益

本系统属于非营利性系统,因此不存在收益评估问题,但建议开发团队确实能充分利用现有资源,适当减少不必要的投资。

六、可行性分析

1. 法律方面的可行性。该软件没有侵犯任何个人或是团体,也不违反任何相关法律。

2. 技术的可行性。在技术上不存在困难,完全可以达到。

3. 时间的可行性。预定期限为四个月,可以完成。

4. 用户使用方面的可行性。本系统的主要用户为办公人员，对于基本的计算机使用和操作不会陌生。因此，不会在系统的使用上遇到太大问题。同时，系统将提供《操作手册》和《用户手册》指导用户操作和使用。因此，系统在使用方面是完全可行的。

注意要点

需求说明书要符合以下原则。

1. 明确性：需求叙述的读者应只能从其得到唯一的解释说明；同样，一个需求的多个读者也应达成共识。每一个需求都应采用用户熟知的语言进行表述，力求语言简洁、直观，每个需求必须精确描述要交付的功能。

2. 可行性：在已知的能力、有限的系统及其环境中每个需求必须是可实现的。为了避免需求的不可行性，在需求分析阶段应该有一个开发人员参与，在抽象阶段应该有市场人员参与。

3. 必要性：每个需求应载明什么是客户确实需要的，每个需求都有原始出处。

4. 完整性：不应该遗漏要求和必需的信息。完整性也是一个需求应具备的。

5. 一致性：一致性需求就是不要与其他系统发生冲突。需求中的不一致必须在开发开始前得到解决。只有经过调研才能确定哪些是正确的。修改需求时一定要谨慎，如果只审定修改的部分，没有审定与修改相关的部分，就可能出现不一致。

新产品说明书

写作要点

新产品说明书就是对产品的介绍和说明，包括产品的外观、性能、参数、使用方法、操作指南、注意事项等。

产品说明书的主要作用是指导消费。说明书对商品或服务内容进行客观的介绍、科学的解释。消费者通过阅读说明书可以了解产品的特性、掌握产品的操作程序,从而达到科学消费的目的。当然,有时产品说明书还能起到传播知识、宣传企业的作用。当说明书伴随着产品走向消费者群的时候,它所包含的新知识、新技术,也为群众所了解。说明书在介绍产品的同时,也宣传了企业,因而兼有广告宣传的性质。

参考范文

××石英钟使用说明书

衷心感谢阁下惠购本公司产品。

一、性能参数

××牌系列石英挂钟采用国外名厂“RHYTHM”原装机芯,走时精确,性能稳定,经久耐用,月误差不大于±10秒钟。本品外形设计独特,采用ABS型塑料和先进表面处理工艺,款式新颖,美观大方,为计时及室内装饰之佳品。

二、使用要点

1. 电池:本钟耗电较少,使用一节五号电池,可连续走时一年。更换电池时,请注意电池夹注明的安装极性。

2. 调校时分:旋转机芯背面旋钮,即可通过调整时分针进行时间调校。

3. 调校秒:待秒针指到“12”位置时,把机芯背面“Start/Stop”(开/停)键拨到“Stop”(停)处,秒钟停止走动;当收音机报出标准时间最后一响,立刻把“Start/Stop”键拨回到“Start”(开)处,即可得到秒针的标准时间指示。

三、保养

可用柔软布或棉纱抹擦,保持外壳干净。不宜把本品置于潮湿、高湿、烟尘等不良环境之下;避免震动、撞击及阳光直射。

四、保修

为了对用户负责,本厂产品自出售之日起一年内,用户在正确使用的情况下,如确因生产本身造成的质量问题,本公司负责免费修理或更换,请您填写保修卡有关的栏目,并携带发票到指定的保修点进行保修。

×××××公司

地址:××××

电话:××××

注意要点

产品说明书书写要遵循以下原则。

1. 实事求是。说明书上不能随意夸大设计产品的性能，在注意事项中必须标明其有可能产生的负面影响及安全隐患，绝不能隐瞒。

2. 表达准确。说明书上不能有含糊其词、模棱两可的词语，更不能有误导性的语言。

3. 通俗易懂。说明书要尽可能采用简洁明了的语言、规范的字体，尽量避免使用晦涩难懂的专业术语以及繁体字等不规范的文字，更不能盲目地使用外文。

新服务说明书

写作要点

新服务的说明书与新产品说明书一样，要对服务的行业、经营服务的性质和范围，所提供服务的内容，新服务的特点，服务的市场在哪里，谁是企业的顾客，什么样的服务定位，服务的价格，获得服务的方法及联系方式等都要进行说明。此外，还要重点对消费者最关心的问题进行说明，例如服务的特点，能给消费者带来哪些好处；本企业推出的新服务与竞争对手相比，有哪些优点等。

参考范文

快餐店服务说明书

本企业所提供的快餐服务，也叫营养快餐服务，是一家拥有统一的加工生产标准、现代化的通信手段、快速的供应系统、让消费者快速食用的、以外送为主的正餐服务快餐店。

本快餐制售快捷、食用便利、质量标准、服务简便、价格低廉。具体来说，具有以下特点。

1. 食谱配方是在高级营养师指导下配制的：在快餐的基础上突出营养的特点，而且食物的配比合理均衡，所含营养素全面，能很好地满足人体需要的营养量。这是一般的快餐公司难以比肩的。

2. 食物内容多样化：每份餐包含五大类食物，即谷薯类、蔬菜类、肉蛋类、豆类、油脂类，数量充足，比例适当。供给的一份餐中有1~3种肉类，或鸡、或鱼、或牛、或猪、或海产品等，蔬菜占50%，其中有叶、根、茎、花、瓜、豆类、菌类、海藻等不同的蔬菜。主食以米饭为主，配以红豆、绿豆、玉米粒等杂粮，经常更换。每份餐中有3~7种食物，可称得上花样繁多，品种齐全。

3. 营养素全面，比例适当：每份餐按轻体劳动者计算，热量900~1100千卡，占全日总热量的40%。蛋白质35~40克，占总热能的10%~15%；脂肪<30%；碳水化合物占总热量的55%~60%，含钙200毫克，铁7~8毫克，锌5~6毫克，维生素300毫克以上，维生素C 50毫克以上。除钙偏低外，其余营养素均满足一餐的需要量。

4. 烹调美味可口：菜肴口味以闽菜特色为主，清淡、鲜美，注重菜的原汁原味。配料精致、考究，以块、片、丁、丝、条不同形状组合协调，并采用烧、炒、煎、炝、炸、蒸各种烹调办法。出品后色、香、味、形诱人。

5. 卫生好：率先使用环保盒，一次到位。总公司设有食品卫生检验中心，对出厂的食品每天进行检测。各分公司设有专职质检员，把关每道菜肴的制作工艺流程，确保食品卫生安全。

以上显示了营养快餐的五大特点：快捷、卫生、营养、美味、价廉。

本快餐服务的主要消费群体是在写字楼内的上班一族。

价格是5元/份到15元/份。

您可以到店铺购买，也可以电话订购，还可以包月订购。

注意要点

在服务的介绍部分，说明要详细、准确，还要通俗易懂，最好再附上服务的照片或其他介绍等，让人一目了然，印象深刻。虽然夸赞自己的服务是推销所需要的，但应该注意，企业所做的每一项承诺都是“一笔债”，在实践中要努力去兑现。空口许诺，只能得意于一时。如果企业不能兑现承诺，企业的信誉必然要受到极大的损害，因而服务说明书要实事求是，而不要做空头的承诺。

产品使用说明书

写作要点

产品使用说明书是对产品的结构、性能、规格、用途、使用方法及维修保养等的说明性文字。产品说明书的写作要点，主要包括以下内容。

1. 产品概况。
2. 产品的性能和特点。
3. 产品的使用方法。
4. 产品的保养与维修。
5. 其他事项。

参考范文

公司产品使用说明书

中医理论认为：“人体是一个平衡的有机整体，病弱的根本原因在于平衡失调。”然而，人体的平衡却时常受到内外各种因素的破坏：工作生活的压力、季节气候的变化、生理机构的老化……很多的原因让人穷于应付。本生物保健口服液，遵循自然法则，以特殊工艺从生物中提取有效的活性物质，增强人的体质，从而迅速恢复被破坏的机能；并通过帮助人体平衡地吸收膳食中的营养及各类元素，以保证人体器官功能的物质所需，从而达到防治疾病的保健目的。

一、功能

双向调节机体功能，延长细胞寿命，提高机体免疫力，提高工作、运动能力，振奋精神，充沛体力，促进疲劳恢复和病后康复。

二、适用范围

1. 食欲不振、消化不良、睡眠不深、神经衰弱、疲倦无力、精力不足。

2. 贫血、十二指肠溃疡、胃炎、高血压的辅助治疗。

3. 病后体弱。

4. 老年慢性病，人体机能衰退。

5. 儿童、青少年营养不良、发育不全，学习注意力不集中、记忆力差以及学习、考试用脑过度。

三、用法

每日服用 2 次，每次 1 片，小儿减半，早午服用。以 20 ~ 30 天为 1 个疗程。然后停服 1 周，若再进行 1 个疗程，效果更佳。

本品为纯生物制剂，不含防腐剂和化学合成药物，经药理实验和临床试验均无副作用，可长期服用。

四、储存

干燥阴凉处，或冰箱内保存。

注意要点

不同的行业，其产品的使用说明书是不一样的。例如，软件产品使用说明书，除了介绍功能、使用之外，还需要介绍软件的运行环境，以及在不同操作系统下的安装步骤等，并提供技术支持，说明错误如何提交、处理，以及软件的附加服务等。

当介绍同一品牌下的多种产品时，通常先介绍品牌，再介绍不同的产品。例如，对于 BP 公司下面的不同润滑油产品，要先介绍 BP 品牌，再分别介绍不同的润滑油产品，分成万里金刚、捷能、威士高、超级护卫、超级五号、安能高等产品品种分别进行介绍，并将其等级、工艺、特点、标准、规格、适用条件和价格分别进行介绍，以便于消费者比较使用。

新产品上市策划文案

写作要点

新产品上市策划文案主要由以下模块组成。

1. 背景分析，包括对企业的成立时间，新产品的品种、规格、品牌知名度的分析，行业内的竞争状况，产品的客户情况，销售网络的建立情况等方面的综合判断与分析。

2. 上市推广目的。

3. 产品定位。

4. 产品远景。

5. 产权保护策略。

6. 消费群定位，主要目标群体与辅助目标群体分析。

7. 价格组合策略。

8. 渠道建设策略。

9. 市场促销策略。

10. 服务策略。

11. 费用预算。

12. 推广的组织分工、进度。

13. 推广效果测评。

参考范文

某摩托车上市推广策划文案①

摩托车行业的竞争已经由纯粹的产品、价格、服务的竞争转变为企业综

① 摩托车上市推广策划文案[EB/OL]. http://www.ttadd.com,2009-10-13.

合实力、品牌、核心技术、研发实力的竞争。合资品牌及国内的一线品牌有非常雄厚的资金实力和产品研发实力，更有广阔的支持渠道、完善的服务和健全的配套体系。对于本品牌的新产品来说，我们的出路在于：①核心技术——等离子发动机；②我们与韩国××品牌的合资。

一、背景分析

（一）行业发展情况

行业的竞争方式已经由价格竞争转变为“品牌+品质”的竞争。合资品牌及国产一线品牌凭借雄厚的品牌优势和渠道优势频频发力，特别是豪爵凭借自己合资品牌形象以及优良的品质一举突破年销售量百万台大关（××年国内销量实现150万台），遥遥领先于行业其他品牌；轻骑铃木、新大洲本田、建设雅马哈等合资品牌同样异军突起，销量较××年实现了翻番；国产一线品牌在加大自主知识产权产品研发的同时，稳扎稳打，也闯出了属于自己的一片天地。二线、三线品牌由于缺乏以上优势，总摆脱不了价格战的纠缠，只能降价、降价再降价；最后结果是利润一落千丈，公司的发展陷入“瓶颈”，处于进退两难之境界。

（二）主要竞争对手

日资品牌在中国市场可以说是横行天下（本田、铃木、雅马哈、川骑），产品线从100CC延伸到250CC甚至更大排量，价格也调整到市场及消费者普遍可以接受的区间（特别是125排量的价格几乎没有突破万元大关的车型）。

二、推广目的

1. 提升××品牌摩托车的品牌形象。

2. 刺激渠道成员（包括代理商、零售商）的经营积极性。

3. 优化目前的销售网络（针对××的上市推广，我们将建立网络准入、准出制度，对不符合准入要求的经销商进行取消其经营××的资格）。

4. 充分汲取××公司的管理精髓，从而提高公司的综合管理水平。

5. 不断总结出一套合资品牌、高端产品的市场推广经验。

6. 通过××部件的国产化，从而提高公司的赢利水平。

7. 提高公司的抗风险能力和市场综合竞争力。

8. 提高营销队伍的市场操作能力和水平。

三、产品定位

纯进口——高定位

××前期车型所有部件采用的是全进口，这在国内所有的合资品牌中尚属先例（其他合资品牌要么采取技术合作、资金合作、发动机进口或关键部件进口等方式），这恰好为我们的产品定位提供了有力支撑和保障。因此，建议××品牌定位为高端、形象产品切入市场，在国内同行业同类产品中以领导者的身份出现。随着部件的国产化的推进，逐渐对其定位做出相应调整。

四、产品远景

（一）产品导入期

在此期间，我们将把××品牌以软文报道或故事情节连载的方式在行业媒体进行发布。同时，我们将在内部网站及行业媒体发布招商信息，达到预热的目的。

（二）产品切入期

召集全国的代理商及部分零售商、相关媒体、政界要员，以及相关的权威人士在重庆召开××品牌上市发布会；我们也将以此为契机将××推向市场。

（三）产品推广期

按照准入制度的要求，对经营××品牌的代理商及零售商进行考察（成熟一家建立一家，而并非全面开花），对符合准入制度的代理商、零售商，公司将邀请其加盟××品牌的销售或代理。公司也将出台一系列政策（包括价格政策、促销政策、广告支持政策、开通绿色服务等）予以支持。

（四）产品成长期

在此期间，××的销售网络逐步完善，销量与日俱增；另外，我们也将视市场的变化逐步引进××的其他车型以满足市场需求。同时，我们将加大力度对××车型零部件的国产化，从而降低整车进口成本；力争在20××年底使国产化部件达到60%以上，××品牌成为公司的主要赢利产品之一。

（五）产品成熟期

××品牌国内销售车型80%以上的零部件实现了国产化，采购成本大幅度降低，价格已经能适应市场的消费需求，消费者普遍认可××品牌，××的品牌形象也同步得到了空前提升；销量突飞猛进（年销售量达到8万~10万台）并跻身一线品牌之列。因为零部件国产化程度的提高，工厂与渠道成员得到了很高的利润回报；××成为渠道成员争先恐后抢手的品牌之一。

(六)产品衰退期:×年以后

五、产权保护策略

目前,合资品牌以及国内一线品牌将对侵权厂家给予毁灭性打击;政府也将采取各种措施和手段加强对自主知识产权的保护。而本品牌的所有产品从一开始就完全拥有自主知识产权,为此,我们从××品牌推向市场的第一天起,将重点打自主知识产权这张王牌:“一是加大对知识产权的宣传力度;二是对侵权的品牌给予严厉的打击决不手软。”通过对知识产权的宣传和打击,提升××的品牌形象。

六、消费群定位

由于××产品定位是高端产品,一般的消费群体特别是农村消费群体购买力将大大减弱。消费群体具体定位如下。

1. 年龄段:18~35岁。

2. 消费者嗜好:热衷韩国文化及韩剧的追星族、摩托车追星族、玩车族及摩托车运动爱好者。

3. 年收入:年收入在3万~5万元的白领阶层。

4. 分布区域:以中心城市(省、市、区、县)为主,以经济发达的乡镇为辅。

5. 消费心理:追求时尚与高品质。

七、价格组合策略

为了扩大产品线,使××品牌产品形成系列化,我们将把××的三款出口车型(两款越野车,一款沙滩车)一并纳入××的上市推广方案中进行组合推广,凡是销售××品牌的经销商,××产品与××的三款出口车型必须按6:4的比例同时进行销售。具体策略如下。

1. 价格执行策略:××品牌所有车型全部执行全国统一零售价格(包括批发价格),所有的平面媒体、行业杂志、电视广告等方面都将刊登全国统一零售价格,最终达到家喻户晓的目的。

2. 终端价格控制策略:为了控制终端零售价格得以落实,代理商从工厂的提货价格便是它的批发价格,零售商从代理商处提货的价格便是它的零售价格;代理商和零售商应得的利润在次月10日前以返利的方式进行兑现(代理商的利润由工厂兑现,零售商的利润由代理商进行兑现)。对没有严格执行的代理商和零售商,公司将严格进行考核(公司同步出台渠道管理与考核办法)。

3. 纯进口的两款××车型,我们采取市场倒推的方式进行定价(公司前期将采取平均或略亏的方式切入市场,随着部件国产化以后逐步实现赢利)。

4. 价格定位:两款车型全国统一零售价分别定为18800元和19800元。

5. 通路利润分配:①代理商返利:1000元/台;②零售商返利:1500元/台。

6. 随着产品在市场进入不同阶段(特别是随着零部件国产化的不同程度以后),公司将采取不同的市场跟进价格策略;特别是工厂的利润来源主要依靠零部件的国产化来实现。

7. 其他出口转内销的三款车型,具体价格由财务部按照成本顺推的方式进行定价(保证公司能获得较高的利润回报),随着销量的提高逐步下调产品价格。

八、渠道建设策略

(一)以代理商模式为主,以小区域直销模式为辅

用《代理商准入制度》对全国中心城市代理商网络进行筛选,对符合要求的代理商区域我们将执行代理制;对没有符合代理商要求的中心城市,我们将采取直销的模式。代理商的选择不受当前××品牌代理商的限制。

1. 代理商模式:对符合要求的代理商,我们将收取不少于50万元的品牌代理保证金,并与其签署代理商经销协议。对不能按照协议履行的代理商,我们将随时取消其代理商资格。

2. 小区域直销模式:对部分省份城市无法寻找合适的代理商,我们将取消该城市的代理商资格;从而将网络下放到中心城市或县级市;采取工厂直接对零售商的一种销售模式。小区域直销商的选取也必须符合我们的准入制度,收取不少于10万元的品牌经销权,并签署直销协议。对无法履行销售协议的直销商,我们将随时取消其直销资格。

(二)工厂直销策略

工厂直销策略是指工厂直接向用户进行销售,没有任何中间销售环节,也没有任何中间销售费用(唯一的是运输费用)。

1. 网上订购:我们将选择新浪、摩托吧、搜狐三家知名度非常高的网站作为我们进行网上订购的工具,在网站上发布大量的产品及销售信息;全面

介绍××品牌,从而顺利实现网上销售。计划在网站投入费用5万元。

2. 其他特殊渠道:采取一系列公共措施,实现团队销售(如政府采购、集体采购、聚落部团队购买等)。

(三)分公司销售策略

针对我们锁定的××品牌的主要销售城市,我们将与当地实力雄厚的代理商或零售商组建分公司;在全国建立××品牌的样板店,以达到提高经销商积极性的目的。

(四)形象店建设策略

在××上市推广期,针对符合准入制的代理商及零售商(包括分公司),在签订了书面保障协议后(包括保证金收取),我们将分阶段、分步骤地投入形象店的建设。

1. 实行代理商模式:对代理商进行全方位的权衡,对忠诚度特别高的代理商,我们将采取厂商共同投资的方式建立××品牌形象店,计划前期在全国建立8~10家三星级形象店,单店按照5万元的标准进行建设,费用由工厂和代理商按照6:4承担(工厂承担3万元,代理商承担2万元)。小计50万元。

2. 实行直销模式:对实行直销模式的经销商,我们采取以上同样的方式进行考察,最后锁定在全国建立30~50家一星级形象店,单店投入建设费用2万元;工厂和直销商各承担1万元。小计100万元。

工厂在形象店建设方面承担费用总额80万元(包括物资在内)。

九、市场促销策略

(一)前期市场炒作和专题片拍摄

1. 在切入市场前,利用行业媒体、内部网站和锁定的中心城市的报纸媒体等进行前期炒作,同时发布招商信息。招商书印刷费用2万元。

2. 向经销商邮寄招商信息,计划邮寄5000份,每份2元,合计费用1万元。

3. 在召开新品上市发布会之前,拍摄一部××产品专题片,用于代理商会议前的气氛烘托,同时赠送给代理商、零售商以及随车赠送给用户,通过在代理商和零售商店面的热播达到家喻户晓的宣传效果。计划投入拍摄费用8万元。

4. 平面宣传物料制作:在上市发布会之前,必须完成宣传物料的制作,计划制作宣传海报、折页、挂画、易拉宝等物料。预计投入费用6万元。

（二）召开××品牌上市发布会

值厂庆之际，召集全国代理商、直销商及部分零售商（包括分公司）召开××新品上市发布会。计划投入费用25万元（包括会议包装在内）。

（三）市场跟进策略

1. 开展《××——终端展示、试骑试驾》活动，针对符合准入制的代理商区域，我们将在代理商所辖的中心城市及经济发达的零售市场开展以上活动。为了保障本活动的顺利推进，我们将提供以下支持（计划前期在全国十家代理商推行该活动）。

（1）提供宣传条幅支持，大字内容为：韩国风情——风行天下，××摩托车火热上市；小字为：××摩托，免费试骑试驾。预计制作宣传条幅200条，每条单价40元；合计费用8000元。

（2）为试骑试驾的潜在用户提供小礼品（要求该礼品具有韩国风情或文化韵味）支持：预计制作20000件×2元/件=40000元。

（3）每个活动点补贴试骑试驾摩托车折旧费3000元，活动费用补贴3000元；合计5000元。共计费用60000元。

（4）提供大量的平面宣传物资支持。

2. 随车赠送大礼包（有国内最流行的韩国电视剧的VCD或DVD片、××专题片、具有收藏价值的韩国风情礼品、××T恤衫及会员卡一张），价值在50元以内。总计5000×50元=25000元。

3. 选择东、南、西、北、中五家在全国收视率最高的卫视滚动播出三个月的××电视广告；要求在播放时间上错开半小时（如从19点30分播出第一次，以后每隔半小时出现一次；最后一次则是21点30分播出），即每天都能在不同的时间段上出现5次同样的电视广告。预计投入广告费用50万元。

4. 在全国开展以旧换新活动：消费者可以用他们手中的韩国××摩托车更换××摩托车，前提条件是他们愿意为××品牌摩托车做宣传。我们将重点通过行业媒体、平面广宣物资及试骑试驾活动现场等方式将该消息发布出去。我们将邀请用户一起对换到公司的××摩托车进行现场解剖，并将整个解剖过程拍摄成××品牌摩托车宣传片，用于对渠道成员、导购员进行宣传和推广之用。预计投入费用5万元。

十、服务策略

1. 售前服务策略：售前服务主要指公司有组织、有计划、系统地安排对业务人员、导购人员进行产品知识、车型卖点、××品牌规划、消费者消费心理研究、企业文化、韩国风情文化等专业知识的培训，提高业务人员、导购人员的综合水平和导购能力。为此，在××品牌上市前，我们将安排对市场人员（包括代理商的业务人员、零售商及终端导购人员）进行以上知识的培训；通过系统的培训来提高渠道人员的综合素质和导购能力。

2. 售中服务策略：通过与消费者的沟通，充分了解消费者的购车用途及收入状况，为用户推荐量身定做的车型和款式；同时，为消费者详细介绍所推荐产品的特点、我们可提供的各项优质服务、公司的发展战略及韩国的风情文化等。通过以上介绍，使消费者愉快、舒心地购买。

3. 售后服务策略：售后服务策略包括以下方面。

（1）建立完整的用户档案资料（包括工厂、代理商和零售商），随时可以查阅。

（2）建立“三心”回访制度：零售商在实现销售的当天晚上，必须对用户进行第一次电话爱心回访；代理商在零售商实现销售的半月内必须进行第二次电话用心回访；工厂在零售商实现销售的一个月内必须进行第三次电话关心回访。

（3）会员制管理：用户在购买××产品的同时，也成了“××聚落部”的会员，他将无偿享受会员的一切福利条件。同时，我们将选择用户生日或重大节日为用户邮寄由××公司董事长签名的纪念品一份，价值在5元左右。前期制作1000份，预计费用约5000元。

（4）建立绿色通道（针对××产品，我们从工厂、代理商到零售商都必须建立应急绿色通道），同时出台服务承诺机制。

十一、费用预算（略）

十二、推广组织分工及进度

1. 成立××项目组独立进行市场运作。

2. 项目组织分工及时间推进（略）。

十三、推广效果测评

通过对××品牌的成功推广，我们将达到以下效果。

1. ××的产品形象得到很大提升，知名度得到很大提高。

2. 由于产品结构的优化，刺激了通路积极性的同时也优化了当前的销售网络。

3. 投入—产出分析：××的两款车型在零部件未实现国产化以前，我们采取平均的价格策略；随着零部件国产化程度的增加而提高赢利水平；而其他三款出口转内销车型，我们必须确保有较高的利润回报；通过组合销售，确保平均赢利水平达到1000元/台。因此，××车型零部件的国产化进度是影响公司赢利水平的根本保障。同时，我们前期投入××的品牌推广费用应视为是提高××产品形象的广告费用。

4. 通过××前期产品的推广，为我们下一步成功推广××的其他产品打下了坚实的市场基础，也开辟了一条属于自己的销售模式。

注意要点

在营销导向下推广新产品，要注意以下几点：①新产品的主要功能要与目标群的需求相对应，满足目标群的使用。②新产品的宣传与包装形式要和新产品特点相对应，并与顾客的心理需求相对应。③要重视产品的附加值，在符合顾客的潜在感情需求的前提下，做好服务、文化等方面的策划。④新产品的推广渠道要体现立体化，如平台推广包括新闻发布会、产品展示会、大型展会等。信息推广包括广告媒体、电话推广等，通过推广包括建立零售终端、网络推广与销售、连锁经营、特许经营等，确保新产品上市成功。

此外，在推广新产品时，在企业承受范围内，可以举行小型的优惠活动来吸引消费者。例如，在活动当天凡购买本公司新产品一次性消费几千元或者是几款商品的（数量由公司自行定额）都可获赠精美礼品，或者是买二赠一或买三赠一，或者享受以后购买产品的8.8折或8.5折优惠权，或者免费售后服务三年或者几年，或者免费安装外加无限期免费售后服务，具体情况具体对待。

订货会策划文案

写作要点

订货会主要包括准备工作、策划活动以及注意细节等内容。订货会的准备工作要确定订货会的邀请对象,包括批发商、分销商及大的卖场或连锁超市的主要负责人等,这些人员在订货会中起决定性作用;确定订货会的主推品种;制定主推品种的订货政策;做好订货会事前造势和客户摸底;做好场地的选择;做好时间安排和订货资料的准备等。订货会的策划包括主题的确定、会场的布景、订货会在会中的沟通及营造气氛等内容。

参考范文

订货会策划文案

一、准备过程

1. 派专车、工作人员到机场、车站迎接客户。
2. 发送邀请函。
3. 场景布置。
4. 地点、时间的确定。
5. 模特、化妆师的选定。
6. 产品款式准备齐全。
7. 加盟手册,产品标志视觉识别系统说明书。
8. 赠送客户入场券。

二、订货会策划

1. 公司副总发言。
2. 公司负责人发言,概述公司远景、加盟优势,简介公司。
3. 模特秀活动。

4. 播放幻灯片(有条件的前提下)，展示产品风格，给人直观、真实的视觉享受。

5. 有条件的可邀请媒体参与，扩大公司形象。

6. 产品标志视觉识别系统解说。

7. 进入加盟程序：赠发加盟手册；客户出示必备条件(三证，专卖店地点)；公司核实；签约。

8. 客户代表发言，赠送礼品。

9. 负责人总结发言。

10. 公司负责人陪同客户参观公司。

11. 晚宴就餐。

12. 欢送客户。

三、补充

1. 会场大厅应展示产品。

2. 会场应设置咨询台、医疗台、会场标志等。

3. 治安保证。

4. 停车场秩序维护。

5. 没有入场券人员一律不得入内。

四、所需道具

1. 产品款式。

2. 加盟手册。

3. 邀请函。

4. 产品标志视觉识别系统说明书。

5. 模特、化妆师。

6. 横幅条联、花篮、氢气球、拱门。

7. 公司迎接牌。

8. 入场券。

9. 礼品(必须带有公司标志)。

10. 发言稿。

11. 全场平面图和方向标。

12. 幻灯片(含公司产品内容)。

注意要点

开好订货会,要避免以下几种情况发生。

1. 订货会不要开成吃喝会。防止订货会现场一片斗酒声,货没订出多少,费用却白花,订货会成了吃喝会。

2. 订货会不要开成纯粹的沟通会。由于对订货会目的不明确,在开订货会时与客户过多注重于感情沟通,推介产品时拉不下面子或认为只要关系好客户肯定会要自己的产品,结果忽视了自己要将货物订出去的目标,使订货会成了经销商与客户的沟通会。

3. 订货会不要开成答谢会。事前对活动内容没有做详细说明,客户参加了订货会,但由于没有心理准备,结果货没订出去,订货会开成了答谢会。

4. 订货会会后要及时跟进。一方面要将货及时送达订货客户的手中;另一方面要做好电话的及时跟踪与走访追踪,收取保证金,确保真正达成订货意向。

新产品开发评价书

写作要点

目前,企业新产品开发的成功率并不高,据统计,我国企业新产品开发的成功率还不到5%。通过新产品开发评价书进行评价,对于提高新产品开发的成功率有着重要意义。在实践中,新产品开发评价书通常为表单式模式,如参考范文一及参考范文二所示。新产品评价书的内容包括对市场的评价、对企业内部的评价、与竞争对手的比较、与老产品的比较以及新产品的发展潜力等。

参考范文

范文一：食品新产品开发评价表

品　　名	产　　地	规　　格
同类产品销售状况：		
包装与市价：		
促销方式：		
行销路线：		
进货路线：		
市场潜能：		
报告人摘要说明：		

相关部门意见	国　外　部	事　业　部	门　市　部

总经理：
事业部：
主管：

范文二:家电新产品开发评价表

(一)商品及市场因素评价(50%)

要　素	评价因素	拟开发机种	次对抗机种	主对抗机种	拟开发机种	次对抗机种	主对抗机种
商品市场因素(40%)	销售评价						
	流行时尚						
	格　调						
	品　质						
	风险评估						
	商品名						
	方便性						
	合　计						
	总　计						
商品性能因素(30%)	功率大小						
	音质(色)						
	机能性						
	失真率						
	特性(点)						
	操作性						
	线路结构						
	外壳材质						
	耐用性						
	稳定性						
	合　计						
	总　计						
商品样式分析因素(30%)	气　质						
	造　型						
	色　泽						
	线　条						
	表处理						
	重　量						
	体　积						
	结　构						
	包　装						
	合　计						
	总　计						

续 表

要 素	评价因素	拟开发机种	次对抗机种	主对抗机种	拟开发机种	次对抗机种	主对抗机种
（二）公司商品计划因素评价（20%）							
（三）公司制造潜力因素评价（10%）							
（四）商品开发因素总评价							

商品及市场因素评价：（分）
公司商品计划因素评价：（分）
公司制造潜力因素评价：（分）
总评分：（分）

<table>
<tr><td rowspan="6">新开发产品的产销规范</td><td>开发速度（时效）：</td></tr>
<tr><td>销售价格（批价）：</td></tr>
<tr><td>主要销售区：</td></tr>
<tr><td>上市日期：</td></tr>
<tr><td>生产数量：</td></tr>
<tr><td>开发方式：</td></tr>
</table>

注意要点

当对新老产品进行比较并评价时，可以将老产品和新产品同时展览，并将老产品和现在的新产品做比较，让消费者知道新产品新在什么地方，比老产品好在什么地方，从中比较出新样品的优势，让消费者有进一步了解的兴趣，并征询消费者的意见和建议。

创业策划书

写作要点

创业策划书是创业者计划创立业务的书面摘要。它用以描述与拟创办企业相关的内外部环境条件和要素特点，为业务的发展提供指示图和衡量业务进展情况的标准。通俗地说，创业策划是市场营销、财务、生产、人力资源等职能计划的综合。在创业策划书中应该包括创业的种类、资金规划及资金来源、资金总额的分配比例、阶段目标、财务预估、行销策略、风险评估、创业的动机、股东名册、预定员工人数等内容。一般来说，创业策划书由以下几个部分组成。

一、封面

封面的设计要有美感和艺术性，一个好的封面会使阅读者产生最初的好感，形成良好的第一印象。

二、计划摘要

它是创业策划书浓缩后的精华。

计划摘要涵盖了计划的要点，以求一目了然，以便读者能在最短的时间内对计划评审并做出判断。

计划摘要一般包括以下内容：公司介绍、管理者及其组织、主要产品和业务范围、市场概貌、营销策略、销售计划、生产管理计划、财务计划及资金需求状况等。

摘要的撰写要遵循简明、生动的原则。特别要说明自身企业与其他企业的不同之处，以及企业获取成功的市场因素。

三、企业介绍

这部分的目的不是描述整个计划，也不是提供另外一个概要，而是对你的公司做出具体的介绍，因而重点是你的公司理念和如何制定公司的战略目标。

四、行业分析

在行业分析中，应该正确评价所选行业的基本特点、竞争状况以及未来的发展趋势等内容。

关于行业分析的典型问题如下。

1. 该行业发展程度如何？现在的发展动态如何？

2. 创新和技术进步在该行业扮演着一个怎样的角色？

3. 该行业的总销售额有多少？总收入为多少？未来的发展趋势怎样？

4. 价格趋向如何？

5. 经济发展对该行业的影响程度如何？政府是如何影响该行业的？

6. 是什么因素决定着它的发展？

7. 竞争的本质是什么？你将采取什么样的战略？

8. 进入该行业的障碍是什么？你将如何克服？该行业典型的回报率有多少？

五、产品(服务)介绍

产品介绍应包括以下内容:产品的概念、性能及特性;主要产品介绍;产品的市场竞争力;产品的研究和开发过程;发展新产品的计划和成本分析;产品的市场前景预测;产品的品牌和专利等。

在产品(服务)介绍部分,企业家要对产品(服务)做出详细的说明,说明要力求准确、通俗易懂,使不是专业人员的投资者也能明白。一般地,产品介绍都要附上产品照片或其他介绍。

六、人员及组织机构

在企业的生产活动中,存在人力资源管理、技术管理、财务管理、作业管理及产品管理等,而人力资源管理是其中很重要的一个环节。

在创业策划书中,必须要对主要管理人员加以阐明,介绍他们所具有的能力,他们在本企业中的职务和责任,他们过去的详细经历及背景。此外,在这部分创业策划书中,还应对公司结构做简要介绍,包括:公司的组织机构图;各部门的功能与责任;各部门的负责人及主要成员;公司的报酬体系;公司的股东名单,包括认股权,比例和特权;公司的董事会成员;各位董事的背景资料。

七、市场预测

市场预测应包括以下内容:需求进行预测;市场预测市场现状综述;竞争厂商概览;目标顾客和目标市场;本企业产品的市场地位等。

八、营销策略

对市场错误的认识是企业经营失败的最主要原因之一。在创业策划书中，营销策略应包括以下内容：市场机构和营销渠道的选择；营销队伍和管理；促销计划和广告策略；价格决策。

九、制造计划

创业策划书中的生产制造计划应包括以下内容：产品制造和技术设备现状；新产品投产计划；技术提升和设备更新的要求；质量控制和质量改进计划。

十、财务规划

财务规划一般应包括以下内容：现金流量表、资产负债表以及损益表的制备。流动资金是企业的生命线，因此企业在初创或扩张时，对流动资金需要预先有周详的计划和进行过程中的严格控制；损益表反映的是企业的赢利状况，它是企业在运作一段时间后的经营结果；资产负债表则反映在某一时刻的企业状况，投资者可以用资产负债表中的数据得到的比率指标来衡量企业的经营状况以及可能的投资回报率。

十一、风险与风险管理

1. 你的公司在市场、竞争和技术方面都存在哪些基本风险？
2. 你准备怎样应付这些风险？
3. 在你看来，你的公司还有一些什么样的附加机会？
4. 在你的资本基础上如何进行扩展？
5. 在最好和最坏的情形下，你的五年计划表现如何？

如果你的估计不够精确，至少应该估计出你的误差范围到底有多大。如果可能，对你的关键性参数做最好和最坏的设定。

参考范文

某取暖工具的创业策划①

一、市场分析

长期以来，国内居民对以“厨房”和“卫生间”为主要服务对象的小家电消费很少。目前，国内城镇家庭小家电的平均拥有量只有三四种，而欧美国家这一统计数字高达37种。每年国内至少有260万住户搬入新家，随着人们生活水平的提高，对厨房和卫生间的日益重视，小家电产品的加速普及与换代升级必将孵化出惊人的市场推动力，小家电的市场发展前景非常广阔。目前，我国小家电行业已步入黄金发展阶段，市场需求量年增幅已突破30%。

对于浴室取暖用的小家电目前已有浴霸和暖风机两种。目前全国生产浴霸的企业已超过376家，20××年达到700万台，销售额超过10亿元。在城市居民家庭中，浴霸拥有率不到15%，国内消费者对浴霸认同度达82%，市场空间巨大。

浴霸在浴室取暖设备中占有绝对优势，其中20××年YY销售额为2.6亿元，市场份额第一。近年来，生产浴霸和暖风机的厂家大都集中在浙江、广东一带，但其中小厂居多，多为仿制或OEM，自主研发能力不强。

我国长江流域地区，大多住宅没有暖气，冬季洗澡取暖一直是个大问题。虽然有浴霸和暖风机，但人们更期待一种简便、有效的取暖器具。根据我们的调查，人们对本产品的印象还是不错的，市场潜力巨大。

比照浴霸和暖风机市场，本产品销售市场在5亿~10亿元。借助专利技术优势，我们力争能迅速占领浴室取暖设备市场，建立自己的品牌和销售网络。

二、我们的目标

我们的目标是在20××年制出样品进入市场，发展地市级以上代理商

---

① 某取暖工具的创业策划[EB/OL]. http://www.diyifanwen.com,2009-12-12.

10～15家,销售额在200万元以上,20××年达到500万元的销售额,20××年达到2000万元的销售额,利润率保持在30%～50%。

三、资金使用

由于本产品以前市场上从未有过,所以初期样品试制、模具开发等费用投入较大,估计需10万～15万元。

各种认证、许可证、商标费用5万元。

公司组建,购买相关办公用品,人员招募,公司网站等费用10万元。

房租水电费、人员工资(半年)费用15万元。

参加展会、广告费用10万元。

小批量生产成本(5000件)费用20万～25万元。

周转资金20万元。

合计100万元。

四、产品成本及赢利分析

为节省费用,降低投资风险,前期的小批量生产以外加工为主,暂不购买生产设备。本产品主要包括:桶体、盖子、加热盘、漏电保护器、防干烧保护器、开关、蒸汽调解板、底座、密封圈。其中加热盘7～8元,漏电保护器12元,防干烧保护器1.5元,开关0.5元,其余为塑料件,价格15元。另外,产品包装、接线螺丝、运费等,成本合计在40元以下。

批发价暂定为80元,每个毛利为40元,估计两年能收回投资并稍有赢利。

以上数据是调查零配件经销商得到的结果,还有向下浮动的可能。

五、销售前景

近年来,市场上还没有同类产品,产品销售压力较小。建议利用各地电器批发商现成的销售网络,进行代理销售。目前已与多个商家联系过,初步达成销售意向。

六、合作方案

本专利项目是非职务发明,专利权为个人所有。具体合作方式由双方协商议定。

七、原材料供应方案

可外协生产,无特殊要求。

八、本项目的未来

由于本产品制造简便，门槛不高，难免被人仿造。除了加大打假力度之外，不断升级产品也是拓展市场的必要手段。目前，已开发了两款样品，准备在第二年继续推出3~5款新品，随着产品的升级换代，我们必能牢牢站稳市场。

注意要点

写好创业策划书要思考的重点问题包括：市场现状，产品或服务的特点和优点，赢利的模式，表明行动的方针，展示你的管理队伍。此外，为了使创业策划书更具可操作性，还要从各个侧面考虑投资者可能对产品（服务）产生的疑虑，并设法打消，还要进行财务的预算。在完成之后，要根据报告，把最主要的观点和结论做成一份1~2页的摘要，放在前面。计划摘要相当于公司创业策划书的封面，投资者会先去看它。为了吸引投资者的兴趣，计划摘要写得引人入胜。

环节五

营销价格文案

环节五

NO. 5 营销价格文案

价格定位文案

写作要点

价格是企业实现利润和发展的根本性工具。价格定位就是依据产品的价格特征，把产品价格确定在某一区域，在顾客心中建立一种价格类别的形象，让顾客对价格留下深刻的印象，使产品在顾客的心目中占据一个较显著的位置。影响价格的因素包括很多，如主要竞争产品的价格、分销成本的费用、渠道环节的利润、价格调整的影响等。在实际中要根据竞争对手的价格、分摊成本的费用、渠道环节的利润、价格调整对市场的影响等，来确定具体的定价策略。具体来说，价格定位有以下四种选择。

一、高价定位

高价格是一种高质量的象征。只要企业或产品属于“高质量”的类别，高价位就不会使顾客感到惊讶，而且是合乎情理的。

例如，成本只有几十元的进口法国香水，在国内以高出同类香水几十倍的价格出售，许多女士在买的时候却并不觉得贵。原因是什么？这是因为这种产品已经在她们心目中建立了高质量、高价位的形象，属于所谓的高档消费。

二、低价定位

低价定位是指用相对于商品质量和服务水平较低的价格，来突出产品的与众不同的定位策略。

在同一质量和服务水平上，低价位是吸引顾客的有力武器。有时即使质量和服务有一定的差别，只要价格差别远大于质量差别，价格同样具有超越质量和服务的无穷诱惑力。盗版软件在市场上销售量占绝对优势就是一个明证。

市场上存在一大群普通的顾客，他们的购物行为呈理性状态，希望用更低的费用得到同样的满足，或用同样的费用得到更多的满足。尤其是收入不太丰厚的人，对价格的重视远胜于对质量与服务的重视，这时低价无疑对他们具有无法抵挡的吸引力。

三、中价定位

中价定位就是把自己产品的价格，确定在目标市场顾客平均购买力所能支付的价格区间。当然，这种定位一般都要求产品的质量处于中等或偏上水平。

这是许多企业喜欢采用的定位。因为能够支付得起中等价位的顾客总是顾客群中的绝大多数。也正因如此，采用中价定位策略需要企业用产品的其他要素的定位来突出产品的特色。

四、固定价格定位

这是一种不打折扣、不减价、明码实价的定位法。可以消除顾客对价格的不信任感受，免去顾客的“砍价”之苦。一般而言，这种定位要求产品或企业具有相当的声誉做基础。

当市场上的企业纷纷采用价格调整进行促销时，固定价格就会显示出自己的独到之处，正所谓“万绿丛中一点红”。当然，如果有竞争对手采取同样的定位策略，其效果就要打折扣了。

参考范文

开办家教中心的价格定位文案①

一、市场现状分析

随着学校教育深入人心和辅导班的热潮涌起，整个家教市场面临的是整体市场的扩大，但竞争越来越激烈。通过调查，当地的主要竞争者有剑桥英语和广场附近的辅导班及其他由个人办的辅导班。虽然家教的对象是学生，但实际付费的是家长，因此市场的需求取决于家长和学生。当然，家教中心的品牌和人际关系也会影响选择。家长最关注的焦点是老师是否负责以及学生的成绩能否快速提高，其次才是价格，家长的普遍接受价格为小学150~180元，初中150~200元(20天制)。而学生需要新的学习环境和新颖的教学方法。

二、SWOT分析

1. 优势：我们是本地人，有丰富的当地人际关系；我们是在校学生，有大学光环；而且年轻，容易得到学生认同；价格低，有利于竞争。

2. 劣势：属于新办的中心，品牌影响力不够；其他个人和老师分割市场。

3. 机会：由于辅导中心收费贵，且不太负责，部分家长想换。

4. 威胁：辅导中心价格恶性竞争；辅导中心缺乏成功运作模式。

总之，当前存在一系列亟待解决的问题：①没有独特的商业运作模式和教学模式。②教师是在校学生，比较分散，只能寒暑假集中教学。③没有形成教学品牌。④没有完整的招生网络。⑤教师的教学经验不足。⑥没有领导核心。⑦没有完整的财务核算体系。

三、目标设定

目标市场是当地需要接受家教的学生，通过市场策划形成家教中心品牌，逐步扩大影响。

四、低价定位

1. 定价的目的：①价格要能被市场接受并能迅速占领市场；②避免价格

---

① 开办一个家教中心策划方案[EB/OL]. http://www.koduo.com,2010-05-06.

的恶性竞争。

2. 竞争对手定价:辅导中心一般为200元左右。

3. 影响定价因素:同类辅导中心价格、广告费、试卷费、招生费、租金及杂费等。

综合考虑上述因素,我们最终采取低价定位进入市场的策略,具体定价为小学170元,初中190元。

注意要点

价格定位是目标顾客对产品价格的敏感程度认定。在定位价格时,要了解预期的价格定位是什么,产品成本的特点能否支持这种价格定位,产品的其他特征,尤其是质量方面,能否与价格定位相配合。具体来说,要注意以下几方面。

一、价格定位

价格定位主要有以下几种方法:成本导向法,建议在初期采用此法,根据成本来确定初步的定价;需求导向法,建议在中期采用此法,根据市场的需求情况来确定定价;竞争导向法,建议在后期采用此法,因同行竞争激烈,可针对竞争同行的价格策略来进行定价。

二、价格策略

针对不同的服务设施进行不同的定价策略。比如,泳池、健身房可定中等价格,SPA可定稍高价位,高尔夫定高价位,中餐定中等价位,西餐定高等价位,酒吧定低价位等,以便客户选择组合消费,从而带动整体消费水平上升。

三、定价方式

可采用搭配定价的方式,将多种产品服务组合成一套定价;或采用主导产品带动的定价方式,把主导产品价格限定住,变化其他相辅的服务产品。

当然,价格不是越高越好。违背企业实际能力所定的价格策略,不仅不会促进企业的发展,反而会起到竭泽而渔的作用,令企业失去持续成长的动力。例如,有的企业推崇高端定位,但实际情况是除了定价高,其他的配套服务体系没有能够及时跟进，顾客所付出的与得到的不成正比，久而久之会引发一系列的负面问题，并导致大量的不利口碑传播，严重影响企业固有的顾客资源循环。

渠道价格分析报告

写作要点

渠道价格要保持相对的稳定性，企业常常对渠道价格进行调查分析，其目的无外乎以下两点：①制定合理的渠道价格，保证经销商和利润的稳定；②保证公司市场价格体系的稳定。为此，渠道价格分析报告的重点是分析经销价格，制定合理的渠道价格，并检查经销商是否严格按照公司的指导价格进行销售。

参考范文

××啤酒上市的渠道价格分析①

由于河南啤酒行业中小企业居多，整体素质较差，供求矛盾突出，市场竞争激烈程度和市场秩序混乱程度在全国屈指可数。普通啤酒市场更是如此，一级、二级经销商利润在0.45～0.6元，终端零售价格在1.5～2元/瓶加上瓶子销售利润（0.2～0.3元/只），单瓶利润在0.7～1.2元/瓶。相对来说，经销商利润较低，积极性不高，企业利润就更加微薄。随着能源、原料、运输、营销费用的大幅增长，许多企业普通酒卖得越多赔得越多。由于作为中国名牌的××啤酒始终坚持普通酒低档不低质的原则，综合成功率较高，同档次产品均比竞争对手高0.1～0.2元/瓶，而终端零售价却保持不变，经销商积极性受到影响。如何充分发挥品质、服务、利润和品牌优势，走出低

① 闫治民．金星澳麦啤酒上市策划案例［EB/OL］．http://www.emkt.com.cn，2005－06－22.

价竞争的怪圈,增强普通啤酒市场的赢利能力是需要深入考虑的问题。

经过广泛的市场调查,我们发现在河南啤酒市场普通啤酒零售价在1.5~2元/瓶,而中高档啤酒价格在4元/瓶以上,却没有零售价在2.5~3元/瓶价位档次的啤酒;而且随着消费者消费能力和品牌意识的不断增强,城市消费者对××啤酒忠诚度不断提高,而且中等收入消费者对普通啤酒的价格敏感度越来越低,消费者越来越关心并对产品的品质、口感鉴别能力越来越强。为此,××决定充分利用自身品质和品牌资源优势,开发中档价位的新产品,以避开竞争对手的价格竞争,提升××啤酒在普通啤酒市场的竞争力。

注意要点

在制定渠道价格策略时,要遵守以下几个普遍性原则。

1. 拉大批零差价,调动批发商、中间商的积极性。
2. 给予适当数量折扣,鼓励多购。
3. 以成本为基础,以同类产品价格为参考,使产品价格更具竞争力。

若企业以产品价格为营销优势,则更应注重渠道价格策略的制定。

定价策略文案

写作要点

现代企业的价格定位是与产品定位紧密相连的。所谓定价策略,就是营销者把产品、服务的价格定在一个什么样的水平上,这个水平是与竞争者相较而言的。定价策略一般有三种情况:①高价策略,即把不低于竞争者产品质量水平的产品价格定在竞争者产品价格之上。这种定位一般都借助于良好的品牌优势、质量优势和售后服务优势。②低价策略,即把产品价格定得远低于竞争者价格。这种定位的产品质量和售后服务并非都不如竞争者,有的可能比竞争者更好。之所以能采用低价,要么是由于该企业具有绝对的低成本优势，要么是企业形象好、产品销量大，要么是出于抑制竞争对手、树立品牌形象等战略性考虑。③市场平均价格策略，即把价格定在市场同类产品的平均水平上。

企业的价格策略并不是一成不变的，在不同的营销环境下，在产品的生命周期的不同阶段，在企业发展的不同历史阶段，定价策略可以随机灵活变化。现代市场上的价格大战实质上就是企业之间价格定位策略的较量。

参考范文

快餐连锁店的定价策略分析

一、定价因素分析

近年来，市场快餐连锁店的价格普遍偏高，是众所周知的事实。市场访问资料显示，影响商品价格的重要因素，可归纳为下列各点：成本因素（包括经营成本与行销成本）、竞争者定价水准、顾客心理价格标准、公司的行销目标、公司的行销利润与市场占有率。

二、竞争对手定价策略分析

以下是部分快餐业的定价策略。

麦当劳：依消费者对消费价值感的知觉来感受价值，加以定价。

肯德基：参考竞争者所定的价格加以定价，目的在于市场竞争。

比萨：参考竞争者所定的价格及顾客反映意见加以定价，以市场渗透与竞争优势为目的。

还有的企业是以成本加上固定之利润加以定价，以成本相加为标准；或者以定价尾数不为零或整数为原则，加以定价，如3.8元、4.5元等，其目的在于渗透市场与刺激市场占有率。

定价策略在中外企业之间也存在差别，中式快餐经营者的定价策略多以成本加利润为原则，而西式快餐业则大多以竞争导向与渗透市场为定价目标。

三、定价策略分析

由上述分析可知，目前最具突破性的定价行销，已经经常被快餐经营者所采用，主要策略为：①采用大众化的普及价格，让更多消费者享用商品为主要定价目标，从而有利于市场扩张；②先行决定售价，再根据这一价格来企划商品组合;③人事费用与材料费用为成本的核心,因此追求规划经济与兼职员工(以时薪计算)的大量雇用为降低成本的重要途径,而雇请时薪兼职人员更是快餐业的市场潮流与经营方针。

注意要点

定价策略应考虑以下几个原则:竞争对手的成本、价格和产品;市场的需求和目标客户对产品的预期价值;项目的成本和公司的赢利目标。

一、竞争对手

以扩大市场份额为目标的企业,宜采用较低的价格;质量领先的企业宜采用较高价格;以规避竞争为目标的企业,宜采用随行就市的定价方式;以度过企业经营困境为目标的企业,宜采用成本定价(一般高于可变成本)的方式。

二、市场需求

消费者对价格的接受程度,市场需求决定了定价的上限。一般而言,定价要以企业所能获得的最大利润为准,而非以最高利润率为准,否则顾客采购量不足会影响企业的利润。

三、企业经营的成本

企业经营的总成本可分为变动成本与固定成本两种。以服务店为例,服装店的固定成本主要是店内设备投资与房产投资(或房租),总固定成本与产品的销量无关,但单位固定成本与产品的销量成反比,服装店的变动成本主要表现为服装的采购成本、员工工资、水电费等。产品的变动成本决定了产品价格的底线,当企业处于经营困境时,价格可以定于固定成本之下、可变成之上,以求清除库存,加快资金回笼,度过困难时期。

此外,定价策略还要考虑国家有关政策或生产企业的特点要求。

一 价格促销文案

写作要点

价格促销是用来应对竞争的有力手段。价格是职能性很强的战略与策略，相对于其他战略定位来说，受到不确定因素影响很多，难度大、风险强，容易限制经营者对市场的灵活反应，因而不容易像其他战略那样被企业津津乐道。世界著名的企业，在它们的经营过程中都自觉或不自觉地表现出了对价格促销的偏爱。价格促销可以很好地拓展市场，从而在竞争份额上取得优势。价格促销方案主要包括主题、时间、地点、对象和内容的制定。

参考范文

“五一”黄金周价格促销

北京×××宾馆为了感谢客户长期以来的大力支持，在“五一”期间推出了“五一”黄金周优惠活动。

活动主题：“打折优惠天天有，告知一声齐拥有”返现悬赏招募进行中。

参与方式：

1. 告知商家本条促销信息的来源页面。
2. 参与商家返现促销优惠活动。
3. 享受商家推出促销优惠项目。

活动时间：本活动仅限“五一”黄金周有效。

注意事项：

1. 通过本信息预约无须任何费用，即可享受各项优惠活动。
2. 消费时请提前一天电话预约，活动有效期限继续生效。

具体价格优惠：

1. 客房价格均享受8折优惠，具体价格如下。

普通标准间(促销价):298 元/间夜(净价)。

商务标准间(促销价):380 元/间夜(赠送双人早餐)。

商务大床房(促销价):460 元/间夜(赠送双人早餐)。

2. 在餐饮方面的优惠:

(1)推出不同价位的经济"节日家庭套餐",以特色菜、家常菜为主。

三人用:288 元/套(1 凉、4 热、2 点心、1 拼盘、酸奶/人)。

六人用:488 元/套(6 凉、8 热、4 点心、1 拼盘、酸奶/人)。

八人用:588 元/套(6 凉、9 热、4 点心、1 拼盘、酸奶/人)。

(2)零点客人将享受 8.8 折优惠(不含酒水),同时赠送酸奶。

3. 在康乐方面:

(1)凭房卡到康乐部每日可免费享受以下项目中任意一项活动。

(2)营业时间:15:00～23:00

室内游泳(1 小时)

保龄球(1 局)

落袋式台球(1 小时)

乒乓球(1 小时)

健身(1 小时)

以上丰富多彩的促销活动将为您下榻北京×××宾馆时带来更多的实惠与惊喜!

注意要点

随着企业竞争的日趋激烈,价格促销越来越应受到重视。当商品在供过于求的状况下,企业面临降价的巨大压力。这是买方市场上企业绕不过的棘手问题,也是目前市场上价格战连番升级、多数企业誓保市场份额的原因所在。在企业承受不住降价压力、一时难以推出新商品,以及加强促销也难以奏效的情况下,降价就成为必要手段。为预防因降价带来的声誉风险,企业选择的降价时间十分重要,降价常常伴随推出辅助性措施。

环节六 营销渠道文案

环节六

NO. 6 营销渠道文案

网站策划文案

写作要点

网站策划是指在网站建设前对市场进行分析、确定网站的目的和功能，并根据需要对网站建设中的技术、内容、费用、测试、维护等作出规划。网站策划对网站建设起到计划和指导的作用，对网站的内容和维护起到定位作用。一般来说，完整的网站策划书应包含以下内容。

一、建设网站前的市场分析

1. 相关行业的市场是怎样的，市场有什么样的特点，是否能够在互联网上开展公司业务。

2. 市场主要竞争者分析，竞争对手网站情况及其网站策划及功能作用。

3. 公司自身条件分析、公司概况、市场优势，可以利用网站提升哪些竞争力，建设网站的能力（费用、技术、人力等）。

二、建设网站的目的及功能定位

1. 为什么要建立网站？是为了宣传产品，进行电子商务，还是建立行业性网站？是企业的需要还是市场开拓的延伸？

2. 整合公司资源，确定网站功能。根据公司的需要和计划，确定网站的功能:产品宣传型、网上营销型、客户服务型、电子商务型等。

3. 根据网站功能,确定网站应达到的目的作用。

4. 企业内部网的建设情况和网站的可扩展性。

三、网站技术解决方案

根据网站的功能确定网站技术解决方案。

1. 采用自建服务器,还是租用虚拟主机。

2. 选择系统,用 UNIX,Linux 还是 Window 分析投入成本、功能、开发、稳定性和安全性等。

3. 采用系统性的解决方案(如 IBM,HP)等公司提供的企业上网方案、电子商务解决方案,还是自己开发。

4. 网站安全性措施,防黑客、防病毒方案。

5. 相关程序开发。如网页程序 ASP,JSP,CGI,coldfusion 和数据库程序等。

四、网站内容策划

1. 根据网站的目的和功能规划网站内容,一般企业网站应包括:公司简介、产品介绍、服务内容、价格信息、联系方式、网上订单等基本内容。

2. 电子商务类网站要提供会员注册、详细的商品服务信息、信息搜索查询、订单确认、付款、个人信息保密措施、相关帮助等。

3. 如果网站栏目比较多,则应考虑采用网站编程专人负责相关内容。注意:网站内容是网站吸引浏览者最重要的因素,无内容或不实用的信息不会吸引匆匆浏览的访客。可事先对人们希望阅读的信息进行调查,并在网站发布后调查人们对网站内容的满意度,以及时调整网站内容。

五、网页设计

1. 网页设计美术设计要求,网页美术设计一般要与企业整体形象保持一致,要符合 CI 规范。要注意网页色彩、图片的应用及版面规划,保持网页的整体一致性。

2. 在新技术的采用上要考虑主要目标访问群体的分布地域、年龄阶层、网络速度、阅读习惯等。

3. 制订网页改版计划，如半年到一年时间进行较大规模改版等。

六、网站维护

1. 服务器及相关软硬件的维护，对可能出现的问题进行评估。

2. 数据库维护，有效地利用数据是网站维护的重要内容，因此数据库的维护要受到应有的重视。

3. 内容的更新、调整等。

4. 制定相关网站维护的规定，将网站维护制度化、规范化。

七、网站测试

网站发布前要进行细致、周密的测试，以保证正常浏览和使用。主要测试内容如下。

1. 服务器的稳定性及安全性。

2. 程序及数据库测试。

3. 网页兼容性测试，如浏览器、显示器等。

4. 根据需要的其他测试。

八、网站发布与推广

1. 网站测试后进行发布的公关、广告活动。

2. 搜索引擎登记等。

九、网站建设日程表

各项规划任务的开始、完成时间及负责人等。

十、费用明细(略)

各项事宜所需费用清单。

以上为网站策划书中应该体现的主要内容，根据不同的需求和建站目的，内容也会增加或减少。在建设网站之初一定要进行细致的规划，才能达到预期建站的目的。

参考范文

某交友网网站策划书①

一、网站设计方案

网站域名:××

网站总体设计思路:本网站定位成为一个专业性的婚恋交友网站,按照娱乐性、新颖性、趣味性的设计理念,将网站打造成一个制造快乐、浪漫、友情和爱情的虚拟工厂,并最终生产出现实中的情侣。网站通过参与介入到人与人从相识、相知、相爱,到最后走进婚姻的全过程,根据人的情感经历的不同阶段提供不同的产品和服务,并在此过程中实现经济价值和社会价值。

本网站设计力求实现三大特色:①页面设计新颖时尚,营造出温馨、浪漫的气氛和视觉效果;②人性化的产品和服务,追求互动性、趣味性、启发性,让使用者积极参与其中;③信息的真实有效,对所有信息进行审核并及时更新。

二、网站的主要软件介绍

网络红娘:主要帮助使用者寻找到自己心目中的"另一半"。使用者只需将对梦中情人或白马王子的身高、年龄、职业、住址、学历等条件要求的信息输入,通过网络搜索,即可寻找到自己心目中的"另一半"。此软件可模仿××中查找好友的形式,并加以改进。

缘分天成:帮助使用者分析评估是否有缘。根据男、女双方的身高、年龄、职业、属相、星座、户口、血型等评估两个人的缘分。此软件可模仿相关的算命软件,并加以改进。

芝麻开门:一方如果想认识对方并加对方为好友,须经过层层复核和相应的心理测试,以检验是否真心。如首先应将本人近照发送给对方,同时回答对方设置的问题,层层盘问,最后还需通过一套心理测试的软件,以评估诚信指数。一旦通过对方测试,即可将对方加为好友,可以查看对方资料并与对方在线交流。此软件也可模仿××的相关软件,然后加以改进。

---

① 遛遛鹊桥交友网商业策划书[EB/OL]. http://www.aili.info,2010-09-03.

情圣宝典：为男女交往期间的活动和相关细节提供咨询建议。如约会的活动安排、男女着装的选择和搭配、生日或节日礼物的选择、危机的化解、男女心理特点分析，等等。此软件是一款信息分类集成软件，为本网站核心软件。将全部信息分成三类：恋爱常识、恋爱技巧、资讯和建议。①恋爱常识：男女着装的选择和搭配、危机的化解、不同鲜花代表的含义，男女心理特点分析；②恋爱技巧：如何引起对方注意，如何获得对方的好感，如何选择约会的时间、地点、方式，如何示爱，如何拒绝等；③资讯和建议：针对不同城市、不同需求提供不同的建议和资讯：如哪家影院正上映什么影片，哪家卡拉 OK 最便宜，哪家商场最近打折，哪家餐馆的菜好吃，等等。这一设计须充分调动网民的主观能动性和参与热情，制定一定的奖励制度。

恋爱日记：记录感情发展的点点滴滴，分析评估爱情的进展情况。这是一个心理测试和编辑软件，通过设置相关的问题，由使用者进行回答，一方面将相关信息编辑成一篇恋爱日记，另一方面对目前的进展情况进行评估打分。

情书高手：帮助进行情书的编辑。这是一款编辑软件，可直接引进。

爱情信使：浪漫有趣的爱情短信。此软件可模仿其他网站的短信频道但只涉及与爱情有关的短信。

恋爱学堂：运用 Flash 技术，将恋爱的细节和经典的对白制作成 Flash，供使用者学习和借鉴。

爱情诊断：一旦爱情出现危机，分析危机的原因，做出相应诊断。一般有两种诊断方式：一种是制作一套心理测试软件，通过设置相关的问题，由使用者进行回答，然后通过设定的程序，给出相应的诊断；另一种是人工诊断，即使用者将情况用帖子或电子邮件发过来，由心理专家进行解答和回复。

浪漫婚礼：提供包括婚庆、蜜月旅行、婚纱摄影等相关信息及建议。此软件也是一套信息分类集成软件。

网络调查和评选软件：不定期举行评选梦中情人、白马王子等活动以增加网站人气。同时，这套软件还可用于一些品牌的网上市场调研。如进行化妆品、服装等品牌的评选。

恋爱商城：提供鲜花、礼品等电子商务服务，并设有服装服饰、化妆品等品牌展厅。

三、市场定位与竞争策略

(一)目标市场定位与客户需求分析

作为专业性的婚恋交友网站,本网站的目标客户人群为单身网民,这一群体具有以下特点。

1. 数量庞大,消费能力惊人。从近年来越来越火的情人节消费可见一斑。这一群体占据了鲜花、礼品、服饰、娱乐、影视等消费市场的主流,引领着消费休闲的时尚潮流,也将成为家电、汽车、IT、房产等消费市场最具潜力的客户群。目前,许多品牌就是以这一群体需求作为重点进行定位和宣传。

2. 从年龄段分布、学历层次上看,这一群体年龄比较接近,学历层次较高,思维活跃,乐于接受新事物。其生活方式和消费心理有比较多的共性,有利于做进一步的市场开发。

3. 找到终生的伴侣,是所有单身网民的普遍需求。在单身网民这一群体中,最具消费能力和市场影响力的当属年轻时尚的单身女性网民。本网站将其作为网站核心客户进行重点开发和维护。主要基于以下考虑:一是网站提供的是虚拟的服务和情感消费产品,这些服务和产品比较适合女性比较感性的心理需求;二是对于婚恋交友市场而言,年轻时尚的单身女性是最稀缺的资源,能够抓住这一客户资源,就占据了市场竞争的主动位置,就有了核心竞争力,只有抓住并维护好这一客户资源才有可能吸引更多的男性会员加入;三是这一群体具有比较强烈的消费欲望,而且可以影响他人的消费行为;四是这一群体具有较强的市场影响力和口碑营销能力,维护好这一客户群体有利于树立网站良好的形象和口碑,并建立网站的品牌。因此,本网站定位于为所有的单身网民提供相应的情感产品和服务,其中以年轻时尚的单身女性网民为核心客户资源。通过对核心客户资源重点开发与维护,实现网站形象和风格的差异化,最终建立网站的品牌。

(二)市场总体评估及战略目标

据统计,我国上网网民35岁以下的占80%,此年龄段单身网民比例很高,按保守估计目前单身网民总人数约有4000万人。如果以每人10元/月的会员费标准计算,一年仅会员费一项市场规模就达50亿元左右,再附加一些配套的消费,如鲜花、礼品、服装服饰、化妆品、休闲等消费,总市场规模可以达到数百亿元,这一市场将远远超过游戏软件或财务软件及管理软件的市场规模。

随着生活节奏的加快和竞争压力的加剧，我国的单身人口有向高龄化发展的趋势。正如一些媒体所称“单身风暴将袭击中国”。为此，通过网络为单身网民提供帮助和服务是大势所趋。近年来，我国的婚介市场发展迅速，据调查，仅××市一年参加婚介的人数就达10万人，人均收费2000元，市场规模达2亿元之巨。如前所述，当前的婚介服务产品并不能很好地满足市场需求，因而也没有形成全国性的品牌。针对这一市场需求，迫切需要对产品和服务进行创新。本网站的出现正好适应了这一市场需求。

本网站的初步战略目标是在三年左右时间实现普通会员500万人，高级会员50万人，VIP会员10万人，实现销售收入20亿元，利润5亿元。

（三）竞争分析

竞争优势：对于婚介服务，网站具有如下几大优势。

1. 恋爱对象快速检索，这样不但可以扩大交往的范围，节约用户查找的时间，而且可以获得更多的选择机会和主动性。

2. 在线交流，节约了出行的时间、交通成本、场地的费用，也避免了见面时遇到的尴尬。可同时进行音频、视频和文字交流，丰富了交流的形式。

3. 恋爱指导，对恋爱过程中遇到的情况提供周到、细致的经验指导。

4. 情书编辑和传递，使用情书编辑软件，根据用户自己的需求进行编辑，通过电子邮件发送给对方。

5. 在线购物，可以直接在网站选购鲜花和礼品，简化了采购、赠送等流程。

6. 电子日记，通过相关编辑软件，方便、简洁地记录下恋爱过程的经历、感受和图片，留给自己一份美好的记忆和私密空间。

7. 定期组织选美、竞赛、旅游、聚餐等活动，丰富情感生活。

8. 及时获取其他有用资讯。

网站的劣势和相关对策如下。

1. 网站的信息容易掺入一些虚假的信息成分，造成对会员情感的伤害，对此网站将制定严格的信息审核程序，并实施会员实名制，会员须凭自己的有效身份证号才可以获得会员资格，并设立专门的投诉受理窗口，及时取消非法会员资格，删除不实信息。

2. 很多人担心使用真实信息注册，容易被别人窃取，对此网站将制定严格的信息管理制度，同时开发防木马病毒的相关软件，以保证客户信息的安全性和保密性。

独特的市场定位和商业模式使网站本身已占据了婚恋交友服务网站的高端,并可以很快地成为这一市场的领导者。竞争战略应选择市场领导者战略,即提高这一市场的准入门槛,限制竞争者介入,同时打造这一领域网站的第一品牌。

(四)竞争策略

不断创新软件和服务项目;努力提高顾客的满意度,进行口碑营销;通过融资和战略合作与大型网站及大型礼品配售等企业建立广泛的战略同盟;聘请一流的相关人才;针对新介入的网站制定有针对性的竞争策略。

四、市场营销方案

(一)赢利模式

网站的赢利模式是网站生存发展的根本。本网站的特色在于人性化的设计、趣味性的软件和周到、细致的服务和解读,使网站保持较高的人气;另外,清晰的核心客户群定位是网站的又一大卖点。

会员收费:使用者可免费注册成为网站会员,通过推出更多、更新的服务内容,从中发展 VIP 会员,并从中收取一定费用。为了降低网站的商业性色彩,网站的前期赢利模式以提供周到、细致的服务收取会员费为主,努力为会员营造一个浪漫温馨的虚拟网络空间,以建立良好的口碑,吸引更多会员加入。

广告收入:网站较高的人气和清晰的客户定位有利于吸引品牌广告的投放(如服装服饰、化妆品、时尚礼品等品牌的宣传推广)。

鲜花礼品销售:根据这一客户群体的消费需求,进行鲜花礼品的促销,不但能更好地提高顾客的满意度,而且通过与商家的战略合作,从销售额中按一定比例提取相关费用。

婚庆等配套服务收费:通过与大型婚庆公司,大型婚纱摄影公司,旅行社建立战略联盟,从配套的服务性收费中提取相关费用。

短信:与电信服务商合作开辟短信下载业务。

活动:定期组织聚餐和旅游等活动。

网络调查:为一些品牌做市场调查。

特色专卖店:根据这一群体的消费需求,开设网上特色专卖店,收取一定加盟费。

品牌运作：依托网站品牌优势，在各省建立婚恋交友的分网站，进行全国连锁。

（二）网站推广方案

1. 网络营销推广：在一些大型网站的论坛、留言区、QQ 群、聊天室等网络空间，主要设计一些宣传帖子进行粘贴。

2. 口碑营销推广：通过对身边的朋友、同事、同学、老乡、网友等人群进行推介，逐步扩大推广范围。

3. 事件营销推广：策划网络界重大新闻事件以引起媒体的广泛关注。如与知名网站进行合资合作，引入风险基金，发布最新设计的恋爱软件等。

（三）主要服务项目及定价策略

会员收费标准：普通会员不收费；高级会员 10 元/月；VIP 会员 20 元/月。

五、研究与开发计划（略）

六、网站的经营管理

1. 网站经营管理理念：坚持人性化的设计风格；坚持用服务创造价值；坚持以年轻时尚的单身女性为核心客户资源；坚持维护网站信息的真实、有效。

2. 网站的部门设置及各部门主要职能（略）。

3. 经营战略规划。

本网站始终把为单身网民的婚恋交友需求提供周到、细致的服务作为核心战略任务，不断拓展服务内容，创新服务形式，发现新的需求，引领时尚潮流。运用现代科技手段协助解决现代人在婚恋交友过程中所遇到的问题，实现网络情侣终成眷属这一最终目标，将网站功能在这一领域发挥到极致。

将本网站打造成现代婚恋交友服务的全新平台，树立网站品牌，并依托品牌优势对相关的企业进行整合，以形成一个完整的产业群。

注意要点

网站建设都面临着赢利模式的困扰。当前运营的商业性网站，主要为市场提供以下服务功能：①信息集成与检索功能，不管是新浪网，还是百度搜索引擎，其实都是在为客户提供所需要的信息；②在线交流功能，如 QQ 的聊天室、阿里巴巴的贸易通及电子邮箱服务都属于此项功能；③游戏娱乐功能,如网络游戏;④纯粹为企业做宣传推广用途。有的网站只具备一项,如纯粹的游戏网站和电影网站;有的则具备以上几项,如 QQ 网站;而有些则将几种功能进行融合,如阿里巴巴网站将信息集成检索功能与在线交流功能进行融合,成了最优秀的 BtoB 网站。网站的定位,究竟是只具备一项,还是具备以上几大功能,要有针对性的分析。在具体定时时,要根据市场调查,体现出创新和提高,以免竞争对手模仿。在具体定位时,为了能准确定位和制定策略,可以借用 SWOT 分析法,以找出优势、劣势、机会和威胁,再制定相应的策略。

网络营销策划书

写作要点

网络的互动性和时效性决定了网络营销的独特性。网络营销的策划内容一般包括如下内容。

一、确定网络广告的目标

概括来说,广告的作用是通过信息沟通使消费者产生对品牌的认识、情感、态度和行为的变化,从而实现企业的营销目标。每家公司在不同发展时期都有不同的广告目标,在产品的不同发展阶段,广告的目标可分为提供信息、说服购买和提醒使用等。

二、确定网络广告的目标群体

简单来说,确定网络广告的目标群体就是确定网络广告希望让哪些人来看,确定他们是哪个群体、哪个阶层、哪个区域。只有让合适的用户来参与广告信息活动,才能使广告有效地实现其目标。

三、进行网络广告创意及策略选择

1. 要有明确有力的标题:广告标题是一句吸引消费者的带有概括性、观

念性和主导性的语言。

2. 内容简洁的广告信息。

3. 发展互动性：如在网络广告上增加游戏功能，提高访问者对广告的兴趣。

4. 合理安排网络广告发布的时间因素：网络广告的时间策划是其策略及决策的重要方面。它包括对网络广告时限、频率、时序及发布时间的考虑。时限是指广告从开始到结束的时间长度，即企业的广告打算持续多久，这是广告稳定性和新颖性的综合反映。频率即在一定时间内广告的播放次数，网络广告的频率主要用在 E-mail 广告形式上。时序是指各种广告形式在投放顺序上的安排。发布时间是指广告发布是在产品投放市场之前还是之后。根据调查，消费者上网活动的时间多在晚上和节假日。

5. 正确确定网络广告费用预算：公司首先要确定整体促销预算，再确定用于网络广告的预算。整体促销预算可以运用量力而行法、销售百分比法、竞争对等法或目标任务法来确定。而用于网络广告的预算则可依据目标群体情况及企业所要达到的广告目标来确定，既要有足够的力度，也要以够用为度。量力而行法即企业确定广告预算的依据是他们所能拿得出的资金数额。销售百分比法即企业按照销售额（销售实绩或预计销售额）或单位产品售价的一定百分比来计算和决定广告开支。竞争对等法是指企业比照竞争者的广告开支来决定本企业广告开支的多少，以保持竞争上的优势。目标任务法是指首先确定广告目标，再决定为达到这种目标而必须执行的工作任务，最后估算执行这种工作任务所需的各种费用，这些费用的总和就是计划广告预算。

6. 设计好网络广告的测试方案。

四、选择网络广告发布渠道及方式

网上发布广告的渠道和形式众多，各有利弊，企业应根据自身情况及网络广告的目标，选择网络广告发布渠道及方式。在目前，可供选择的渠道和方式主要有以下内容。

1. 主页形式：建立自己的主页，对于企业来说，是一种必然的趋势。它不仅关乎企业形象的树立，还是宣传产品的良好工具。在互联网上做广告的很多形式都只是提供了一种快速链接公司主页的途径，所以，建立公司的

Web 主页是最根本的。从今后的发展趋势看,公司的主页地址也会像公司的地址、名称、电话一样,是独有的,是公司的标志,将成为公司的无形资产。

2. 网络内容服务商(ICP):如新浪、搜狐、网易等,它们提供了大量的互联网用户感兴趣并需要的免费信息服务,包括新闻、评论、生活、财经等内容。因此,这些网站的访问量非常大,是网上最引人注目的站点。目前,这样的网站是网络广告发布的主要阵地,但在这些网站上发布广告的主要形式是旗帜广告。

3. 专类销售网:这是一种专业类产品直接在互联网上进行销售的方式。进入这样的网站,消费者只要在一张表中填上自己所需商品的类型、型号、制造商、价位等信息,然后点击搜索键,就可以得到你所需要商品的各种细节资料。

4. 企业名录:这是由一些互联网服务商或政府机构将一部分企业信息融入它们的主页中。如香港地区商业发展委员会的主页中就包括汽车代理商、汽车配件商的名录,只要用户感兴趣,就可以通过链接进入选中企业的主页。

5. 免费的 E-mail 服务:在互联网上有许多服务商提供免费的 E-mail 服务,很多上网者都喜欢使用。利用这一优势,能够帮助企业将广告主动送至使用免费 E-mail 服务的用户手中。

6. 黄页形式:在互联网上有一些专门用以查询检索服务的网站。这些站点就如同电话黄页一样,按类别划分,便于用户进行站点的查询。采用这种方法的好处:一是针对性强,查询过程都以关键字区分;二是醒目,处于页面的明显处,易于被查询者注意,是用户浏览的首选。

7. 网络报纸或网络杂志:随着互联网的飞速发展,国内外一些著名的报纸和杂志纷纷在互联网上建立了自己的主页;更有一些新兴的报纸或杂志,放弃了传统的"纸"的媒体,完完全全地成为一种"网络报纸"或"网络杂志"。其影响非常大,访问的人数不断上升。对于注重广告宣传的企业来说,在这些网络报纸或杂志上做广告,也是一个较好的传播渠道。

8. 新闻组:新闻组是人人都可以订阅的一种互联网服务形式,阅读者可成为新闻组的一员。成员可以在新闻组上阅读大量的公告,也可以发表自己的公告,或者回复他人的公告。新闻组是一种很好的讨论和分享信息的方式。广告主可以选择与本企业产品相关的新闻组发布公告,这将是一种非常有效的网络广告传播渠道。

参考范文

××手机的网络广告策划书①

一、市场分析

（一）现有市场竞争格局发展

中国手机市场竞争格局的演变可以分为两个阶段：第一阶段是 1987 年至 1995 年。这一时期，××在中国手机市场上独领风骚。这在很大程度上得益于××是第一个进入中国移动通信业的外国品牌。1987 年，在广东省开通的移动通信系统就是××的设备。由于缺乏竞争者，中国手机市场基本上由××独占。第二阶段是 1996 年至今。爱立信、诺基亚等后进者，抓住 GSM 数字网开通带来的机遇，市场份额急剧上升，直接挑战××，形成了××与爱立信、诺基亚三足鼎立的局面。除了这三大品牌外，飞利浦、西门子、阿尔卡特、索尼等品牌也竞争激烈。近年来，随着国内厂商实力的上升，出现了不少国产手机品牌，如科健、东方通信、中兴、TCL 等，也开始与国际品牌竞争。

（二）市场占有率

三大品牌（××、诺基亚、爱立信）在中国市场占有绝对优势，它们的市场占有率达到市场份额的×% 以上。慧聪国际咨询公司 IT 市场研究部的调查结果显示，知名的品牌还包括西门子、飞利浦、松下等。

（三）手机购买行为分析

电视广告、他人介绍和报纸广告是购买手机的主要信息来源。有 32% 的手机用户购买手机是根据朋友、熟人的介绍。这表明在中国市场，亲情、友情等感情因素对商业活动的影响很大，也提醒手机商、经营商、网络运营商，每“善待三个老客户，将会有机会赢得一个新客户”。购买手机时，用户最关心的是通话质量，其次是性能、通话时间与待机时间。潜在用户最关心

① 张淑霞. 摩托罗拉 RAZR2 V8 手机的网络广告策划书［EB/OL］. http://www.yxad.com, 2010-04-26.

的是价格,然后才是性能、品牌。用户选择手机时,18%的用户选择“品牌”因素,加上人际传播的二次传播效果,“品牌”因素,可能是最大的选择因素。15%的用户关注“手机体积的大小”的问题。6%的用户则关心“手机外壳的颜色”,这表明手机不仅是一个通信工具,还是一款时尚消费品,外观很重要。此外,还有12%的手机用户购机时选择使用方便的手机,所以,用户购机时偏向于选择耗电量小(待机时间长,充电次数少)的机型。而11%的用户选择功能多的机型。10%的用户选择技术新颖的机型,9%的用户选择有中文输入功能的机型。中档机受欢迎,中档机的价格在2000~4000元之间,共有6%的用户在使用这类手机。71%的用户自己花钱买手机,单位分配的占24%,另有5%的手机是家人或朋友送的礼物,这一比例和前些年比已有很大变化。

(四)产品特点介绍(略)

二、销售与广告分析

(一)定价策略

目前××型号的市场参考价格:3100元;商家报价:2270~3999元。

(二)广告地区

重点放在点击率高的网页上(如新浪、网易、阿里巴巴等)。

(三)广告内容(诉求点)

以“人性化”时尚为诉求点。

(四)广告方式

在点击率高的网页上投放有特色的网络广告形式(如画中画广告、全频广告、漂浮广告等)。

三、手机广告策略

(一)××手机形象的局限和优势

产品销售对象的局限:产品外形可能给人一种华而不实的感觉。

优势:××手机知名度高;××型号首次使用××技术,可以通过一个紧凑型端口进行充电、音频及数据连接,从而简化了各项操作;产品外形设计吸引年轻人;广告宣传主题与设计风格明确,传播效果好。

(二)广告目标

广告对象:主要针对时下追求自我个性时尚的年轻人、在校的大学生或已经有经济基础的年轻人。目标地区:点击率高的网页。

广告定位:传播一种可以视频的口号,突出年轻人更加时尚。

(三)广告策划主题

人性化的时尚。该型号是一款颜色、外形时尚的手机,一个强势的品牌不仅要符合现代用户的心理,具有现代品牌的个性,还要更加符合现代的潮流。为了在设计上更具独特性,××产品的设计从消费者体验的角度出发,强调“人性化”的设计理念,“个性化”的外观设计。我们抓住既时尚化又人性化的特点对此手机进行广告推广,并让时下的年轻人进一步清晰地意识到社会上的犯罪活动在日渐增加并危害人们的生活,维护世界和平是每个人应尽的义务和责任,在这个追求时尚、奢华的时代里也不忘维护世界和平!

(四)广告创意设计

以网络广告为主,在视觉上打动人心,迅速建立“人性化的时尚”的新概念。在品牌建立后,在点击率高的网页上投放有特色的网络广告形式,以扩大其知名度与美誉度。在广告宣传后需要营销、公关的创意活动支持,把这一品牌概念进一步推广。设计要求:××产品设计不仅具有“人性化”的设计理念,“个性化”的外观设计,而且××设计还赋予产品“时尚”的精神。××在各系列产品的设计中,努力体现出了卓越的审美观和价值观。这具体体现在:××在液晶显示器的外观和轻薄程度上不遗余力地进行创新,几乎要把显示器转变成书房中的艺术品来设计;××作为“年轻”“流行”“时尚”数字先锋的形象在消费者心目中得到了不断地加强。××设计的产品所体现出来的“科技”“时尚”“前卫”的特点,以及领先的设计理念得到了全球的认可。这为树立××“最酷、最时尚”的数码电子产品形象立下了汗马功劳。

四、网络广告标题设计

1. 时尚+人性。
2. 时尚离不开人性。
3. 我们究竟还有多少人性。
4. 人性就是时尚。
5. 我相信你很时尚,但是我不相信你很人性化。
6. 人性——最酷、最时尚。
7. 维护世界和平——人性。

五、手机网络广告文案

创意(一):在一条繁华的街道上,一个非常时尚的年轻人脖子上挂着一部手机边走边听歌。走到街道的中心,年轻人停了下来,把手机从脖子上拿下来,他把手机的摄影开启,把手机竖立在手上,一秒钟后手机自动地向上升,随着高度逐渐变大,手机升到了高空中变得很大,使得整个城市的人都看得见。手机播放的是这座城市里低保户的贫穷生活和一些学习刻苦的贫穷孩子,因为家里没钱供他们上学而哭丧的脸。播放完后,手机里发出的声音说:“请献出你的爱心,帮助他们吧。”好多人都献出了自己的爱心。这时手机里抛出了善心人捐出的东西,落在了那些需要帮助的人的手里。手机变小落到了年轻人的手中。如果你也想这么酷、这么炫就用××型号手机。

创意(二):一个时尚的大学女孩一直有一个梦想,就是希望自己能去一个贫穷落后的大山里教书,帮助大山里的孩子了解外面的世界,走出大山,用知识的力量改变自己,改变家乡的贫穷落后。这一天,她兴高采烈地拿着手机,在都市里拍摄,拍摄完后,她背起简单的行囊,远赴她一直都梦想着的大山深处。在那里她把 手机拍摄好的花花世界给孩子们看,让孩子们了解外面的世界(孩子们在看的时候脸上露出了惊羡的表情,他们向往着到外面去,他们也稀奇一个这么小的东西里能看到外面那么大的世界,他们都抢着去摸一下这部手机)。然后,她每天早上用手机播放国歌,教孩子们升国旗,用手机来看新闻,关心国家大事,拍摄他们忙碌、单调而又充满纯真欢笑的生活,把它编成一部一小时二十分钟的(大山里的孩子)生活记录,并用手机能跟电脑同步的功能,发送出去,寻找善心人士来赞助这些纯真的孩子们。不久,就有好多善心人士来赞助这些大山里的孩子们。最后就是这个大学生用手机拍摄孩子们的合照(孩子满脸的笑容,手里拿着善心人赞助的学习用品,身后简陋的教室变换成了宽敞、明亮的教室)。这时显示的手机是一部“××”型号的手机,广告语:用理想的手机去关爱每一个人,创建一个和平的世界。

注意要点

AIDA 法则,即购买行为法则。它是网络广告在确定广告目标过程中普遍遵循的规律。第一个字母 A 代表“注意”(Attention)在网络广告中意味着消费者在电脑屏幕上通过对广告的阅读，逐渐对广告主的产品或品牌产生认识和了解。第二个字母 I 代表“兴趣”（Interest）。网络广告受众注意到广告主所传达的信息之后，对产品或品牌产生了兴趣，想要进一步了解广告信息，他可以点击广告，进入广告主放置在网上的营销站点或网页中。第三个字母 D 代表“欲望”（Desire）。感兴趣的广告浏览者对广告主通过商品或服务提供的利益产生“占为己有”的企图，他们必定会仔细阅读广告主的网页内容，这时就会在广告主的服务器上留下网页阅读的记录。第四个字母 A 代表“行动”（Action）。广告受众把浏览网页的动作转换为符合广告目标的行动，可能是在线注册、填写问卷、参加抽奖或者在线购买等。

营销渠道策略

写作要点

营销渠道，是指产品从生产者手中传到消费者手中所经过的各中间商联结起来的通道。影响渠道选择的因素包括市场目标、产品因素、市场因素及企业本身因素等。规划营销渠道策略时，常用以下四个步骤循序渐进。

1. 明确营销渠道的目标。营销渠道的目标必须和组织的目标以及市场目标保持一致。

2. 找出目前营销渠道存在的问题。重点考虑当选择密集配销、选择性配销、独家代理和其他多种营销渠道时所可能产生的问题。

3. 提出解决问题的对策。例如，为改善经销商对企业产品销售的重视程度，可考虑提供销售奖励办法；协助经销商促销活动；提供销售管理的专有知识，如商品陈列、人员训练、店面管理、库存管理和订货系统等。

4. 费用预计及评估。执行不同营销渠道策略，会产生不同的费用，许多零售企业的单位产品的流通费用往往影响着企业的获利率以及价格的竞争能力，营销渠道的策略对企业的发展存在长期性的影响。因此，必须从长远角度出发评估营销渠道的策略。

参考范文

某饮品的营销渠道策略①

一、北京各连锁超市

(一)目的

北京市共有各种连锁超市数十家,其中家乐福相对于其他连锁超市而言,连锁点较多,经销的品种丰富,售后服务周到,店家的信誉较高,但商品的档次不均,主要面对中高档的消费群体,可以选择其作为重要的分销渠道之一。此外,还有物美、京客隆、天客隆等连锁超市。此三家连锁超市的连锁点遍及北京的各个地区,也是可选择的渠道。在超市中销售,以它们的信誉带动产品的信誉,树立品牌形象。

(二)合作方式

对于家乐福店可以全面铺货。对于物美、京客隆、天客隆三家连锁超市,可进行选择性区域铺货,重点铺货区为消费较高的朝阳区、东城区、海淀区、西城区、石景山区可为辅。

这些铺货地点的选择有利于建立起产品完整的销售网络。但不宜过多,因为各连锁店的进店费、店庆费、堆头费等各项费用较高,将会占用企业的经营运作资金及员工的体力和脑力劳动,抑制目前企业对于产品市场流通的管理和资金周转。

(三)运作方式

1. 可与有相关销售网络的代理商合作,借助他们与连锁超市成熟的合作关系来完成我们的铺货,这样可以减少与超市的直接接触而消耗我们的精力。

2. 也可以与超市直接接触,安排本公司的促销人员。运作方式的选择,可以根据企业自身的人员和成本核算来定。

---

① 北京金亚影视广告公司. 华美芦荟市场营销策划初案[EB/OL]. http://www.365u.com, 2010-11-16.

二、北京各大酒店、饭店的营销

（一）目的

北京拥有成百上千家中高档的酒店和饭店，饮料的销售也是它们赢利的一部分。如果将××系列饮品的保健功效和与酒水勾兑后，口感和功用达到“双赢”的效果的功能，能够慢慢地渗透到光顾酒店和饭店的人群中，从而树立起产品的品牌形象。

（二）合作方式

与各大酒店及饭店的合作可以采用代销的方式。每两周或一个月结算一次。

（三）促销方式

可以对销售出每一听、每一瓶的服务人员奖励0.10元。以促使酒店、饭店的销售人员的销售热情。

三、美容院、女子俱乐部等

（一）目的

选择北京令女性较为注目的地方，例如美容院、女子俱乐部等，这是女性聚集较多、访问次数频繁的地点，并且女性对此处推销的产品具有一定的认知和信赖，有助于产品的推广和确立知名度。

（二）合作方式

与上述相关单位联手，采取让利销售，甚至免费销售的方式进行铺货。

（三）促销方式

让消费者试用消费。

注意要点

选择营销渠道，能否达到营销渠道的目的是要考虑的最重要因素。企业选择营销渠道要达到的目标一般有以下几种策略。

1. 提高渗透率，如将现有的经销商自100家扩充为150家。

2. 开辟新的营销渠道，如企业开发出新的产品，需要通过新的营销渠道。

3. 设定各种营销渠道的销货比率组合，企业可依据各种营销渠道的获得状况、政策的需要、竞争政策等，设定销货比率组合目标，如百货公司

25%、超级市场40%、量贩店15%、特殊营销渠道20%。

4. 提高销售点的销售周转率,提高销售点的周转率是一项全面挑战性的工作,也是企业提高经营效率的重要目标。它通过提高商品情报回馈的速度及正确性,来及时配送客户所需要的商品,避免商品在配送过程中遭到损坏,并取得较为有利的陈列位置。

5. 为了实现物流的成本及服务品质目标,财务人员往往强调降低物流的成本,但是一味地降低物流成本而忽视了客户的满意度,在市场营销上也是不能接受的,因此设定物流的成本及服务品质目标也是营销渠道的一项重要目标,例如配送的速度是市场成功的重要因素,为了达到迅速配送的要求,则增加运输费用是必要的。

6. 为了实现企业及经销商保有存货的目标。

7. 为了实现不同营销渠道的投资报酬目标。根据要实现的目标,再考虑营销渠道方式,评估渠道的涵盖率,以及各营销渠道点的营销人员的数量与素质、坐落的地点、是否专卖或并卖、营销渠道点的忠诚度等,最后再综合对比备选的营销渠道的效果和费用等方面,从而做出最符合目标的选择。

媒体整合渠道文案

写作要点

对于媒体传播渠道来说,仅仅依靠单一的渠道来传播显然是不行的,需要综合运用文字、图片、音频、视频等来进行立体化传播,也就是媒体的渠道整合。在媒体整合渠道方案制定时,要综合考虑报纸、电视、电台、户外、公共活动、网络以及新兴媒体等,这也是制订媒体整合渠道方案的内容。

参考范文

某房地产项目媒体整合渠道文案

一、报纸杂志

在当地的主流报纸和杂志上刊载广告，从各个侧面打造楼盘“辉煌人生，超凡享受”的品牌形象。

二、电视

配合促销活动和对开发公司的专访等形式对项目从工程设计、工程质量、开发商实力、开发理念和项目的优势方面进行正面宣传，建立项目及开发商的良好口碑。

三、电台

通过电台配合搜房网的购房者俱乐部活动并配合项目的形象，把信息以声音和感官的形式传达给目标受众。

四、单张广告

通过商业信函投递、售楼处发送、报刊杂志夹送、活动资料派送等形式使单张广告进入每一个意向客户手中，从而扩大项目自身的影响范围。

五、户外广告

1. 在项目周边沿线各人行天桥及繁华路段做灯柱、路牌、建筑物广告。

2. 在市中心做巨幅建筑物或路牌广告。

3. 在生意火爆的大酒店对面竖立巨幅广告牌。

六、车身广告

在繁华地段、购物中心、火车站等线路的公交车上做车身广告。

七、公共活动

举办各种公共活动，树立楼盘的美好形象，迅速提升知名度、美誉度和记忆度。

1. 广场落成剪彩仪式。邀请各界知名人士及新老业主荣誉出席（安排文艺表演及娱乐节目等）。

2. 寓意喷泉征名及题名活动。以各种方式（如信函、热线、现场、邮件等）大张旗鼓地向社会各界征集项目广场寓意喷泉的名称。之后，在一个令人瞩目的日子里,开展现场题名活动。在题名现场向热心参与并支持征名活动的群众致以感谢并奖励(根据所提供的名称与所题名称的接近程度进行奖励)。

3.“文化活动月”活动。一方面丰富项目周边居民的文化活动,有益于地方文化事业,易博得社会各界的支持,造成极大的社会效应,博得民众的好感,有利于迅速树立楼盘美好的公众形象;另一方面吸引新闻媒体的注意,为新闻报道提供很好的素材,有利于在大范围内提高楼盘知名度,给目标客户留下深刻记忆。具体形式包括:向各界人士赠送或优惠提供当月影院大片入场券;于各节假日及工休日在项目广场举办各种歌舞表演、文化活动等;在影响范围内开展“文化活动月”万人签名活动。

八、网络

通过搜房网进行全面宣传,配合网络宣传和购房者俱乐部的会员看房活动,消化一部分产品。

1. 购房者俱乐部“假日看房班车”活动。

2. 项目网站或是网页的制作(建立互动的沟通平台)。

3. 网站论坛同时进行讨论,使开发商和未来业主进行全面沟通,以便于了解客户的基本情况,更好地带动销售。

九、DM 直投杂志

由房地产信息杂志的定向投递,通过强大的派发网络进行宣传,体现了杂志本身的信息量大、保存时间长、效率高的优势。

注意要点

传播渠道中出现了许多新兴的媒体,如手机媒体、地铁媒体等,这些新的媒体因其传播的新颖性,更易受到关注。在传播中,要首先分析自己的目标人群是哪些,用换位思考的办法来考虑他们会在什么时间看什么媒体,或者什么时间会在什么地方。再考虑各种媒体投入的成本,以及投放时间,对传播的成本投入与效果进行预测和评估,然后结合销售周期,在可以接受的成本之下来组合媒体,制订最佳的传播渠道组合方案,以有效覆盖目标消费群体。

会议营销的策划文案

写作要点

会议营销已成为促进产品销售，传播产品知名度的有力活动之一。其写作要点具体包括以下几点。①对市场背景进行分析。包括对目标市场的分析、市场容量、目标顾客的消费习惯及喜好、竞争产品的活动情况等。这是整个会议活动方案的由来，也可以说是活动能做的原因。②要明确活动的目的。只有明确了活动的目的，才能找到努力实现的方向，不能照搬别人的模式。③要确定会议的主题，会议的主题就是招牌，有个好的主题就可以激发消费者参与的热情程度。④要制定会议的内容和程序，这是会议活动中的关键，可以按时间顺序把会议分为三个阶段：会前、会中、会后。

参考范文

会议营销范文①

2010年是我国房地产市场政策的调控年，第四季度是对调控政策效果的重要检验，也是对房地产市场形势的重要考验。为了使大家更清楚地了解政策、了解市场，更好地迎接挑战、把握住发展机遇，更清楚地掌握我国房地产业发展趋势，倡导节能环保的理念，加快低碳居住体系建设，推进我国低碳住宅的开发建设，促进经济结构的调整，特决定举办“房地产业发展与低碳建筑高层研讨会”，届时将邀请有关部门领导、专家及开发商代表进行政策交流。相关事项通知如下。

---

① 住房和城乡建设部政策研究中心文件．关于举办房地产业发展与低碳建筑高层研讨会的通知（建策会〔2010〕72号）．

一、会议内容

(一)新形势、新挑战、新机遇下房地产政策专题

1. 对我国房地产市场调控政策及市场发展趋势进行分析研讨。

2. 房地产税收政策的调整和趋向。

3. 宏观经济基本面和房地产未来发展趋势。

4. 土地政策走向和房地产业的调整。

5. 复杂形势下的房地产企业经营策略。

6. 当前金融形势和房地产业应对措施的选择。

7. 新形势下房地产开发企业融资方式和融资渠道。

(二)建筑节能与绿色低碳房地产技术应用专题

1. 建筑节能政策、标准、发展形势和财政扶持补贴政策介绍。

2. 低碳、绿色建筑技术与房地产业的健康发展。

3. 低碳时代绿色建筑设计及技术发展新理念。

4. 低碳、生态、宜居、绿色环保、可再生能源示范项目介绍。

5. 热泵技术在可再生能源建筑中实际应用介绍。

二、参会对象

有关部门,有关科研机构、大专院校,国内外智能与绿色建筑领域的技术集成单位,绿色建筑项目设计和建设单位、工程公司,房地产开发商单位,房地产营销代理企业、各建筑规划设计院所、院校,施工总承包、勘察设计、建筑装饰有关企业,各传媒机构、金融投资机构等,相关节能产品生产、销售单位。

三、会议时间及地点

时间:××××年×月×日

地点:北京××宾馆

四、会议费用

人民币××元/人(含会务费、资料费、场地、专家费等),食宿统一安排,费用自理。

五、会议征文及要求

本次会议面向全国征集建筑节能相关论文,择优选用并安排会议发言,印刷论文集作为会议资料。

六、承办单位(略)

七、联系方式(略)

注意要点

会议营销要与公关活动相结合，为活动造势，如提前与电视台取得联系，争取电视台以新闻形式播出，或与媒体合作做好宣传，还可以与政府机关当前提倡的公益活动结合，以增加媒体主动播报的机会并赢得主管部门的支持，扩大企业影响力。为此，会议营销首先要设计主题，并撰写软文支持，进行平面的媒体宣传，以吸引更多的目标顾客参加。其次要根据会议的内容要求在会前安排好各类工作人员，包括模特及演艺人员、主持人、讲师、会场服务人员、检票人员、登记员、礼仪小姐、会务主管、录像师。再次要做好费用投入分析和预算，通过分析会议活动投入的多少，可以对所需的费用做出预估，并结合预期的目标，计算出投入与回报是否合理。最后还要制订会议活动的应急预案，这是为了应对会议活动中出现的突发事件和问题。制订一套应急预备方案是不可或缺的，针对一些不能确定的因素，只有做好周密的应对措施，才能保证会议的顺利进行，实现预定的目标。

环节七

广告文案

环节七

NO. 7 广告文案

广告文案

写作要点

广告文案是指广告作品中为传达广告信息而使用的全部语言符号(包括有声语言和文字)所构成的整体,是广告创意和策略的符号表现。

广告文案的构成。广告文案一般由标题、副标题、正文、随文、广告语组成。副标题和随文有时可以省略。标题是广告作品中在最显著位置以特别字体或特别语气突出表现的语句。一般放在广告的最上方,是整个广告的最重要部分,标题一般跟广告内容相关。如果希望在标题中传达更多信息但一则标题又不能完全容纳,可以使用副标题。正文则承接了标题,对广告信息进行展开说明,是对诉求对象进行深度说服的语言文字内容,正文是一个广告文案的主体。随文是一个广告文案的附属部分,一般是提供广告主或经销商、零售商以及促销活动的信息,包括品牌名称、联系电话、地址,等等。广告语也叫标语,是为了强调品牌或企业的独特定位和形象而提出的一句简明、通俗的宣传语,并能在较长时间内反复使用,引导一种长期观念,注重对消费者观念和品牌形象的长期效果,与广告具体内容密切相关。

广告文案按类型可以分为平面广告文案、广播电视广告文案、产品广告文案、服务广告文案、企业广告文案、公共事务广告文案等。按篇幅可以分为长文案、短文案、系列文案。

本节以德国××车的系列广告策划文案为例进行分析。

参考范文

文案一：想想小的好处①

“我们的小车并不标新立异。许多从学院出来的家伙并不屑于屈身于它；加油站的小伙子也不会问它的油箱在哪里；没有人注意它，甚至没人看它一眼。其实，驾驶过它的人并不这样认为。因为它耗油低，不需防冻剂，能够用一套轮胎跑完4万英里。这就是你一旦用上我们的产品就对它爱不释手的原因。当你挤进一个狭小的停车场时、当你更换你那笔少量的保险金时、当你支付那一小笔修理账单时，或者当你用你的旧××换得一辆新××时，请想想小的好处。

图7-1 ××车系列广告

文案二：“Lemon”（不合格的车）

这辆××车未赶上装运。

仪器板上放置杂物处的镀铬受到损伤，这是一定要更换掉的。你或许不可能注意到，但检查员克朗诺注意到了。

在我们设在渥福斯堡的工厂中有3389位工作人员，其唯一的任务就是在生产过程中的每一阶段都去检查××车（每天生产3000辆××车；而检

① 威廉·伯恩巴克（William Bernbach）．德国大众（Volkswagen）金龟车系列广告［EB/OL］．http://www.tb51.com，2005-09-22.

查员比生产的车还多）。

每辆车的避震器都要测验（绝不做抽查），每辆车的挡风玻璃也经过详细的检查。××车经常会因肉眼看不出来的表面抓痕而无法通过。

最后的检查实在了不起！福斯公司的检查员们把每辆车像流水般地送上车辆检查台，通过总计 189 处的查验点，再飞快地直开自动刹车台，这样 50 辆××车中总会有一辆被人说“不通过”。

对一切细节如此精益求精的结果，××车比其他的车子耐用而不大需要维护（其结果也使××车的折旧较其他车子少）。

我们剔除了不合格的车（Lemon）；你们得到十全十美的车（Plum）。

文案三：某种外形很难再改良

问任何一只母鸡都知道，你实在无法再设计出比鸡蛋更具功能的外形，对××车来说也是如此。别以为我们没有试过（事实上××车的外形改变将近三千次），但是我们不能改变基本的外观设计，就像蛋形是它内容物最合适的包装，因此，内部才是我们改变的地方。如马力加强而不耗油，一挡增加齿轮同步器，改善暖气，诸如此类的事。结果我们的车体可容纳四个大人和他们的行李。一加仑可跑大约 32 英里，一组轮胎可跑 4 万英里。当然，我们也在外形上做了一些改变，如按钮门把，这一点就强过鸡蛋。

注意要点

上述范文是德国××车的系列文案。当它被初次介绍到美国市场时，被认为有四个特征：外观不漂亮、小、后引擎驱动、外国制造。这四个特征皆不被看好。在此之前，美国所有的汽车广告都是展现富丽堂皇或赏心悦目的图景。然而，DDB 广告公司的创始人之一伯恩巴克却在产品特点的基础上，摒弃传统的诉求方式，以幽默和别致的广告方案创造了一系列经典文案。伯恩巴克认为，广告信息策略的“如何说”这个实施的部分可以独立成为一个过程，形成自己的内容。这就是所谓的实施过程重心法。他认为，广告的秘诀不在于“说什么”，而在于“如何说”。当然，他并不否定研究和分析的重要性，他说：“逻辑与过分的分析使创意失去灵性和毫无作用。”他的意思是不要把研究和分析当作救命稻草，不要让创意被数字束缚灵活性。

按照上述理论，在写广告文案时要将客户的产品与消费者联系起来，明确人类的品质与感情扮演怎样的角色，然后再决定如何利用电视或平面形式向消费者传递信息并赢得他们。

广告策划书

写作要点

表7－1　广告策划书的写作要点

市场分析	宏观经济情况、行业总市场分析、政策分析、发展趋势分析
消费者分析	消费习惯分析、个人收入分析、家庭分析
产品分析	产品特点、性能、竞争对手产品分析、产品定位
竞争对手及状况分析	竞争对手的主要优势、劣势分析
广告策略	广告目标、目标市场策略、产品定位策略、广告定位、广告诉求策略、广告表现策略
媒介策略	投放媒体分析、媒体组合策略、媒体选择策略
广告计划	广告的实施计划与方案
公关营销策略	目的、活动策划
广告策略预算	广告策划费、广告创意、媒体购买、广告策划书文本费
广告效果预测评估	广告效果的预测、广告效果的监控
实施策略	导入时机、实施计划

参考范文

范文一：××汽车广告策划书①

一、市场分析

由于我国某些地区人均收入不高，整体消费能力相对低下，所以走微型轿车消费全民化的道路，发展小型轿车是较为经济、理想的选择，不仅符合我国的国情，也符合国家发展安全、节能、环保汽车的要求。我国人多地少，为解决交通拥堵问题也应发展微型轿车。

近年来，各市出台了各种放宽微型轿车发展的政策。但是微型车的发展也存在限制性因素。例如，北京市规定排量1.0升及以下的机车在7:00~20:00不能在长安街上行驶，同时禁止排量1.0升以下的机动车在二环、三环、四环主路的最内侧车道行驶；上海市禁止排量在1.0升以下的机动车驶入高速公路；广州市规定停止核发发动机汽缸总排量1.0升的车。深圳市也有类似的限制，这些城市推出限行规定的理由是解决空气污染及交通拥堵的问题，但是专家强调汽车排量大小与车辆的技术水平高低不存在关系。我国消费者喜欢大车的“面子”心理，也将阻碍微型轿车普及家庭。这些市场限制因素致使微型轿车被冷落在车市的底层，所以改变消费者观念也是企业广告的一大任务。

二、消费者分析

（一）现有消费时尚

现在人民生活水平在提高，购车逐渐成为一种时尚，只要经济条件好一点儿的家庭都会考虑购一部车，尤其在银行贷款的支持下，只要是月收入大于5000元的家庭均是购车的潜在消费者，购车已成为一种时尚。

（二）消费者收入与购车

月收入在5000~8000元的中等收入家庭有90%的首选车型是微型车。月收入在8000元以上，尤其是10000~15000元的，有80%的家庭愿购微型车，

① 王晓霞．北京晓晓汽车有限公司广告策划书[EB/OL]．http://www.ora.com.cn，2008-10-16.

虽然这一消费群体对微型车的购买指数下降,但依然在这部分人群中占部分市场。

(三)年轻家庭

年轻人接受新事物比较快,把欧洲、日本、韩国等车市上流行微型轿车的文化引进我国,有利于微型车顺利进入市场,占据更大的市场份额。

三、产品分析

微型轿车是指发动机排量不超1.0升,车身长、宽、高不超过3.75米、1.5米、2米,最大载货量不超过600公斤的小型轿车。因其较小的体积在发达国家深受人们的喜爱。

微型轿车的定位是价位低的高享受,低价格但是高档次,使微型车由低档车上升到高档车,改变消费者心中对微型车的原有偏见。

四、竞争对手及状况分析

微型汽车的竞争对手,在同质市场上较少。目前,大众、宝马、奔驰等大的国际品牌,因其经营的是高档汽车,价值几百万,与微型车市场不构成直接竞争。世界品牌对本产品无直接威胁,因它们还未涉足微型轿车领域。

五、广告策略

(一)广告目标

新车在微型轿车市场上要占×%的市场份额(在2~3年内),并提高企业知名度和美誉度,在中国市场上产生国家品牌,树立国产微型车品牌。

(二)目标市场策略

在目前的政策下,微型轿车在京、沪、穗等大城市立足的难度越来越大,且政策不可能在短期内改变,所以转战二线、三线城市是不错的选择。由于西部开发的步伐日益加大,我国西部地区对轿车的需求还在逐渐扩大,怎样开发西部市场特别是没有微型车生产厂家的省份是今后的重点发展目标。总之,主要目标市场定为二线、三线城市,收入在5000~8000~10000元的中等收入和高收入家庭,在西部地区将没有微型轿车生产厂家的省份作为市场发展的重点。

(三)产品定位策略

定位为一种低价的高档车,低价位高享受。价格定位为6.8万元,且始终不能降价,以免形成持币待购现象。

（四）广告定位

在广告定位上乐观定位，从环保和缓解交通拥堵方面改变消费者的态度，为增强环保意识而购买微型车。

（五）广告诉求策略

由于产品处在生命周期的开发期，所以应先采用理性诉求策略，详细说明其性能。在广告表现中，突出其外形、个别部件、讲解等是不可缺少的。等产品进入生命周期的成长期时，加大感性诉求的成分，以人为本，宣传一种休闲的情趣，家人的关爱，和乐融融、经济环保。

（六）广告表现策略

广告创意力求要新、奇、特，本产品因是新产品，所以首提其性能等与各种微型轿车的不同，其标题和主题可拟为“与众不同”，重点说明产品的特别之处。可采取系列广告形式，突出品牌，如发动机篇等，以此来说明产品的高性能。到产品的成长期，体现一种休闲的情趣，回归大自然。最后再加上家庭的温暖，全家使用该车其乐开怀。

广告标题在开发期时可以着重强调：更深入，才有发现；不用不知道，一用吓一跳；没想到、没想到；相见恨晚；有个性，我喜欢。在成长期时可以着眼于：一种心情叫休闲；低价位，高享受；高档次，何需付出太多；现代人都讲究环保。

具体设计要涉及电视广告脚本设计、杂志、报纸广告；路牌广告；网络广告。

六、媒介策略

（一）对象媒体接收习惯

较富裕家庭成员较关注休闲、娱乐性的媒体，如电视、报纸、海报、DM、网络等，而年轻的商界人士和中年奋斗者关注信息性强，商业经济类的媒体和杂志、报纸、电视等。

（二）媒体组合策略

在全国范围的重点地区同时进行。在媒体的选择上，要注重大众媒体与流动媒体的结合，短期媒体与长期媒体的结合。先在电视广告中，疯狂推广，并结合报纸、杂志等媒体，来进行知名度宣传，并宣传产品的与众不同，完成产品初步市场推广。在网络广告中，采取无记名式的点播来宣传。

（三）媒体选择策略

杂志、报纸、电视、户外广告和广播。

七、广告计划

利用春节期间消费者购物的高峰期,此时进行广告投放,会收到很理想的效果。春节过后,产品的广告诉求点马上转为感性诉求,家家开着该车去拜年,有一种过年的气氛,又有一种家的味道,给产品增添一分年味。过完年后,广告诉求点则定位于休闲上。

八、公关营销策略

(一)目的

公关营销的最终目的是提高企业效益,最高目的是服务公众,贡献社会,具体目的是让公众了解产品,让产品成为中国消费者的骄傲。

(二)活动策划

产品上市新闻发布会,引起全国反响,引起业内外人士的广泛注意,最好找名人代言;举办抽奖活动,让消费者把车开回家;年间购车,好礼相送;其他公益赞助活动。

九、广告策略预算

广告策略预算包括市场调查费、资料收集费、平面广告设计费用、电视广告费用、路牌广告费用、媒体购买费用、广告策划书文本费用等。

十、广告效果预测、评估

(一)广告效果的预测

广告效果的预测包括广告主题预测、广告创意测试、广告方案测试、广告作品测试。

(二)广告效果的监控

广告效果的监控包括广告媒介发布的监控、广告效果的测定。

十一、实施策略

导入时机为春节之前是最佳时间,对于消费者来说,因一年的收获要有所回报,可以将车作为一份礼物送给自己或家人。

范文二:××牛仔广告策划书①

××牛仔裤已经有150年的历史。近年来,公司开始逐步重新定位自己的使命:××要从一家有责任心的成功企业转变为“休闲服装的权威”。为

① 利维牛仔广告策划书[EB/OL]. http://www.5ucom.com,2010-06-21.

此，公司制定了“全球思考，当地行动”战略，成为全球型的美国服装制造商。在绝大多数国外市场，××公司大胆地宣传其深厚的美国文化，绝大多数欧洲和亚洲消费者认为××牛仔裤是特别时髦的代名词。××公司大胆创新的全球营销活动取得了极佳的成效，由于国内市场的继续收缩，国外销售量已成为促进××公司成长的动力之源。

一、市场分析

目前国内具有世界影响力的牛仔裤品牌还很少，而消费者的需求量又很大。对于品质优良、裤型好的牛仔裤更是受到年轻人的喜爱和追捧。随着中国加入WTO，代表国外文化和传统精神的品牌，必将以它丰厚的内涵吸引大量消费者。

二、产品在市场中的定位

现代的年轻人都喜欢穿轻松休闲的裤子，牛仔裤在这方面能充分展现年轻人的性格特征，张扬、青春、放松、性感、随意、简约、独立自主、崇尚自由解放……符合年龄、心理的要求。现在年轻人的衣橱里，牛仔裤是必不可少的“百搭服装”，样式简单流畅，清洗方便，适合许多场合的着装搭配，线条精美的牛仔裤能吸引更多人的目光。

三、消费者分析

主要针对16～35岁的青年男女，其中又特别注重白领消费者的需求，其他方面的消费者适时满足其要求。

四、卖点

牛仔裤本身能带给消费者与众不同的穿着体验：舒适、随心搭配、展现个性。

让每一个拥有××的人觉得××是一种品质高的产品，让消费者能响亮自信地说出这一个著名的牌子，让××穿在身上是一种荣耀。也就是注重××的品牌和所代表的“美国精神”。

五、产品及竞争对手

产品主要针对白领男女，使得产品的覆盖面有一定的局限性，需要在适当的时候进行一些推广促销的工作。

主要竞争对手有很多，如同级的YY等，还有一些品牌的延伸方向也做了牛仔裤，如ZZ等。

六、广告策略

广告表现策略：以大胆的想象和粗犷的色调突出品牌精神，以这种精神打动消费者，使品牌深入人心。

广告诉求策略：诉求策略方面以理性、感性和情感相结合的方式。通过对品牌精神的塑造和张扬，在人们的理念中应形成穿上××后个性张扬、随性、性感、质量优、耐磨等一系列观念。

七、广告实施计划

广告目标：打开国内市场，树立品牌文化精神，使消费者认可。

广告时间：4个月。

广告主题：性感，独立，自由自在，美国精神。

各媒介的广告表现、规格：

平面广告：报纸整版（48cm×35cm），半版（24cm×35cm）；广告牌；灯箱。

电视广告：选择当地主要电视媒体和影视文艺频道。

网络广告：电子邮件（针对主要人群）。

八、广告发布计划

1. 报纸：2月刊登整版广告，每周3次，共12次。周末刊登整版广告，共12+2×4=20次。以次月开始刊登半版广告每周一次，到5月，共16次。

2. 电视：2月每天在黄金时段插播2次，3月到5月每天播1次。

3. 户外：1年。

4. 网络：4个月。

其他活动：获取冠名权、组建选秀活动、赠送小礼品等。

九、广告费用预算

1. 广告的策划创意费用：×万元。

2. 制作费用：×万元。

3. 媒体费用：×万元。

4. 其他费用：×万元。

十、文案创意

（一）电视广告

流浪篇。

夏日炎炎的荒郊公路上，路边设有一个公车站牌，汽车停下来，一个身材火辣的金发美女从车上下来，背好背包，拿着自己的吉他，自信地向前走（音乐开始）。

身后开来一辆豪华轿车，司机是一个西装革履的英俊男人，他停在女主角身旁，希望能载女主角一程，她微笑着转向他，弯下腰用手调了调他没打好的领带，然后微笑着走了（留下男人在后面感叹她刚才那性感的动作）。夜幕降临，画面中有帐篷、篝火，女主角弹着吉他和一个正在作画的流浪画家在一起，非常惬意（镜头转向火堆，随火星上升和满天星星融在一起，镜头快速下降，到了白天），画家睁开惺忪的眼睛，发现女主角已经不在了，他追了过去，看到女主角的背影已渐行渐远，他耸了耸肩，转向相反的方向，微笑着大步走开。

广告词：拥有××，就拥有整个世界。

（二）平面广告

1. 救命篇。

在一个高楼的顶端，A用一条牛仔裤拉住失足悬空的B，B露出信任、庆幸的表情（只有××才是结实耐磨的牛仔裤）。

2. 传统篇。

有点像古代一种严酷的刑法“车裂”，只不过要把裂的东西换成“××”，由两匹马分别向东西方向拉，怎么都拉不坏牛仔裤。

广告词：“撕不开就是撕不开。”

注意要点

广告策划是一个系统工程，需要多方主体的参与与配合，因此，明确广告策划的背景、主题、目标是非常重要的，在执行中所产生的分歧要最终以目标为导向进行协调。

广告策划方案要体现可执行性，要对活动的可行性进行分析论证。活动方案首先要注明活动名称、时间、地点、主办方、承办方、协办方以及参加人员；要有活动的机构设置及责任分工；活动流程安排流畅、内容明确并具可行性；要对关键环节或流程进行必要的强调和说明。此外，还要体现经费预算及解决方案，对广告效果的预计与监控也要制定措施。

广告创意策划

写作要点

创意是广告的核心与灵魂,一则广告投放后的效果如何,最关键的因素就在于创意。创意文案主要是将广告作品的表现及形式用完整的文字表达出来,其中,除了产生画面的构想之外,还包括广告语言的表现内容(如平面的标题、引文、正文、随文、广告语等,影视的音效、旁白、字幕、广告语等)。其中,至关重要的就是新颖的创意和形象传神的文字表现。

参考范文

××汽车创意文案[①]

一、标题

"这部新型的××汽车在以每小时60公里的速度行驶时,最大声响来自它的电子钟。"

二、副标题

是什么原因使得××成为世界上最好的车子?一位知名的××工程师回答道:"根本没什么真正的戏法——这只不过是耐心地注意到细节而已。"

三、正文

1. 行车技术主编报告:"在以每小时60公里的速度行驶时,最大声响来自它的电子钟。"引擎是出奇地寂静。三个消音装置把声音的频率在听觉上拔掉。

---

① 奥格威经典报纸广告之一——劳斯莱斯汽车广告[EB/OL]. http://www.yingxiao360.com, 2009-12-11.

2. 每个××的引擎在安装前都先以最大气门开足7小时，而每辆车子都在各种不同的路面上试车数百公里。

3. ××是为车主自己驾驶而设计的，它比国内制造的最大型车小18英寸。

4. 本车有机动方向盘，机车刹车及自动排挡，极易驾驶与停车，无须雇用司机。

5. 除驾驶速度计以外，在车身与车盘之间没有金属衔接，整个车身都是封闭绝缘的。

6. 完成的车子要在最后测验室里经过一个星期的精密调试。在这里分别要受到98种严酷的考验。例如，工程师们用听诊器来细听轮轴所发出的微弱声音。

7. ××保用三年。从东岸到西岸都有经销网及零件站，在服务上不会再发生任何麻烦了。

8. 著名的××引擎冷却器，除了亨利·莱斯在1933年去世时，把红色姓名的首写字母RR改成黑色以外，再也没有变动过。

9. 汽车车身的设计制造，在全部14层油漆完成之前，先涂5层底漆，每次都用人工磨光。

10. 使用在方向盘柱上的开关，就能够调节减震器以适应路面的情况（驾驶不觉疲劳，是该车的显著特点）。

11. 另有后窗除霜开关，它控制着1360条隐布在玻璃中的热线网。备有两套通风系统，即使你坐在车内关闭所有的门窗，也可以调节空气以求舒适。

12. 座位的垫面是用8头英国牛皮制成，这些牛皮足可制作128双软皮鞋。

13. 镶贴胡桃木的野餐桌可从仪器板下拉出。另外两个可以从前座的后面旋转出来。

14. 你还可以有以下随意的选择：煮咖啡的机器、电话自动记录器、床、冷热水盥洗器、一个电动刮胡刀。

15. 你只要按一下驾驶座下的橡板，就能使整个车盘加上润滑油。在仪器板上的计量器，可精确指示出曲轴箱中机油的存量。

16. 汽油消耗量极低,因而不需要买特价油,这是一部令人十分愉悦的经济车。

17. 具有两种不同传统的机动刹车,即水力制动器与机械制动器。××是非常安全的汽车,也是十分灵活的车子。它可在时速85公里时安静地行驶。最高时速可超过100公里。

18. ××的工程师们定期访问汽车的车主,替他们检修车子,并在服务时提出忠告。

19. 班特利也是××公司所制造。除了引擎冷却器之外,两车完全一样。是同一个工厂中的同一群工程师所设计制造的。班特利的引擎冷却器较为简单,所以要便宜300美元。对于驾驶××感觉信心不太足的人士,可以考虑买一辆班特利。

四、价格

如广告画面所示的车子,若在主要港口交货,售价是××美元。

倘若你想得到驾驶××的愉快经验,请与我们的经销商联系:××公司,纽约,洛克斐菲广场10号。

五、随文

喷气式引擎与未来

一些航空公司已为他们的波音707及道格拉斯DC8选用了××的涡轮喷气式引擎。××的喷气式螺旋桨引擎则用于韦克子爵机、爱童F-27式机以及墨西哥湾·圭亚那式机上。

世界各地航空公司的涡轮喷气式引擎,大半都是向××订货或由××公司供应的。

××现有员工4.2万人,而该公司的工程经验并不仅限于涡轮喷气式引擎及喷气式螺旋桨引擎。另有柴油发动引擎及汽油发动引擎,可广泛用于其他领域。

该公司庞大的研究发展资源正在从事许多未来性、计划性的工作。其中,包括核能利用、火箭发射,等等。

注意要点

一项调查表明，被收看的广告中，只有 1/3 的广告能给观众留下一些印象，而这 1/3 的广告中只有 1/2 的内容能被观众正确理解，仅有 5% 能在 24 小时内被观众记住。毋庸置疑，一则广告如果没有创意，只会被湮没在其他的广告之中。要做出有创意的广告，可以从以下五大原则着手。

1. 相关性：就是广告创意必须与产品个性、企业形象相关。

2. 原创性：就是广告创意要突破常规，出人意料，与众不同。

3. 简明性：就是指广告创意必须简单明了，切中主题，使人过目不忘，印象深刻。

4. 合法性：就是指广告创意必须符合广告法规和广告发布地的伦理道德、风俗习惯。

5. 真实性：就是广告必须真实，不能为了吹捧某件产品而有不符合实际的言论出现。

公益广告策划书

写作要点

公益广告策划的内容同广告策划的内容大体一致，主要包括广告目标、广告对象、广告主题、广告策略、广告创意（广告方案的撰写）、广告媒体选择、广告经费、广告评估等。它们之间的不同点表现在公益广告着重于体现其公益性，创意的空间相对自由一些，因为商业广告必受到广告主的制约，而公益广告只需符合本国的道德规范和法律规定，受制约的因素较少，创作者有更大的发挥余地。

参考范文

公益广告策划书[①]

一、广告主题

水资源的保护与节约。

二、广告目的

1. 引起社会对中国水问题和水危机的关注。

2. 提高公众对水与健康、水与环境，以及水与经济可持续发展的认识。

3. 倡导人们科学用水、保护水资源、防止水污染。

三、背景简介

我国人均淡水为世界人均水平的1/4，属于缺水国家。全国已有300多个城市缺水，已有29%的人正在饮用不良水，其中已有7000万人正在饮用高氟水。每年因缺水而造成的经济损失达100多亿元，因水污染而造成的经济损失更达400多亿元。

四、宣传重点

1. 呈现水之美，倡导人与自然的和谐，好江、好河、好湖、好海；好山、好水、好景；水美人才美。

2. 认识水对人类健康的重要性。世界上70%的疾病是通过水传染的，水的清洁、饮用水的质量与人类健康息息相关。

3. 反映水资源的破坏与污染；水量短缺；水质恶化、水体功能的降低和丧失；水源环境的生态体系遭到了不同程度的破坏，例如，草场退化、大漠荒化、湖泊退化、水资源减少、干旱、雪害等。

4. 警醒依赖科学技术过度开发利用水资源。水资源的综合开发利用有赖于科学技术的全面介入，包括充分发挥现有供水工程效益、调整地区用水不平衡、提高污水治理回用能力、建立良性的水能资源机制等。然而，人类在征服自然方面取得伟大成就的同时，由于无止境地侵入自然而破坏了生

---

① 公益广告策划案[EB/OL]. http://www.headidea.com,2009-09-18.

态环境,造成无可挽回的损失,这是值得我们深思和警醒的。

5. 倡导人人参与节约水源:从身边做起,从一点一滴做起。

五、广告目标对象

1. 广大公众。

2. 污染水资源的厂商、企业。

3. 对于水资源改善具有影响力的政府部门。

六、使用场合

1. 电视、广播、报刊、新闻事件等各方面媒体传播。

2. 网络传播。

3. 户外传播。

七、实施方案

(一)电视广告

1. 年久失修的水管滴答滴答地漏着水(镜头由远到近,声音为滴答声)。

2. 离水管不远有一个人正用水龙头的水清洗着蔬菜,准备午餐,洗完后匆匆离去,忘记了关水龙头(镜头特写是自来水击打在人手上的动作还有水哗哗的背景声音)。

3. 水沿着下水道排入了一条已经严重污染的河道(运用剪辑把水流入下水道和排入河道连接)。

4. 河面上吹起了一股夹杂着脏东西的小龙卷风(镜头从河面往上推到天空,风声)。

5. 天空中吹过一阵风,但是风的下面却是一望无垠的荒漠(镜头是从上往下推,更加猛烈的风声)。

屏幕打出:为了你的明天,请节约用水(有旁白)。

6. 已经维修一新的水管的不远处,一只手正把水龙头紧紧地拧上(近景)。

7. 顺手把水龙头边上刚刚收集的淘米水拿去浇花(镜头由浇水的根部向上特写美丽的花朵)。

8. 花朵由实变虚,镜头转换到远方与青山相傍的湖泊(鸟鸣声由强到弱,屏幕慢慢变黑)。

(7、8 两条的背景声音均为和谐的钢琴伴奏)

(二)平面报刊广告

方案一:由企业赞助举行公益广告设计大赛,在新闻事件中进行宣传并将获奖作品作为本次宣传的户外、报刊、网络广告。

方案二:由策划方提供海报,作为本次宣传的户外广告和报刊广告,由媒体或企业赞助。

注意要点

公益广告可以体现出不同的创意风格,可以直言相告,启迪心智;可以妙语惊人,针砭时弊;可以措辞警策,发人深思;可以画龙点睛,让人茅塞顿开。总之,公益广告由于没有商业性的约束,可以在创意上充分发挥,通过声、像、字幕、音响等电视手段充分体现其创意效果,以求产生最好的社会效益,达到警世和教化的目的,同时创意好的公益广告也让人产生一种艺术享受。

广告策划预算书

写作要点

广告策划预算与广告策划目标有着密切的联系。广告策划目标说明广告策划者想做什么,而广告策划预算则限制广告策划者能做什么。一般地,广告策划预算是将广告宣传目标和活动方案所需的费用分成若干项目,列出经费清单,准确地预算出单项活动和全年活动的成本的过程,其有利于企业统筹、事后核对和考查效绩。

广告策划预算表的基本内容有:市场调研费;广告设计费;广告制作费;广告媒介租金;演员酬金;广告机构办公费与人员工资(服务费);促销与公关费;其他杂费开支(如邮电、运输、差旅、劳务费等)。

参考范文

广告策划预算书

表 7－2　广告策划预算书

项目调研费 1. 问卷设计 2. 实地调查 3. 资料整理 4. 统计分析 5. 上机费 6. 其他	内　容	费　用	执行时间
策划、设计费 1. 报纸 2. 杂志 3. 电台 4. 电视台 5. 其他			
制作费 1. 印刷费 2. 摄制费 3. 工程费 4. 其他			
媒介费 1. 报纸 2. 杂志 3. 电台 4. 电视台 5. 其他			
服务费(演员酬金) 1. …… 2. …… 3. ……			

续 表

促销、公关费 1. 促销 市场 A 市场 B 2. 公关			
机动费			
代理费			
其 他			
总 计			

注意要点

广告预算不同于企业的其他财务预算。一般财务预算包括收入与支出两部分内容。而广告预算只是广告费支出的匡算,广告投入的收益由于广告目标的不同而有不同的衡量标准。它或许反映在良好社会观念的倡导上,或许反映在媒体受众的心理反应上,也有可能体现在商品的销售额指标上。有许多企业错误地认为,广告投入越大,所取得的效果也就越明显。广告策划者通过对大量广告活动效果的实证分析得出:当广告投入达到一定规模时,其边际收益呈递减趋势。

美国广告学家肯尼斯·朗曼认为,任何品牌的产品即使不做广告也有一个最低销售额,即临限。广告的效果不会超过产品的最大销售额,产品的最大销售额是由广告主的经营规模、生产能力、销售网络以及其他因素综合决定的。朗曼认为,理想的广告宣传活动应该是以最小的广告投入取得最大的广告效果。当广告效果达到一定规模时,追加的广告投入就是一种资源的浪费。

为了有效地进行控制预算,美国的《印制品》杂志对广告费用进行了更具说服力的分类,并对此做了详细的说明,对支出也进行了一定的约束,对广告业具有一定的参考价值。如表 7 - 3 所示。

表 7－3　广告费用预算的分类表

<table>
<tr><th>分类</th><th colspan="3">主要费用项目</th></tr>
<tr><td rowspan="4">白表</td><td rowspan="4">必须作为广告费用结算的费用项目</td><td>时间空间媒介费以及其他广告费</td><td>一般报纸、一般杂志、行业报纸、行业杂志、剧场广告、户外广告、店内广告、新产品、宣传小册子、人名录、直接邮寄广告（DM）报纸及标签商品目录、面向商店消费者的机关杂志、电影、幻灯片、出口广告、特约经销广告、用于通信或陈列的广告复制、广播、电视、用于其他目的的一切印刷品。</td></tr>
<tr><td>管理费</td><td>广告部门有关人员的工资、广告部门办公用易耗品和备用品费、付给广告代理业和广告制作者以及顾问的手续费和佣金、为广告部门工作的推销员的各项费用、广告部门工作人员的广告业务旅差费（有的公司把此项费用列入特别管理费）。</td></tr>
<tr><td>制作费</td><td>有关美术设计、印刷、制版、纸型、电气版、摄像、广播、电视等方面的制作费，包装设计（只涉及广告部分），其他。</td></tr>
<tr><td>杂　费</td><td>广告材料的运送费（包括邮费及其他投递费），装修服务费，涉及白表的各项杂费。</td></tr>
<tr><td>灰表</td><td>可作为也可不作为广告费用结算的费用项目</td><td colspan="2">样品费、推销表演费、商品展览会费、挨户访问费、房租、水电费、广告部门的存品减价处理费、电话费、广告部门其他各项经费、推销员推销用的公司杂志费、宣传汽车费、加价费、有关广告的协会和团体费、推销员用于广告的皮包费、工厂和事务所的合同费、推销员使用的商品目录费、研究及调查费、对销售店的协助支付的广告折扣。</td></tr>
<tr><td>黑表</td><td>不能作为广告费用结算的费用项目</td><td colspan="2">免费奉送品费、邀请游览费、商品陈列所的目录费、给慈善（宗教）互相组织的捐献品费、纸盒费、商品说明书、包装费、新闻宣传员的酬金、除广告部门外使用的消耗品费、价格表制作费、推销员的名片、分发给工厂人员的机关杂志的特殊介绍费、行业工会费、老主顾和新主顾的接待费、年度报告书费、陈列室租费、推销会议费、推销用样本费、工作人员生产福利活动费、娱乐费。</td></tr>
</table>

广告策划书的评估文案

写作要点

在广告策划书草案编写后，应组织有关人员（如广告创意人员、策划人员、执行人员、企业广告负责人、文学工作者、财会人员等）对策划书草案进行评估和论证。评估可采用量表法，根据得分多少分为优、良、中、差的组别，并据此做出修改。

对广告策划书进行评估，表面上看是评价策划书，而实际上涉及整个广告，评估的内容比较全面，并根据评估表对广告策划书逐项评分，依据实际总得分判断出广告策划书的优劣，并写出相应的评估意见和修改建议。具体评估指标参见表7－4。

参考范文

广告策划书评估表

表7－4　广告策划书评估表

项　目	项目总分	评估指标	指标分值	实际得分
文书结构	3	结构完整性 用词准确性 表达清晰性	1 1 1	
广告调查	4	文案科学性 结论可靠性	2 2	
目标调查	6	切合企业 切合产品 切合公众	2 2 2	
定位策略	9	符合商品形象 突出品牌优势 富有特色	3 3 3	
媒介策略	12	有效性(可展示商品形象) 具有整合性 符合公众媒介习惯 可行性	3 3 3 3	
诉求策略	8	诉求对象明确 诉求符号有冲击力 诉求信息有感染力 诉求方式有心理依据	2 2 2 2	

续　表

项　目	项目总分	评估指标	指标分值	实际得分
主题创意	12	鲜明 准确（符号定位创意要求） 吸引力 新颖	3 3 3	
广告文案	12	标题吸引力 标语鼓动性 正文有效性 表述具有冲击力	3 3 3 3	
广告文案	18	广告图画美观性 广告图画实用性 广告音乐有效性 布局（编排）合理性 作品气息具有文化性	3 3 3 3 3	
广告计划	3	系列性 连贯性 可行性	1 1 1	
经费预算	6	合理性	6	
想象量级	7	冲击力 说服性	4 3	

注意要点

为了保证广告的效果，在评估时要坚持定量的评估方法。虽然广告预算的多少会直接影响广告效果，但是，媒体选择的正确与否，同样是影响广告效果的关键因素；如果媒体的选择根本就是错误的，在这种情况下，广告投资越多，广告效果反而越差。在这里提醒所有广告策划者，在评估媒体选择方案时，必须坚持用定量方法对媒体的效应进行分析，切忌盲目选择媒体。

环节八 促销文案

环节八

NO. 8 促销文案

促销计划书

促销计划书是指制定促销的各项计划及措施，通过各种促销方式，向消费者或用户传递产品信息，以引起他们的注意和兴趣，激发他们的购买欲望和购买行为，以达到增加销售的目的。

写作要点

促销计划书要首先制定促销目的，然后再进行产品分析、渠道分析及竞争对手分析，最后制定促销主题、促销方式、宣传支持与费用预算。在这些环节中，最重要、最关键的环节是如何制定促销方式。可供选择的主要促销方式如表 8－1 所示。

表 8－1　促销方式表

促销方式	描　述
包装外赠品	结合促销主题，在包装外附上与本产品有关联的赠品，增强吸引力。
免费样品派发	随 DM 信函直接邮寄给目标消费者；入户派送；目标消费者聚集的公共场所内派送；媒体分送；零售点派送；选择非竞争性商品来附送免费样品；工会派送。
折价券	直接送给消费者；媒体发放；随商品发放；促销宣传单发放。
减价优惠	在商品旁边标明减价标示，把原价及减价后的现价同时标注，形成鲜明的对比。
自助获赠	指顾客将购买某种商品的证明附上少量的金钱换取赠品的形式，以回馈目前使用者并维护品牌忠诚度。

续 表

促销方式	描 述
退款优惠	是指消费者提供了购买商品的某种证明之后,根据摸彩的奖额退还其购买商品的全部或部分金额。
以旧换新	指消费者在购买新商品时,如果能把同类旧商品交给商店,就能折扣一定的价款,旧商品起着折价券的作用;如果消费者没有旧商品,新产品就只能按原价售出。
价格折扣	现金折扣可提高公司资金周转率,对现期付款的客户给予的优惠;数量折扣需根据产品在不同阶段的目的下巧用,使商家与公司在市场各个阶段,达到占有率与利润的一致性,同时也适合市场的变化;季节折扣是为均衡产品淡旺季利益所采取的降价策略。
活动促销	制定策划主题,以活动来促销。

参考范文

端午节××粽子促销计划书[①]

作为中国人特有的传统节日——端午节,它在众多的节日中占有重要的一席之地。而作为节日消费市场性很强的粽子,也成了一块炙手可热的蛋糕。粽子在以前作为一种季节性消费很强的产品,到现在,这种制约已经不是很明显,但端午节仍是粽子市场消费的重头戏。

一、促销目的

每年的农历五月初五,是我国富有民俗传统文化气息的节日——端午节。端午节一方面是为了纪念爱国诗人屈原,另一方面是为了衬托节日的欢乐气氛。在现代生活中,端午节更多的是象征着吃粽子、喝黄酒、插蒲子叶等,主要是满足人们"驱邪、消毒、避疫"的心理。因此,根据这一节日特点,特制订本促销方案,以求达到提升品牌知名度和节日销售的目的。

二、产品分析

粽子问世至今已经有2300多年的历史了。它是为了纪念我国伟大的爱

① 浙江五芳斋实业股份有限公司. 端午节品牌粽子促销方案[EB/OL]. http://www.408i.cn, 2009-07-07;超市端午节促销计划书[EB/OL]. http://www.lwfree.cn,2010-05-12.

国主义诗人屈原而诞生。公元前340年，爱国诗人、楚国大夫屈原，面临亡国之痛，于五月五日，悲愤地怀抱大石投身汨罗江。为了不使鱼虾损伤他的躯体，人们纷纷把竹筒装满米投入江中。此后，勤劳朴实的楚国人民为了表达对屈原的崇敬和怀念，每到这一天，人们便竹筒装米，投入祭奠，这就是我国最早的粽子——“筒粽”的由来。它可以说是世界上快餐的始祖。粽子有鲜肉、豆沙、八宝等品种。如鲜肉粽，常在瘦肉内夹进一块肥肉，按传统工艺配方精制而成，选料十分讲究，通过配料、调味、包扎、蒸煮等多道工序精制而成。

三、渠道分析

××粽子的产销量在全国同行名列前茅，年销量在1亿只以上，销售网络遍及全国各省会城市及周边重要城市，拥有14家分公司和18家连锁店，并销往亚、欧、美、澳、非五大洲。在广州市场，××设有分公司，并利用代理商的良好销售渠道关系在广州的各大超市、零售卖场均有其销售网点。如广州吉之岛连锁、卜蜂莲花连锁、好又多连锁、百佳连锁、家乐福连锁、麦德龙、沃尔玛连锁、山姆会员店等。

四、竞争对手分析

××是一家大型的专业速冻食品生产企业，成立于1997年，注册资金8000万元，年销售额14亿元。经过多年对市场的精耕细作，××公司已形成遍及全国的经销网络，经销商数量达到200多个，基本涵盖了除宝岛台湾以外的全国所有地级城市。××公司设在全国各地的分公司都已迅速成长起来，如沈阳、北京、哈尔滨、上海、新疆、福州、广州分公司等，业已成为当地速冻行业的一支生力军。××的粽子系列食品主要为手工粽和真空粽，品种较多，以嘉兴风味粽为主。但礼盒产品空缺。××牌粽子系列产品并不是××公司的王牌产品，但依靠其强大的品牌影响力和广告投放，已成为××最具威胁的一个竞争对手之一。××粽子的广告语为“竹叶青青点点香”，其诉求点为：温馨、轻松、健康。

五、端午节促销主题

1. 端午节靓粽，购物满就送。

2. ××猜靓粽，超级价格平。

3. 五月端午节，××包粽赛。

六、促销方式

(一)商品促销

1.“端午节靓粽,购物满就送”活动。

活动内容:凡端午节当天,在当地各连锁超市一次性购物满38元,即可凭电脑小票到服务中心免费领取靓粽一只,每店限送200只,数量有限,送完即止。

2. 商品陈列。

采购部要求供应商或厂家,制作促销粽子的小木屋或小龙舟,每店摆放一个;因为便于厂家的销售,我们又免费提供位置,合作是可行的。

促销期间,要求场外有地理条件的门店将小木屋或小龙舟放在场外进行促销;无地理条件的门店要求放在本店主通道或客流较集中的地方,以利于促进节日卖场气氛和商品销售(由采购部联系洽谈)。

除小木屋或小龙舟促销之外,各店在促销期间,应在主通道摆放4~6个粽子堆头。

要求各店在促销期间利用冷柜,大面积陈列粽子,5月初除冷柜之外各店应在主通道摆放4~6个粽子码堆销售。

各店在端午节当天在不影响粽子质量和销售的情况下,可将1~2斤重的粽子用网袋装成若干数量包(注意包装要很难解开,避免顾客拆包多装),并打上价格标签,悬挂于各店货架旁边或顾客方便看到的地方,以便激发顾客的购买欲望,促进粽子的节日销售。

要求各店美工和管理干部、员工发挥水平,进行创意陈列和气氛布置(如在粽子堆头周围用泡沫板刻上龙舟等图案)。

3. 商品特卖。

在促销期间,粽子和其节日相关商品(如黄酒、冷冻食品、饮料等食品,透明皂、沐浴液、杀虫剂、蚊香等用品)均有特价销售。

(二)活动促销

1. ××猜靓粽,超级价格平。

(1)活动内容:凡在促销期间,在××各连锁超市一次性购物满18元的顾客,凭电脑小票均可参加“猜靓粽”活动。

(2)活动方式。在商场入口处或冷柜旁边设促销台不打价格标签或不易分辨的厂商粽子,让顾客进行粽子品牌及价格竞猜;商品由采购部落实价格,价格一定要相当低,以顾客意想不到的价格出售给顾客,使顾客感受到实惠,为下一步的销售打下基础。

2. 五月端午节,××包粽赛。

(1))操作步骤:采购部洽谈粽子材料—材料到位—活动宣传—各店组织比赛。

(2)参赛奖品:获得自己所包粽子,多包多得。

3. 五月端午射粽赛。

(1)活动内容:凡促销期间,在××各连锁超市一次性购物满38元的顾客,凭电脑小票均可参加"五月端午射粽赛"活动。

(2)活动方式:凭电脑小票每人可获得5枚飞镖,在活动指定地点(商场大门口有场地门店),参加射粽子活动,射中的是标志为"豆沙"即获得该种粽子一只;射中的为"肉粽",即获得该种粽子一只。

(3) 道具要求:气球、挡板、飞镖。

(4) 负责人——由店长安排相关人员。

七、相关宣传

1. 两款"粽子吊旗"卖场悬挂宣传。

2. DM快讯宣传;DM快讯第一、二期各4万份,第三期单张快讯4万份平均每店1800份。

3. 场外海报和场内广播宣传。

八、相关支持

1. 采购部联系洽谈5000只粽子赠送给顾客。

2. 采购部联系洽谈1000斤粽子材料,举行包粽比赛。

3. 采购部联系洽谈2200只粽子,举行射粽比赛。

九、费用预算

1."端午节靓粽,购物满就送"活动:靓粽每店限送200只×22店=4400只。

2."××猜靓粽,超级价格平"活动(数量价格由赞助商在各店促销决定)。

3."五月端午节,××包粽赛"活动:粽子散装米每店30斤×22店=660斤。

4."五月端午射粽赛"活动:粽子每店100只×22店=2200只。

5. 装饰布置,气球、横幅、主题陈列饰物,平均每店300元,费用约6600元。

6. 吊旗费用1万元。

注意要点

促销是企业生产管理中的一个重要环节，促销的好坏直接决定着企业在市场竞争中的命运。美国 IBM 公司创始人 T. J. 沃森（T. J. Watson）说过："科技为企业提供动力，促销为企业安上了翅膀。"

表 8－2　促销方式的注意要点

促销方式	注意事项
包装外赠品	赠品活动不可过度滥用，因假如经常举办附赠品的促销活动，会误导消费者该产品只会送东西，而忽略产品本身的特性及优点。
免费样品派发	产品成本应较低或可制成小容量的试用包装；短使用期限的产品不适合使用此促销方式；在新产品上市广告前 3～5 周，同时零售终端铺货率达到 50% 时，才可执行免费派送。
折价券	零售价 10%～30% 的金额是理想的折价券面值，也能获得最好的兑换率；限制在某一特定商店或连锁店使用。
减价优惠	减价优惠要有 15%～20% 的折扣，并要有充分的理由，才能吸引消费者的购买。
自助获赠	最理想的兑换赠品付费，应是比赠品市面零售价低 30%～50%，大部分的付费赠品以 10～80 元为主要范围；出色的自助获赠促销活动，关键在于所提供的赠品只能从此次赠送中获得，绝对无法从别处寻到；限制兑换地点。
退款优惠	保证公平性和透明性。
以旧换新	促销范围狭窄，只适用于促销高档、中档耐用品消费品；对旧货确定不同的折价标准；回收来的旧货尽可能加以利用，以降低促销成本。
价格折扣	价格折扣常常针对经销商或批发商；现金折扣一般为付款金额的 2%；一次性数量折扣，通常是 2%～7%；季节折扣最大 30%～40%，通常只有百分之几，实施时间以两个月为宜，时间过长易造成心理惯性。
活动促销	分阶段开展，营造促销氛围，及时对测评效果，对方案进行调整。

积点有奖促销文案

写作要点

积点有奖又叫积点优惠，或商业贴花。这种方式种类繁多，其最终目标都是以建立再次购买某种商品或再度光顾某店为主。通常有以下两种方式。

1. 消费者必须收集积分点券、标签或购物凭证等证明，达到一定数量时，则可兑换赠品。

2. 消费者必须重复购买某种商品或光顾某家零售店数次之后，才得到赠品。

积点有奖促销方式，兼顾了促进消费者在购买数量和购买频率上的增长，它是通过为消费者设定一个有吸引力的目标，然后引导消费者在一定的时间内将精力放在推广的品牌上，从而促进品牌销售量及影响力的增长。

积点促销适用于销量较大的产品，因为只有消费者已经具有了足够的需求，在此基础上才能激发出他们的购买冲动，如果产品的销量不大，就表明消费者较少或者消费量不大，那么这种情况下就不能引起消费者的兴趣，也就达不到预定的效果。

积点促销需要一定的时间周期，因此它适合消费周期短、购买频率高、购买量大的产品。另外，积点促销需要做好的是奖品的设置、参与方式及兑换工作，奖品是吸引消费者参与的根本目的，而参与方式和兑换涉及的是促销的便利性。

参考范文

刷邮政绿卡积分文案①

一、积分时间及参加资格

1. 本次积分有效时间为××××年1月至××××年12月，兑奖截止日期为第二年2月28日，过期将被清零。

2. 本活动适用于所有类别的带有银联标志的邮政绿卡，包括以955100×××××××××××××、622188×××××××××××××和622151×××××××××××××开头的卡。

3. 申请销户的客户，将视为自动放弃参加本次积分活动。

4. 持卡人所持绿卡被停用或管制、自行销户、违反本次活动规则及其他相关规定的，我局有权取消其所参加积分活动的资格。

二、积分累计规则

1. 持卡人在所有银联联网特约商户的消费均可累计积分，每消费1元人民币积1分，每笔消费1元以下不计积分，且单笔最高消费积分上限为10000分。

2. 同一客户的多张绿卡账户将分别积分，在兑奖时可合并使用。

3. 因任何理由将刷卡购买的商品或服务退还，或因签账单争议，或其他原因退还款项者，将按退还款项的金额扣除相应积分。

三、其他重要声明

1. 积分兑奖礼品及兑奖方式将于××××年6月底统一对外公布，所有礼品以现场实物为准，先到先得，概不退换。我局将通过网点、客服及现场公告等方式将礼品兑领及更新情况予以告知。

2. 积分礼品申领成功后，我局将即时扣除持卡人相应的积分。

3. 我局有权根据需要取消、增删或修改相关活动规则（包括但不限于活动细则、申领办法、积分抵扣标准或礼品等）。

---

① “刷邮政绿卡积分、抽奖三重礼”活动细则［EB/OL］. http://www.shpost.com.cn,2007-01-01.

注意要点

一、积点促销的优点

1. 建立品牌忠诚度。积点优惠方式最大的好处就是建立品牌忠诚度。由于消费者参与了此项促销活动，并且持续不断地参加，这种购买行为的转变，就是品牌忠诚度建立的基础，这也是运用此法的最重要目的。

2. 在同类产品中创造产品差异化。当品种繁多而又差异无几的品牌出现在消费者眼前时，他们会难以选择，此时，举办积点优惠促销活动，可以吸引消费者的注意力，促成他们做出选择。

3. 在建立品牌形象的广告活动中，其效果反映了低成本的促销可取代高预算的广告投资。广告宣传时可利用此活动的方式及赠品，以吸引消费者。

4. 由于连续性的大量采购，消费者积货太多，自然会离开市场一段时间，不再涉足，可以有力地打击竞争品牌。同时，这种促销方式还可以提高商品使用频率并突破季节性限制。

二、积点促销的缺点

1. 马拉松式赛跑。因为消费者必须连续数次购买或光顾，达到一定数量或金额后，才符合兑换赠品的条件，当然需要花费相当一段时间才能完成。但长时间的积累会使部分消费者失去耐心，半途而废。因此，活动时间不宜拖得太长。

2. 在讲求高效率的现代社会，收集印花对许多繁忙的消费者来说太麻烦，吸引力不大。

3. 积点优惠方式的预算花费必须与库存紧密配合，以便能充分供应连续性促销时顾客购买的需要。此外，当企业已开展此项促销活动时，切勿轻易中止活动，否则会有损信誉。另外，并非所有商品都适合此促销方式。例如，对非经常性购买的商品就毫无效果，因为此时价钱不是消费者最关心的。

虽然积点优惠方法受消费者喜爱的程度难以确定，但总体来说，仍不失为重要且颇具影响力的销售促进方式。

一 抽奖活动促销文案

写作要点

抽奖活动的形式主要有回寄式抽奖、即开即中抽奖和连环抽奖三种。

1. 回寄式抽奖需要较长的周期，还需要消费者花时间邮寄，这已不太适应现代社会的快节奏，实施的效果较差。

2. 即开即中抽奖是消费者在购物当时立即获得回赠，这符合消费者的心理，即时获知结果，简单方便。

3. 连环抽奖则是依靠提高中奖概率来吸引消费者的广泛参与，并在一定程度上可以提高消费者的购买频率。

抽奖促销文案包括主题、时间、目的、抽奖地点、活动内容、宣传方式、抽奖形式、预算等内容。

参考范文

抽奖促销文案①

一、活动时间

××××年12月31日～××××年1月3日，为期4天。

二、活动主题

元旦购物抽大奖。

三、活动目的

1. 通过节日促销，吸引潜在顾客前来消费，提升销售额，塑造××商场在消费者心目中的良好形象。

2. 增加老顾客对××商场的忠诚度，确保顾客长期前来消费。

---

① 元旦购物抽奖促销方案[EB/OL]. http://www.glzy8.com,2009－08－26.

四、活动内容及细则

（一）新年新折扣

本商场内各楼层新年商品全场折扣销售（详见“各楼层折扣表”）。

（二）购物抽大奖

1. 活动期间，凡在本商场购物累计满×元的顾客，即可凭当日购物小票掷骰子，就有机会把大奖摩托车骑回家。满×元可掷Y次，依次类推，多买多抽（限掷Z次）。

2. 根据骰子的相同点数来确定奖项的等级，您就有机会获得相应的奖项。现掷现兑。

3. 本次抽奖活动共设置6个等级的奖励，奖项等级、中奖条件、奖品具体设置如下所示：

一等奖：6个6，奖品为摩托车；

二等奖：6个1或6个2或6个3或6个4或6个5，奖品为微波炉；

三等奖：5个相同数，奖品为DVD；

四等奖：4个相同数字，奖品为电饭煲；

五等奖：3个相同数字，奖品为洗衣粉；

纪念奖：奖品为牙刷一支。

（三）元旦大礼包

1. 凡于元旦当天于本商场购物累积满×元的顾客，即可凭购物小票或发票至总服务台赠品兑换处兑换一张儿童节蛋糕兑换券。

2. 每张小票或发票至多可兑换×张兑换券。

3. 兑换券的有效期至××××年6月5日。持券人可于6月5日前至券上指定的蛋糕房专柜提领，逾期无效。蛋糕以现场的实物为准。

五、活动宣传方式

（一）报纸

1. 刊登时间：《××晚报》12月28日彩色通栏、《××晨报》12月30日、12月31日彩色通栏。

2. 广告内容如下。

(1) ××××年12月31日～××××年1月3日，来××商场购物抽奖中摩托车、微波炉、DVD等大奖。

(2) ××××年12月31日～××××年1月3日，××商场开展为期

4 天的全场折扣销售活动。

(3) ××××年 1 月 1 日,××商场开展购物满额赠蛋糕兑换券活动。

(二)电视滚动字幕

1. 播出时间:××××年 12 月 25~31 日。

2. 字幕内容:××××年 12 月 31 日~××××年 1 月 3 日,来××商场购物抽奖中摩托车、微波炉、DVD 等大奖。

(三)商场外条幅

1. 悬挂时间:××××年 12 月 25 日~××××年 1 月 4 日。

2. 条幅内容:

(1)元旦节日惊喜多,××商场购物抽奖中摩托车。

(2)××商场再出重拳,全场商品折扣销售。

(3)只需购物满×元,就有机会获赠品牌摩托车。

(4)摩托车、微波炉、DVD,总有一款属于你。

(四)商场前宣传板

1. 张贴时间:××××年 12 月 25 日~××××年 1 月 4 日。

2. 张贴内容:活动详情及具体奖项设置。

(五)商场内广播

1. 广播时间:××××年 12 月 25 日~××××年 1 月 4 日。

2. 广播内容:活动详情及具体奖项设置。

(六)商场海报宣传

1. 发放时间:××××年 12 月 25 日~××××年 1 月 4 日。

2. 海报内容:本期折扣销售商品图片,抽奖活动详情及具体奖项设置。

3. 发放范围:商场内及社区发放。

(七)舞台布置摆放奖品

1. 摆放时间:××××年 12 月 31 日~××××年 1 月 3 日。

2. 奖品大量陈列于商场抽奖舞台上,让过往的行人或路过本商场的顾客深刻体会到大奖就在身边。

六、活动实施操作

1. 报纸广告必须于××××年 12 月 27 日前设计好,按报纸要求及时提供。

2. 电视滚动字幕的内容必须于××××年 12 月 24 日前准备好,按要求及时提供。

3. 商场外条幅、宣传板的内容必须于××××年12月24日前设计制作好，并按要求悬挂、张贴。

4. 奖品、活动道具、监控器材必须于××××年12月31日前全部准备到位。

5. 抽奖活动区维持秩序人员及活动现场工作人员于××××年12月31日前必须全部确定完成。

6. 合理安排活动期间商场工作人员的到岗，避免休假，以便在促销期内做到最好的人员调配。

7. ××××年12月31日清早，店长检查活动道具及赠品的到位情况，如有遗漏需及时补充。

8. 于××××年12月31日前，完善商场内的商品（特别是家庭日用品及粮油品）补货工作。

七、促销费用预算

（一）抽奖活动费用分析

根据同期抽奖活动的结果，××××年12月31日～××××年1月3日的活动期间，实现的销售额达______万元，来客数达到______万人，总抽奖次数为______次。

以此为目标，结合今年的奖项可得知今年的抽奖活动费用，如表8－3所示。

表8－3　奖品费用表

等　级	奖　品	中奖概率（%）	数　量	费用（元）
一等奖	摩托车			
二等奖	微波炉			
三等奖	DVD			
四等奖	电饭煲			
五等奖	洗衣粉			
纪念奖	牙　刷			
合　计				

与上年同期相比，本次奖项费用下降了______元。正常情况下，预期本

次4天促销活动的销售额可实现______万元,毛利达______万元。若销售额达不到预期的效果,则奖品可按比例相应地减少,降低费用______。

(二)宣传费用预算

1. 报纸、电视的广告宣传费用______元。

2. 商场外条幅、宣传板的设计制作费用______元。

3. 商场海报印刷费用______元。

4. 抽奖舞台布置费用______元。

5. 儿童节蛋糕兑换券的费用______元。

注意要点

一、抽奖促销的优点

1. 抽奖活动适用范围较广,对于新产品的推广和老品牌进一步扩大市场份额均有所帮助,它的最大特色在于能同时面对众多消费者展开促销攻势,这一点对于目标广泛的大众消费品尤为适宜。

2. 抽奖活动能直接促进商品的销售。抽奖的目的在于提高消费者的购买量,它利用的是大众的博彩心理,通过设置有吸引力的大奖,来调动广泛的消费群体参与。

二、抽奖促销的缺点

1. 由于抽奖活动常常是以利益为诱饵,消费者也是为了额外获利才购买,抽奖活动对品牌的帮助不大,有时会因为未中奖的挫折感而影响对品牌的忠诚度。

2. 抽奖活动通常需要大量的媒体经费广为宣传才能获得成效。

3. 抽奖的运用需要建立在一定的品牌知名度和部分固定消费群体的基础之上,因为消费者通常不会为了解不多的产品花费时间和精力。

抽奖促销中最关键的是对奖品的设置,由于目前国家规定最高奖金不得超过人民币5000元,在一定程度上限制了抽奖功效的发挥,所以更要在奖品的形式上突出创意,突破有形物质的限制,赋予奖品更深刻的内涵。例如,化妆品公司可以为中奖者提供拍摄广告片的机会,VCD企业则可以为中奖者免费制作个人碟片,等等。

价格折扣促销文案

写作要点

价格折扣，是指企业采用降价或折扣的方式招揽顾客。

价格折扣是吸引消费者购买产品的重要手段，以价格折扣来提高销量的增长也是具有一定市场基础的品牌常运用的战术，因为消费者对于有一定认知的品牌更容易产生购买的冲动。从国内彩电大战、VCD大战、微波炉大战来看，最先采取降价策略的品牌成功率较高。

价格折扣对于不同的产品和不同的市场阶段，在具体应用上是有所区别的。一般而言，同质性越强的产品运用价格折扣战术效果越好。四川长虹、广东格兰仕、广东乐百氏等企业都是抓住时机实施降价策略，从而赢得了市场份额的扩大，而有更多的同类企业也实施了降价策略，但是效果却不大，这说明关键还是如何运用的问题。

事实上，折价的另外一种常用的表现方式是附加赠送，也叫加量不加价法。当消费者每购买一定数量或金额的商品后，就按比例附加赠送同类商品，以此来刺激消费者增加购买数量，这种促销方法尽管在实质上也是一种商家让利的手段，但因其并未对促销产品的价格做直接的折扣，因此对产品本身的价值感不会造成伤害。此类促销较适用于小包装、消费快且有一定品牌基础的产品。如“强生”婴儿沐浴露加送200毫升活动，其包装与平时相似，只是更大了一些，包装瓶的正面很清楚地标明“加送200毫升”。由于“强生”的知名度比较高，加送200毫升主要立足于馈赠老顾客而非纯粹为了促销，体现了有一定知名度的商品采用加量赠送会更有效的原则。

参考范文

价格促销范文

在××日子将要到来之际，××公司推出了“价格折上折、品质不打折”的活动，为广大消费者带来了福音。

一、活动时间

即日起至××××年×月×日。

二、活动内容

新品折上折，××标准版折后××元。

感兴趣的朋友可以登录商城网站订购。另外，订购的用户还可以享受以下服务。

1. 我公司官方网络销售的产品都会有官方的出货单据、订单号等有效凭证，所有货物都带有正规保修卡，支持全国联保。

2. 我公司官方遵守国家规定的“三包”政策，同时，网络销售的产品有更强保障，7 天无理由退换货，3 个月包换，1 年保修，5 年有偿维修。另外，由货物质量原因引起的退换货物，快递费用完全由我公司官方承担。

三、特别说明

出现以下情况者，不能享受我公司免费保修服务，您可以选择有偿服务（人工费＋材料费）。

1. 人为造成的产品损坏：砸坏、碰坏、划坏等。

2. 违反产品使用说明而造成的产品损伤。

3. 产品流水号、条码号、保修贴纸被改动、删除。

4. 未经授权的修理、误用、滥用、事故、改动、不正确的安装、不可抗力等因素造成产品损伤的。

5. 无有效发票、收据的。

6. 无厂名、厂址、生产日期、产品合格证的。

7. 已超过保修期的产品。

注意要点

折扣的方法有很多，主要包括以下几种：错觉折扣，给顾客不一样的感觉。比如“花 100 元就可以带走价值 130 元的商品；一刻千金，比如“每天早上 9 点到 9 点零 5 分之间拍下的宝贝，可以以 5 元的价格成交”；超值 1 元，比如在活动期间，顾客可以花 1 元钱买到平时几十元甚至上百元的商品；临界价格，比如以 100 元为界线，那么临界价格可以设置为 99.99 元或者是 99.9 元；阶梯价格，比如“新品上架第一天按 5 折销售，第二天 6 折，第三天 7 折，第四天 8 折，第五天 9 折，第六天原价销售”；降价加打折，比如以 100 元商品为例，如果直接打 6 折，一件商品就会损失 40 元的利润。但是，如果我们先把 100 元的商品降价 10 元，再打 8 折，那么一件商品损失的利润是 28 元。但是买家在感觉上还是后者比较好。

赠送礼品促销文案

写作要点

赠送礼品促销是指消费者在购买产品的同时得到一份非本产品的赠送，以此来吸引消费者的尝试或大量购买。其基本特点：消费者在购物当时能立即获得回馈；所赠品种非产品本身，而是其他礼品，这是与折价促销中买送方式的最本质的区别。例如，联想电脑在各大电脑城及特约销售商门口进行的现场促销活动，如“联想 1 +1，缤纷送大礼”“联想 1 +1，真情回馈每一天”等，在一定程度上促进了卖场销售量，增加了销售商的利润，使更多消费者对联想电脑有了更深入的了解。

参考范文

“××”食用油加护手霜，好油好手烧好菜

“元旦、春节在即，为给全家做出一桌好菜，您辛苦了！操劳的双手更容易在忙碌中不知不觉受到伤害。这个冬日，××送上护手霜，滋润好主妇为全家操劳一年的双手。”活动期间凡购买××食用油一瓶，即可获赠YY护手霜(40克)1支。

注意要点

赠送礼品促销法在实际运作中常用的方法有以下几种。

1. 包装内赠品附送的形式：将赠品放在产品包装内附送。这类赠品通常体积较小、价位较低，如在包装内附上小玩具，会深受小朋友的喜爱，孩子们会一买再买，希望成套收集。

2. 包装上赠品的附送形式，即将所送礼品附在产品上或产品包装上，而非置于包装内部，用胶带将赠品与商品捆扎在一起，例如在洗发水上捆绑香皂。

3. 包装外赠品附送形式：由于赠品体积过大或企业为了减少捆扎的工作量等原因，无法将赠品与产品附连在一起时，赠品常被放在零售店内，由销售人员交给消费者。

4. 将产品的包装本身作为可利用的赠品，这是附送赠品的又一新形式。消费者用完产品后可将此作其他用途使用，如果汁壶、储物罐、化妆包等都是消费者较为喜欢的包装容器赠品。

5. 在购买指定商品之外，让消费者支付一定的费用来得到赠品，这种方法可以解决赠品成本较高的问题，使可供选择的赠品范围更广、更具吸引力。

免费试用促销文案

写作要点

免费试用是通过将产品(或试用装)免费赠送给消费者,供其试用或品尝的一种促销方法。由于这种方法无须消费者付出任何代价,因此是诱使消费者尝试进而产生购买行为的有力武器。

免费试用促销一般可以分为两种:①直接派送试用装。派送方法可以临街发送、上门派送、派送给来消费的顾客。②凭优惠券享受免费服务或派发赠品。这主要是指先在广告媒体中派发活动信息,并说明凭此广告或广告所附优惠券到指定地点享受免费服务或免费领取样品。

参考范文

××化妆品试用活动文案[①]

××专柜正在进行专业肌肤类型测试的大型试用活动！只要在××××年7月15日~8月10日去药店专柜进行皮肤类型测试,就会得到专业护肤产品(针对不同类型皮肤派发)。

感兴趣的可以先做下面的题目测自己的皮肤类型:

1. 你的皮肤感觉到紧绷吗?

A. 不是,很少有　B. 是的,有时候　C. 是的,经常并且比较剧烈

2. 你的皮肤有瑕疵吗?(黑头、小痘痘、毛孔粗大)

A. 经常　B. 有时候　C. 从来没有

3. 你的皮肤冒油光吗?

A. 整个脸颊　B. 只会在T区有(前额、鼻头、下巴)　C. 从来没有

---

① 薇姿大型试用促销活动[EB/OL]. http://www.dianping.com,2008-07-18.

选 A,10 分;选 B,5 分;选 C,0 分。

干性皮肤(0 ~ 10 分)

定义:干性皮肤是因为皮肤表面的水脂膜被损坏,导致保护皮肤的重要屏障角质层受伤。

皮肤特征:粗糙,有皮屑,并可能伴随发红、不适和紧绷感。

解决方案:为了缓解此类问题,你需要避免过度依赖空调或取暖设备,以帮助皮肤重塑表面水脂膜。

中性皮肤(15 分)

定义:水分和油脂分泌都比较适中,是较为理想的皮肤状态。

特征:这种皮肤看上去比较细腻、光洁,毛孔不太明显。不同的季节会有所不同,夏天偏油,冬天偏干。

护理方案:为了避免老化,需要更多补水保湿护理。

混合型皮肤(20 分)

定义:混合型皮肤的 T 区(鼻子、前额和下巴)比较油,而两颊区域比较干。

皮肤特征:T 区容易泛油光,出现黑头等瑕疵,两颊皮肤却略显粗糙容易产生不适感。

解决方案:为了缓解此类问题,你需要为两颊补充水分,同时调节 T 区的过度油脂分泌。

油性皮肤(25 ~ 40 分)

定义:油性皮肤油脂分泌过度,角质蛋白过度角化容易引起毛孔堵塞,加上细菌滋生,就容易出现小痘痘、小红点等现象。

皮肤特征:面部泛油光,毛孔粗大,以及容易出现黑头等现象,皮肤角质层也显得比较厚。

解决方案:为了避免皮肤出现此类问题,你需要选择正确的护肤产品以帮助肌肤解决面部油光、毛孔粗大、小痘痘等问题,同时需要抑制此类皮肤问题的反复出现。

注意要点

一、免费试用促销的优势

1. 免费试用是让消费者接触新产品的一种好方法，新产品进入市场首先要解决的问题就是打消消费者的顾虑，而最有效的方法莫过于让他们直接接触到产品，通过试用使消费者对该产品产生直接的感性认识，进而对产品或企业产生好感和信任，使其转化成为产品的潜在消费者。派送的目的往往在于缩短消费者接触产品的时间，因为对消费者而言无须付出代价，而在短期内就可以对产品的功效有所体验，打消心理上存在的种种疑虑。当年广州宝洁进入北京市场时，向工矿企业派赠了10万份洗发水的样品，很快就打开了北京市场。

2. 由于直接送达消费者手中，不仅使其产生意外收获感，而且使产品得到极高的关注率。如果免费品同时附有产品的广告宣传，也会得到较高的阅读率。如果产品的确不错，这类尝试性消费者就会进行重复消费，甚至成为品牌的忠诚消费者。

3. 直接入户发送免费品还具有针对性强的优点。通过研究目标消费群的特性，选择合适的受赠对象的派发范围，能有效地进行直接的沟通和提高样品的使用率。

二、免费试用促销的局限性

1. 免费试用促销对产品品质的要求很高，因为产品一开始就和消费者接触，如果没有优异的品质和独特之处，只会对品牌本身造成损害；但是如果高品质一旦被消费者认可，就能迅速打开市场。

2. 派送的费用较高，实力较弱的品牌采取的往往是针对细分目标群体进行的小众派送，而不是大范围的大众派送。但采用小范围的小众派送，效果会受到影响。

3. 样品派送的管理难度较大。较难保证免费赠品完全送达到消费者手中，作为活动的组织者，很难对分散性很大的派送活动结果一一加以证实，这使活动的成本与效果无法估量。

4. 并非所有的商品都适用免费试用方式。免费试用仅适用于消费频率较高、消费周期短的消费品，如洗发水、护肤品、小食品等。而对于同质性很强的产品来说，通过免费试用（品尝）根本没法与竞争产品加以区别，对产品的销售促进就不大。

有奖竞赛促销文案

写作要点

有奖竞赛是企业通过设计一些与企业、产品有关的问题，让消费者参与回答的一种活动方式。如请消费者为产品配一副对联、写一句广告语或竞猜球赛的冠军等，然后评出优胜者获得奖励。有奖竞赛活动可以分为以下几种方式。

1. 知识型竞赛。如行业知识竞赛、产品知识竞赛、品牌知识竞赛和企业信息知识竞赛等。这种竞赛类型旨在培养消费者对行业、品牌、产品以及企业的认知，具体方式有试卷型判断、填空或问答，市场调查内容，补充句子，找不同之处等。

2. 思维型竞赛。参与者如果参与此类竞赛活动，需要充分调动思维的灵活性、创意性，运用自己的智力资本赢得奖品或礼物。如征文比赛、广告语征集、消费感受征集、点子大赛、创意大比拼，等等。

3. 技能型竞赛。这是通过一些专业人士所具备的技能而举办的竞赛活动。这类活动一般都会有场面，通过场面吸引观众、引导消费。如调料产品举办口味品鉴竞赛；洗衣粉可以搞洗衣服比赛，比谁洗得干净；啤酒可以搞喝啤酒大赛；歌舞厅可以搞卡拉 OK 大赛，等等。

4. 游戏型竞赛。如果制造各种各样的游戏活动来带动人潮，使消费者除了购物外，还能获得极大的乐趣与满足；把促销的内容有机地融入游戏活动本身，就能在不知不觉中达到促进销售、渗透品牌意识的目的。

参考范文

小朋友们一起来，打扮我们的“××学童奶”①

如果是15岁以下的小朋友，就请一起来打扮我们的“××学童奶”，放假在家，喝一口“学童奶”，望一望窗外，充分发挥你的想象力，创造一片童年的自由天空，画出一幅你自己喜欢的图景。开学后，就把你的大作交给老师……我们将请专家组评出自由想象创作比赛的各类奖项。

活动分设优胜奖3名，得奖者可参加“坐飞机，游内蒙古呼伦贝尔草原”的旅游活动，获奖作品奖印上“学童奶”产品包装。入围奖100名，可参加暑假××健康夏令营活动，作品可参加全市性专场展出。活动另设幸运抽奖3名，参加呼伦贝尔草原旅游活动，获奖小朋友的班主任老师也可一同参加旅游活动。另抽取1000名获精美小礼品一份，凡投稿者均有机会获奖。

注意要点

一、有奖竞赛的优点

有奖竞赛能帮助企业建立或强化品牌形象，并兼有建立品牌知名度和忠诚度的作用。例如，消费者在为企业撰写广告语或为产品设计产品标志时，也就把品牌深深地记在心里。竞赛活动与抽奖活动有许多共同之处，它们最大的吸引力均在于诱人的奖品。但是有特殊用途或性能的产品，通过竞赛活动更有助于让消费者充分了解产品及其优点。

二、有奖竞赛的缺点

由于竞赛活动需要参与者具备一定的智力与知识才能参加，而且需要付出一定的精力和时间，因而活动参与的人数会受到限制，有奖竞赛活动的参加率往往比较低，如果竞赛题复杂、枯燥，更难引起人们的关注。主题设计缺少创意，也同样很难引起消费者的兴趣。

---

① 光明学童奶有奖竞赛[EB/OL]. http://sd - taishan. gov. cn,2010 - 09 - 03.

环节九

主题活动文案

环节九

NO. 9 主题活动文案

奠基仪式策划文案

写作要点

奠基仪式是各类庆典仪式的形式之一，通常是指一些重要的建筑物，在动工修建之初，所正式举行的庆贺性活动。奠基仪式的策划文案要包括时间、地点、主办单位与承办单位、活动的目的原则、现场布置和仪式流程等，最后还要列出预算。

参考范文

××国际大酒店奠基仪式策划文案①

一、时间与地点

××××年×月×日（星期×）上午11:00，××地点

二、主办单位与承办单位（略）

三、活动主题、宗旨及原则

① 顾克．邹城龙都国际大酒店有限公司奠基仪式策划方案［EB/OL］．http://www.canyin168.com，2007－01－09.

1. 突现招商引资、中外合资丰硕成果。

2. 烘托××国际大酒店筹建喜庆、热烈的氛围。

3. 提高××国际大酒店有限公司社会知名度。

4. 展示××国际大酒店有限公司实力。

5. 整个活动原则要求内容大气、气氛热烈、场面恢宏、费用节俭、鼓舞人心、反响强烈。

四、现场布置

1. 奠基现场设置彩虹门一个,上面写有“热烈庆祝××国际大酒店有限公司奠基”字样。

2. 搭设50平方米的主席台,主席台后侧设8米×3.88米的背景板,上方两侧绘制“二龙戏珠”图样,寓示龙的传人。中上方悬挂“××国际大酒店有限公司奠基仪式”横幅会标,中下方写主办单位。主席台前两侧对称设置宫灯立柱两支;主席台前侧摆放7~10人桌椅及座席牌;主席台前方两侧站有靓丽、标志统一、盘头化妆的礼仪小姐10名;主席台两角放置音响设备;主席台前放置18盆(大盆)鲜花;主席台及彩虹门下铺大红地毯。

3. 主席台两侧,搭建各18米长三层楼高祝贺条幅悬挂钢架。

4. 主席台前方,对称排列世纪礼炮18门,震天雷6门。

5. 主席台前右侧军乐队,左侧腰鼓队奏乐迎宾,激情演绎。

6. 彩虹门前龙灯队伍一支,舞狮两对或高跷若干演出。

7. 奠基现场,挖造直径18米奠基坑,中间放置高1.6米、宽1.0米、厚0.26米奠基石,上覆盖彩红布,周围放置10张彩锹。

8. 8~10人剪彩带,金剪银盘一套。

9. 庆典气球6个,贵宾胸花若干。

10. 祝贺条幅提前制作若干,纪念品若干。

五、仪式流程

1. 活动前三天召开筹备工作会议,做好人员分工、下请柬,责任到人,分工合作,抓好落实。

2. 活动头天下午,主席台、彩虹门、背景板、宫灯、立柱、电器设备、奠基坑布置完毕;祝贺条幅悬挂完毕,同时办理广告宣传审批手续。

3. 活动当天上午九时前,奠基石、大盆鲜花及彩锹到位。

4. 活动当天上午八时,音响、军乐队、腰鼓队、龙灯、舞狮、高跷队、礼仪小姐、礼炮及地毯剪彩用品安排完毕。

5. 当天早八时，会务资料、领导座席牌、贵宾胸花、签到处等一应准备完毕。

6. 上午十时三十分，仪式总指挥组织与会人员入场。

7. 上午十时五十分，主持人邀请由礼仪小姐引导领导入席，贵宾同时到位。

8. 上午十一时零八分，主持人宣布仪式开始。

(1)介绍主席台领导。

(2)宣读祝贺单位名单。

(3)宣布仪式正式开始，鸣炮奏乐。

(4)×领导致辞。

(5)××大酒店公司董事长讲话。

(6)施工单位领导发言。

(7)×领导讲话。

(8)剪彩、奠基由礼仪小姐引领领导为××国际大酒店奠基仪式剪彩及奠基培土，鸣炮奏乐、释放庆典礼炮，仪式气氛达到高潮。

(9)奠基仪式结束，领导及嘉宾到××联欢。

六、费用概算(略)

注意要点

对于奠基仪式现场的选择与布置，有一些独特的规矩。奠基仪式举行的地点，一般应选择在动工修筑建筑物的施工现场。而奠基的具体地点，则按常规均应选择在建筑物正门的右侧。

一般情况下，用以奠基的奠基石应为一块完整无损、外观精美的长方形石料。在奠基石上，通常文字应当竖写。在其右上方，应刻有建筑物的正式名称。在其正中央，应刻有“奠基”两个大字。在其左下方，则应刻有奠基单位的全称以及举行奠基仪式的具体年月日。奠基石上的字体，大都讲究以楷体字刻写，并且最好是白底金字或黑字。

开业庆典策划书

写作要点

开业庆典策划书主要内容包括开业庆典目的、介绍、主题、创意、分阶段、活动内容、细则、流程和注意事项等。其中，开业庆典的活动内容具体包括人员安排、活动项目、现场布置、场外宣传、媒介宣传、户外宣传等，还要做好具体的预算。最终的目标是提高企业或项目的知名度，增强其在社会上的影响力，为企业做好宣传，以更好地实现赢利。

参考范文

××灯饰大卖场开业庆典策划书①

一、活动目的

××灯饰将于××××年8月8日上午8时举行一场“拥有××灯饰，体验××生活”的大型开业庆典活动。值此开业庆典时期，进行一次较大规模的宣传活动，通过这次的宣传活动力求在全市人民的心中树立其特有的卖场形象。活动应突出××灯饰的卖场大的优势，让顾客了解到因为卖场大，所以基本聚集了各种类型的灯具，只用去一家就可以满足自己的需求，省时、省力是顾客的最大愿望。此外，还要让市民知道，××灯饰不但品种齐全，而且价格公道，绝对是选购灯具的好去处；同时还应突出“以用户为主角，真正让用户受益”的宗旨，这也是卖场要在市民心目中形成的最高定位，要让市民知道，用了××灯具，就一定会让他们省心、放心，这也是顾客最高的要求。

二、活动的内容及细节

共同关注我们的××灯饰，同时，向各大媒体提供资讯，扩大广告效应。

① 金典灯饰开业庆典仪式与实行方案[EB/OL]. http://www.koduo. com ,2009 - 07 - 19.

（一）活动现场布置

举行××开业庆典活动舞台布置、音响、演艺节目、广告条幅、拱形门、POP宣传海报、宣传单、现场安全部、工程部、后勤部等相关负责人碰头会，做好具体工作安排和上交工作计划，提供相关名单（与会领导、嘉宾、记者、业主）节目单等，实行分层到位，责任到人。

各媒体、建材联盟商、相关部门的汇报工作情况，并落实各自的工作。各项工作基本包括以下内容。

A. 拱门、条幅、舞台布置、礼品及礼品台的布置、站位、安全通道指示牌、停车位的划台（××灯饰工程部需派出工队现场施工协调。另务必协调大厦保安部在晚上10:00后完成场地占道物品、汽车）等清场，此工作协调由××工程部、公关部专人协调。

B. 宣传海报、印刷品设计和印刷工作务必在×月×日完成。

C. 主持人的联系，音响调试，节目的排练，电源电器的调试。

D. 开幕式致辞的审核批准，由××总进行审核（在×月×日前交付××总）。

E. 嘉宾致辞稿的准备。

F. 嘉宾休闲区的落实工作。

G. 迎宾小姐、乐队、人体DM的培训及宣传工作。

（二）活动外场宣传准备

大幅海报指定××灯饰专人在各在建小区门口张贴（海报印刷事宜专人联络暂未定）。

宣传单页由及宣传员在×月×日和×日在人群密集区进行散发（人体广告宣传员请兼职大学生，要求形象好、气质佳）。

通过市内××广告在当期（×月×日发行）进行宣传，××晚报在×日×日进行广告和报道交叉进行宣传。联络工作由××负责，也同时设计稿件。

（三）媒介宣传策略

通过媒体强势宣传，造就强大的广告优势，让各界人士和老百姓了解本次××开业庆典活动并积极参与到本次活动中来，树立××灯饰的市场知名度和百姓亲和度，打造空前的盛况，成为市民关注的热点和新的亮点，让××走进千家万户，贴近百姓生活，达到广告空前宣传的效应。

（四）户外广告宣传

通过户外广告宣传树立品牌的形象，营造市场的影响力，增加消费者对××的品牌认知，提高消费者的购买欲望，以此来促进市场的销售。

（五）活动的具体细则

××××年8月8日上午8时，庆典活动开幕（可放鞭炮凝聚观众群）。

在主持人的报幕声中，××灯饰负责人为开业庆典剪彩致辞，并将征联结果揭晓，现场颁奖（奖品由商家决定）。

限时脑筋急转弯、答疑竞猜开始可设10～20个奖项。参赛人为现场观众，人额不限，奖完为止。

设“××灯谜奖”5～10个，最后提供谜底。有关“××灯饰的灯谜”可参考中国式的传统灯谜。主要目的是有别于一般性质的庆典露演。让我们的观众群对此次的庆典活动过目难忘，从而记住××灯饰，达到见微知著的广告效应。具体灯谜待定。

设几个有一定难度的体育小项目，如“过独木桥、吹气球”等。

颁奖完毕，发放有关“××灯饰”在开业让利大酬宾的促销宣传单，根据客户心理，制订如下开业期间让利促销方案：（8月1日～9月15日，现役军人、退伍军人、军属、教师、退休教师、在校学生可享受以下优惠）。

凡于开业之日起，第一周内购买××灯饰的可享受5折的优惠。

第二周内购买××灯饰的客户可享受6折的优惠。

第三周内购买××灯饰的客户可享受7折的优惠。

第四周内购买××灯饰的客户可享受8折的优惠。

第五周内购买××灯饰的客户可享受8.8折的优惠。

第六周内购买××灯饰的客户可享受9折的优惠。

××灯饰大卖场××××年8月团购方案。

主要面对客户：××市市民。××公司职工。各行政企事业单位。

（六）促销预算

电视、报纸广告：8000元（8月8～28日，分期投放）。

宣传页：四个档期，双色单面 大16开105克进口铜版纸20000张（每档期5000张），共计3000元。

公司样本封套：四色印刷250克进口铜版纸覆亚光膜5000册，合计1800元。

展示牌：市场价格变动较大，另计1000元。

促销人员费用：3000元。

不可预计费用：10000元，因时事变动，另计。

注意要点

开业庆典策划要体现分阶段安排，包括前期准备（庆典前一个月）、中期准备（庆典前一星期）和庆典期间活动以及后期的宣传等。好的开业庆典要有好的创意，例如知名商业家、书法家为酒店庆典题字、在签字墙上签字、利用庆典做公益、请明星或团队表演歌舞等。

在人员安排时，大型庆典活动最好分组进行，例如总筹备组、道具准备组、人员安排组（负责活动人员安排、嘉宾邀请名单、活动参与人员、书法家歌手、相关人员礼仪的培训工作、宾客接待等）、公关组、宣传组、特殊情况处理组、保安组等。

此外，开业庆典中还要准备相应的配套文案，例如领导发言稿、宣传用的新闻软文、主持人的发言稿等，类似的文案细节都要做好配套和协调。特别是对于嘉宾的介绍，由于嘉宾能否准时到场往往要到开业庆典的那一刻才确定，所以要做好及时的更新，以防出现意外。

文化主题活动文案

写作要点

公关活动越来越受到企业的青睐，这种直接吸引客户到现场的活动，确实是一种增进客户对项目了解、抓住潜在客户的好办法。文化主题活动一般包括标题、文化主题背景、调查分析、目标、创意说明、媒介策略、活动计划等，如情况需要还要列出预算。

参考范文

某楼盘举办茶文化公关活动策划案①

一、活动目标

全面展示楼盘形象,利用现有设施硬软件进一步贴合,吸引目标客户群体;消除观望性客户在落单选择上的疑虑,并在行销推广中不断挖掘、增加目标客群,为二期销售冲刺储备富足的客源。

二、活动应用推广语

为你暖一壶茶,等你走遍天涯。

三、活动执行核心点

整合项目资源优势,以本次活动的主要载体“茶文化”以及所营造的怀恋生活基调为磁场,针对性吸引目标客户群来到现场,集中展示楼盘一期已呈现景观,辅以利好性优惠政策,达到营销目标,并为二期开盘造势。

四、活动企划方案

1. 活动建议主题:“茶中岁月,水样情怀——某楼盘中国茶文化现场展示会”。

2. 建议执行时间:×月×日。

3. 活动地点:项目现场。

4. 活动组织建议:主办方为楼盘开发商,协办方为名茶、茶具经销商及茶艺表演社团。

5. 活动邀请人士:茶协领导、民间知名茶文化研究人士、知名茶艺表演社团、业主、准业主、意向客户及茶文化爱好者、相关媒体。

五、活动具体内容及实施流程

(一)“茶话”

茶协领导发表讲话,为本次活动烘托专业氛围提供有力支撑,加强活动的隆重色彩。

开发商领导发表讲话,邀请知名茶文化研究者、茶艺表演社团逐一亮

① “边城水恋”中国茶文化公关活动[EB/OL]. http://www.4oa.com,2005-12-05.

相，并简洁致辞感谢本次活动的支持商家。旨在调动观众的怀恋情绪，渲染现场活动的热烈气氛，为本次活动的可观赏性埋下伏笔，高度吸引观众关注。

业主代表发表讲话，并宣布本次茶文化现场展示周末活动会正式开始。以居住者的角度进行陈述，真实再现居家环境，契合人们的居住理想对接项目本身，以达到推广的目的。

（二）“茶思”

由民间茶文化研究人士列举参与本次活动的名茶品种，细述其产品特点、历史渊源及相关知识点；同时安排观众进行选择性品鉴。极富民族气息的开场，为整个活动铺垫厚重的文化基调，自然聚焦观众注意力。

（三）“茶韵”

由茶艺社团进行别开生面的茶艺表演；并即兴邀请观众现场参与、传授、品鉴；参与观众可获赠名茶礼品。进一步提升观众对茶文化的兴趣，并调动其参与性、积极性，自觉培养主人翁形象，形成对楼盘的亲切感。

（四）“茶景”

由置业顾问分发项目资料，进行详尽的产品说明，树立楼盘形象并介绍楼盘周边环境。着力渲染景观特色和私家花园带给居住者的生活氛围，与本次活动主题有机结合，将观众的注意力自然转移到项目本身上来，以形成对楼盘更直接和深刻的印象。

（五）“茶具”

由置业顾问组织观众观赏“茶具”；随后参观项目内部景观及样板间，并在私家花园内进行现场抽奖，所产生的幸运观众将获赠茶具礼品。以茶具观赏为牵引，全景展示项目细节，加深楼盘在受众心目中的美好印象。

（六）“茶事”

宣布本次茶文化展示活动会圆满结束；组织观众在私家花园内品茗、休息；告知本次活动期间相关优惠政策；由置业顾问详细讲解，并接受下定、排号等事宜。活动终端回到营销事项，延续茶文化活动留下的影响力，展开销售工作，促成更多签单，以达到本次活动的推广目的。

六、媒体资源整合应用

相关电视台、报纸、媒体新闻报道。

七、现场包装建议

大门、通道：渲染气氛的现场布置（如气球、拱门、布幅），以及指示系统。

活动主场销售大厅：大幅主题活动背景板；与茶文化相关的易拉宝；临时表演用舞台及简单音响设备；古典味背景音乐等。

销售大厅门口：分类设置签到本和名片盒，分别作为业主和意向性客户签到之用。签到处均设小礼品派送。

销售大厅内：茶水、糕点设置大厅一角，旁附项目资料。

各个出口及活动的其他场所：均设主题活动易拉宝及楼盘发售信息。

注意要点

文化主题活动策划的关键是要有一个好的文化主题。在文化主题活动策划时，背后都会有特定的背景和需要，要对此进行分析，只有阐明了这一背景和需要，才能引出后面的具体策划内容（方案），也才能说明举办这一活动的迫切性和意义之所在。文化主题活动要突出重点，并确立公关目标。文化主题活动离不开创意，创意也是文化主题活动成败的关键。创意是公关人员根据调查结论、社会组织形象特性和公众需求所进行的一种创造性思维活动，它是整个文化主题活动策划中的画龙点睛之笔。一个富有创意性的文化主题策划，本身将极具独特性和个性，能吸引和感染公众，使公关传播收到良好的效果。

招商文案

写作要点

招商的目的是展示产品或服务的特性，吸引潜在客户，提高企业的经营业绩。在做招商文案之前，企业必须首先对自身有一个明确的定位，然后根据企业定位进行产品定位和品牌定位，提炼广告主题。在完成定位后，要准确列出本产品或服务的优势所在，制定具体的招商措施，以吸引目标客户，达成商业合作。

参考范文

某小商品市场招商文案①

一、招商定位

结合实际，在××建设较大规模的小商品市场。为此，该小商品市场要具备四个条件：①要有自己的特色，特别是商品种类上要有齐全的产品；②要形成前摊后厂的一条龙经营系统，具备产业支撑力；③要有一支为市场服务的成熟的运销队伍；④市场建设既要有长远规划，使之在场地方面有发展余地，又不能一下子建设过大，以致客商进场有空空荡荡之感。纵观全国的小商品市场发展现状，建议将招商方向侧重于以浙江义乌为代表的浙商。主要原因是浙商起步较早，大都积累了雄厚的实力，具有资金、品牌、渠道、经商技术等方面的无可比拟的优势。如果由他们来投资建设并经营管理小商品市场，将为市场的启动、繁荣和长远发展提供良好的条件。

二、市场选址

综合交通、区位和长远发展等因素，建议小商品市场选址在新城，具体地址为××以北400余亩土地。主要原因：①交通运输优势。京福高速纵贯新城，老京沪铁路车站距离新城2公里，即将开工的京沪铁路××站坐落于新城，新城南部的京杭大运河××港正在加紧建设，辐射××区域的公路客运站即将在新城开工建设，新城客货运输具有十分独特的便利条件。②人流优势。本区域的三站一港不仅带动域内人口流动，还带动了周边临沂市、济宁市的客源流动。新城依托已有24万城镇人口的新城区和高新区，也为市场开创初期打下较好的消费人群基础。③潜力优势。新城是市委、市政府所在地，是全市的政治经济中心，其市场发展潜力和影响力不可低估。在该地块南半部是我市重点项目新城锦绣大地数字化物流中心，主要经营农副产品，且项目已落地，即将开工建设，这都对增加小商品市场的客流具有较大的促进作用。④软硬件优势。目前市委、市政府为促进新城加快建设出台了较多优惠政策，这也是其他区域不可比拟的。新城城市规划和高新

① 枣庄小商品市场招商策划方案[EB/OL]. http://www.51099.com,2010-08-18.

区已经具备的金融服务、生活设施和文化教育配套也为市场建设发展奠定了良好基础。⑤符合城市规划。该地块用地规划正是市场规划，项目落地不存在变更土地用途的问题。

三、当地小商品市场现状

从当地的情况来看，小商品专业市场发展尚为空白市场，全市至今没有一家以小商品经营为主的专业市场，小商品无论是批发还是零售均呈现低水平分散经营的状况。包括周边城市在内的其他区（市）小商品经营比较分散，目前尚未形成规模市场。

综合分析当地的小商品经营，目前主要存在以下问题：①缺乏骨干专业市场；②摊位制为主、档次较低、设施简陋，交易方式简单、原始，交易行为不规范；③市场业户以个体户为主、企业和品牌产品参与少；④投资商资金能力有限，缺乏物业经营，只是临时租赁摊位，赢利能力较差；⑤管理技术落后，管理人员素质普遍较低。

四、发展专业小商品市场的优势

（一）交通优势

××市处在北京与上海交通枢纽的中轴线上，境内交通四通八达，北上南下、西进东出十分便捷。道路交通方面，京沪铁路、京福高速公路、104国道、206国道穿境而过，即将兴建的京沪高速铁路建成后，从××到上海、北京都在2个半小时左右即可到达。空港方面，300公里半径之内有济南、徐州、连云港、济宁、临沂5个机场，其中新城距徐州观音机场仅1小时车程，距济南机场3小时车程。海港方面，与青岛港、日照港和连云港等相距200多公里，且有高速公路相连，行车两个多小时就可到达。闻名中外的京杭大运河在××市航道全程93.9公里，主航道80公里，可常年通航1000吨级船舶，与经济发达的苏、浙、沪等省市相通，是一条水上运输的黄金通道。××市港航运输方兴未艾，是京杭大运河南北航运的枢纽。通过多年开发建设，目前××市以“四港四区”为龙头的沿运经济带已具雏形，与公路、铁路运输相比，水运运费低廉的优势尤为突出。发挥这一优势，对加速发展现代物流业和小商品市场，并以此为突破口和着力点，带动市场业形成长链条、大配套、大集散的潜力巨大，注意引进人才、技术、资金的综合优势，我们要举办的一年一度的中国小商品博览会因此成为全国小商品展示的大舞台，市场也被称作“永不落幕的小商品博览会”。

（二）工业支撑优势

近年来，当地工业发展取得了令人瞩目的成绩，初步形成了以煤炭、建材、纺织、机械电子四大产业为支柱，同时拥有冶金、卷烟、化工、造纸、橡胶、食品、医药等门类较为齐全，基础比较牢固的工业体系，是华东地区重要的能源、建材基地。当前乃至今后一段时期，工业化仍然是全市现代化进程中的必然选择，而工业化的不断推进，正为全市服务业，特别是市场业带来持续不断的源泉和动力。

（三）城市化带动优势

现代市场业是城市繁荣发展的必然产物和集中体现，城市化加快推进对市场特别是小商品市场的发展至关重要。近年来，全市紧紧抓住省委、省政府规划建设城市群的机遇，坚持高起点规划、高水平经营、高标准建设、高效能管理，努力把××建设成为苏鲁豫皖交界的区域性中心城市。在新一轮城市总体规划中，明确以市中区（东城）与新城区（西城）为核心构筑××的中心城。新城建设于××××年5月正式启动。××××年6月，市级行政中心顺利西移后，城市基础建设日益加快，服务功能日趋完善，城市化率不断提高，为现代批发市场加快发展奠定了基础。

（四）资源基础优势

全市农林特产十分丰富，年鲜果总产量为21.83万吨，肉22.66万吨，蛋10.88万吨，水产品4.24万吨，以煤炭、石膏、铁矿石为主的矿产资源储量较大。全市总人口为367万人，其中城镇人口113万人，农村人口254万人。××市地处淮海经济区腹地，四通八达的交通优势可使商品辐射淮海经济区22市1.35亿人口，市场潜力巨大。

（五）市场空间优势

就淮海经济区来讲，虽然徐州有宣武批发市场，临沂有专业小商品批发市场，但由于该经济区市场空间较大，这两个市场远远不能满足市场需求，而且现有市场经营品类不够齐全，经营管理水平较低，商品价格偏高的问题普遍存在，也为××小商品市场发展留出了较大的空间。从××的实际情况来看，虽然在老城区有兼营小商品的新昌批发市场、振兴批发市场、鲁南商城及振北批发市场等市场，但绝大部分都是以零售为主，布点分散，交易额低，缺乏市场竞争力，至今也没有一个以批发业务为主，大吞大吐大辐射的小商品批发市场。因此，域内市场的潜力也很大。为此，建议政府规划一个品牌叫得响的大型小商品批发市场。

（六）政策环境优势

近年来，市委、市政府立足实际，大力招商引资，出台了一系列优惠和扶持政策，如对投资建设规模占地20万平方米以上的旧城改造项目、新城区市场开发项目，由市政府专题研究确定优惠政策。对外来投资者投资办企业，从项日洽谈、立项审批、项目建设企业生产经营全过程，实行一条龙服务和特别保护制度等。特别是近几年来，市委、市政府确立了加快发展服务业的工作方针，设立了服务业发展引导资金，逐步加大对服务业重点项目的资金扶持力度，这些日益改善的软硬环境将吸引更多的商业企业来投资。

五、主要贸易区和商品种类规划

××小商品市场群由3个专业市场和10多条贸易街区组成。其中，主要商品大类有以下内容。

器材类：钟表、电子、家用电器、照相器材。

工艺类：各类工艺品、饰品、玩具、文具及办公用品、体育用品。

日用类：日用百货、五金、皮具箱包、化妆品、雨具、塑料制品。

针织服装类：衬衫、时装、内衣、袜类、鞋帽。

食品类：各类食品、酒类及饮料。

六、招商措施

1. 把××小商品市场建成全国的小商品物流、信息流中心。拥有市场总面积10多万平方米，经营摊位1万个，市场经营人员2万余人，日均客商流量6万人次。市场要汇聚28大类10万余种商品，日货物吞吐量1000多吨。××小商品市场要建立自己的市场信息网络，并与全国的小商品信息市场联网。

2. 把××小商品市场建成江北最齐全的小商品展示中心。××小商品市场的知名度、外向度要逐年提高，市场商品质量、档次不断提升，市场经营手段和交易方式不断创新，向外推介力度明显加大，小商品出口势头强劲，已成为我国最大的小商品出口基地。计划引进国内外500余家知名企业在此设立总经销、总代理或办事处，每天在××小商品批发市场能看到外商的采购团队。

3. 提高项目规划水平，拓宽推介渠道。积极做好小商品市场前期准备工作，编制项目建议书和可行性研究报告。充分利用各种会展、中介机构和现代化传媒等方式，运用好以商招商、小分队招商等措施，特别注重发挥××浙江商会的作用，确定重点目标客商、重点目标企业和重点区域开展重点攻关。

4. 积极引导投资方拓展特色经营。经营特色决定市场发展水平，在招商洽谈中要积极选择和引导投资方建特色市场，开展错位经营，在经营商品选择中要增加文化内涵丰富，民族风情独特，地方特色浓郁，设计制作精美，科技含量高，实用性强的小商品。要特别注重选择重点区域规模大、管理好的特色批发市场来投资，带动市场高起点、高标准起步。

5. 搞好政府引导，走股份制办市场之路。改革开放以来多年的实践证明，机制活则市场兴。在小商品市场招商中政府的扶持政策力度要大一点，既要有吸引客商来投资兴商的政策，也要有占领淮海经济区市场的政策，还要有战胜徐州和临沂市场、实现市场中心转移的政策。不仅要最大限度地给予各项优惠政策加以扶持，更要慎重选商，能够采取市场化手段解决的尽量采取市场化手段解决，积极走股份制办市场之路。

6. 建立招商签约后的跟踪服务机制。在我市投资建设小商品专业市场虽然具有较大的发展潜力，但由于小商品本小利薄的特点，短期收回投资难度较大，因此市政府应把小商品市场建设纳入重点招商项目，给予重点支持。各有关部门要按照“一套方案、一套班子、一抓到底”的工作要求，明确主管部门和配合部门责任，为项目提供一切服务，对投资商经营决策不干预、不限制、不设卡，切实把投资商的事情当成自己的事来办，把投资商的成功当成自己的成功。

7. 出售出租等优惠政策。实行对租赁经营者赠送一年的房租、经营第一年的市场管理费、税金、工商行政管理费（由市场代缴）；具有“中国驰名商标”“中国名牌产品”等品牌的经营单位，赠送两年的市场管理费、税金、工商行政管理费（由市场代缴）；可办理银行按揭贷款，首付仅需40%；商住房购买者可享受市场多项优惠政策，确保保值、增值。

注意要点

招商文案的撰写要注意以下几点。

1. 要准确表达招商的主题,要让目标受众产生信任感,不能虚张声势,要力戒浮夸,更不能有违法律、道德和良心,避免让消费者产生忽悠人、骗人的感觉。

2. 招商标题要先吸引人的关注。招商的主题设计要简洁,富有创意,准确传达产品可靠的卖点与客户能够轻松、安全赚钱的理由和保证,以吸引读者的目光。

3. 招商文案最好还要辅以图文并茂的设计。有人说现在已经是“读图时代”,尽管这种说法不一定准确,但是图形具有文字无法替代的魅力,这一点是毋庸置疑的。“图文并茂”的“图”首先必须有助于吸引读者眼球和展示企业实力,同时还要与广告文案紧密相关,不能偏离广告文案的表达主题,也不能偏离产品的主题。

4. 招商文案还要注意细节,要避免逻辑失误,更不要出现错别字。一些小失误虽然不算“大”,但却足以降低目标受众对企业的信心。为了提高招商效果,还要确定合理的媒介组合,根据实际需要和目标受众的认知原理做好广告排期。有效招商文案要弄清为何要做招商,明确招商做给谁看,要成功表达主题,确定媒体组合及排期,在招商广告投放之后,企业应该认真监控招商广告的投放效果,如果效果不佳,则需要寻找原因,及时调整广告策略以减少损失。鉴于广告效果整体在走“下坡路”,建议企业应该努力通过有效的公关事件进行招商,以取得更好的效果。

演出活动策划书

写作要点

演出活动策划书的内容主要包括活动主题、时间、地点、目标人群、流程表、宣传方式、节目安排等。

参考范文

演出活动范文[①]

为了营造“五一”佳节的喜庆气氛，给社区居民一个相互交流沟通的平台，进一步拉近社区居民邻里间的距离，推动社区和谐发展，共度欢乐迎“五一”国际劳动节，拟订于×××年4月22日，由YY公司与社区人民共同打造一台迎“五一”文艺演出。

具体实施方案如下。

一、整体情况

1. 文艺演出主题名称：迎“五一”文艺演出。

2. 演出目标：丰富居民的业余文化生活、营造“五一”劳动节的喜庆气氛、增强社区凝聚力、构建和谐社区、展现社区和YY公司的风采。

3. 时　间：××××年4月22日17:00~19:00。

4. 地　点：××。

5. 节目主持：××。

6. 主办单位：××。

7. 协办单位：YY公司。

8. 演出人员：××。

9. 观众：社区居民群众。

10. 演出筹备工作管理方式：阶段式管理和项目式管理相结合。

11. 演出人员及后勤工作人员共计：××人。

二、工作人员和项目组

工作筹备小组组长：负责指导监督整场演出前后的各项工作。

副组长：协助组长进行管理协调。

小组成员：具体实施各项分类工作。

1. 节目协调小组。

任务：与主持人和演出人员的协调与沟通；节目的核定及演出全流程的衔接监督。

① 安辰培训中心．五一文艺表演活动策划书[EB/OL]. http://www.gerenjianli.com,2008-03-11.

2. 治安管理小组。

组长:(社区民警)

组员:××

任务:演出前后秩序的维护,具体负责整场演出前后的治安管理工作;演出期间会场纪律的维持。

3. 后勤服务组。

任务:演出前后凳子的借还;演出前的接待工作;演出期间会场后勤保障。

4. 机动小组。

任务:监督并确保拱门搭建及时与质量;音响、功放及话筒等设施的摆放和整理;演出中突发情况的紧急预案及处理。

5. 宣传小组。

任务:利用海报、横幅等方式开展宣传;现场摄影及DV摄像。

三、各阶段任务

(一)筹备阶段

1. 联系演出人员,进行沟通协调,确定演出具体事宜。

2. 确定工作人员配备及分工协作情况。

3. 落实演出所需的各种硬件设施,如舞台拱门的搭建,音响、功放、话筒等的租借。

4. 进行演出前的宣传工作。

5. 邀请相关领导(暂定)。

(二)进展及控制阶段

1. 现场控制及协调。

2. 后勤服务保障。

3. 整个演出过程的治安管理。

(三)演出结束后的整理阶段

1. 观众的疏导。

2. 器材设备的收纳及归还,桌椅搬运。

3. 垃圾清扫。

四、节目安排

本次演出由××公司和社区共同打造,节目形式多样、题材新颖、喜闻乐见,另制定节目清单。

注意要点

演出活动对于观众来说，最吸引他们的是演出节目单和参与体验环节是否好看有趣的内容。因此，有哪些艺员将出现、这些艺员简单的介绍、演出哪些节目、设置哪些环节、观众能得到什么等，在活动策划里要设计好亮点，让演出有足够的吸引力。此外，成功的演出活动离不开广告牌、海报、报纸软文广告等的辅助。

比赛活动策划

写作要点

比赛策划文案的内容包括以下要点：策划比赛的主题和宗旨；策划比赛的形式和评选工作；策划比赛的方式及奖励等；策划比赛的时间和地点；策划经费问题；关于策划预期的效果。

参考范文

网页制作大赛策划

一、参赛对象

相关人员。

二、比赛形式

以电子版形式在指定日期前发送作品到指定邮箱。

三、参赛作品要求

1. 作品主题：×××网页。

2. 作品内容要积极向上，真实实用，符合××特色。

3. 严禁抄袭他人作品。

4. 可以以个人或团体的形式参赛。
5. 设计前请参阅相关单位工作网页。
四、作品交稿时间及方式
1. 时间:××××年×月×日前。
2. 方式:将作品打包,写清作者姓名及联系方式发送到××邮箱。
五、奖励名额
一等奖1名,二等奖2名,三等奖3名,鼓励奖若干名。
获一等奖作品将作为×××网页。

×××单位

××××年×月×日

注意要点

比赛策划要重视可行性分析,对参加对象、活动流程、时间与地点、比赛方式、比赛规则、注意事项和资金预算等,要做重点说明。特别是比赛策划必须制定好比赛的规划,防止抄袭和冒名顶替现象,如果发现作弊,应当取消比赛资格,以保证比赛的公正、公平。

品牌策划文案

写作要点

品牌策划包括以下要点:确定品牌策划目标;进行竞争品牌分析;消费市场分析;具体方案,包括品牌营销主题、品牌个性、内涵、VI方案解释、针对消费群体、品牌的拓展、传播等。

参考范文

某休闲食品品牌策划文案①

一、策划目标

××食品目前的市场品牌认知度为零。为达到品牌树立的期望值，根据公司现有资源，生产线水平以及产品类别，将进行一系列企业品牌建立的推广计划。包括公司视觉识别系统、打造企业文化、重塑产品包装等。

二、竞争品牌分析

国内食品市场主要由两大块构成，分别为来自日本的品牌、中国台湾以及大陆传统老字号品牌。

1. 以“元祖”为代表的台湾地区糕点品牌，“马里奥”“罗莎”等。其产品特点是精致、时尚，中西糕点品种齐全，口感软且甜腻适中，与国际接轨的同时也与中国传统小吃有紧密结合，及时更新的产品让消费者随时保持新鲜感。

“元祖”除了门店销售以外还采用网络订购送货上门的方式。“元祖”的蛋糕，相对市场上同类产品价格更为昂贵，但因其高端的品牌效应、品牌包装的吸引，仍有不少年轻人、商务白领热衷购买。

2.“优の良品”来自日本，通过门店专卖销售，在广州、深圳、上海等地，非常受年轻人欢迎。其产品丰富多样，可以满足各类人群的需求。“优の良品”采用透明包装，其简约大方且实用、环保，这是日系产品的普遍特色。当然，日系休闲食品价格不低，但因为其产品档次高，包装凸显质感，品牌效应大，让人感觉物有所值。

3.“荣诚”“华美”“稻香村”“好利来”等国内传统老字号的优秀代表。其产品尊重中国传统饮食文化，是月饼市场的主流品牌。包装风格讲究正统、大气、喜庆。

“荣诚食品”旗下有荣诚月饼、老家潮汕、荣诚曲奇、至爱优品、麦加农场五大品牌。坚持“诚信立业，荣耀百年”的企业理念，近百年传承的文化精神

① “津之源”食品品牌策划方案[EB/OL]. http://www.guanli5.com,2008－10－22.

拥有不可动摇的地位。其产品包装以及企业VI都以传统的中国红、黄为主，寓意吉祥。

三、消费分析

休闲糕点类食品的消费可分为：随机性、节日性、礼品性及日常性。

1. 随着消费者的口味变化，随机性的消费品牌忠诚度不高，所产生的销售成绩很不稳定。老品牌容易被冷落，而新产品随着广告狂轰，产生的刺激难以持久。

2. 端午的粽子，中秋的月饼，对市民而言是不可缺少的食物。对市场而言，人人都想加入竞争分一杯羹。市场庞大的需求量，与知名品牌之间激烈的竞争，节日性消费是品牌脱颖而出、销售创造奇迹的最好时机。

3. 食品作为礼品时，一般采用更为精美的包装，价位与档次随之拔高。食品品牌的制高点，由核心高端产品构建。想要提升品牌，必须先占有礼品消费的市场。

4. 日常消费是食品品牌的重中之重。健康早餐，休闲零食，强调口味口感好，品种齐全，日常消费更容易形成品牌忠诚度，吸引固定消费群，既是品牌策略的着重点，也是销售的重头戏。

四、具体方案

无论将市场和品牌分析得多透彻，都需要结论来支撑整体。

（一）品牌文化

建议将公司产品名中的“之”字改为“の”。“の”在日语中的意思是“的”。中日文化交流起源于唐朝，当时，中日的友好往来和文化交流达到空前繁荣，日本社会正处在奴隶制瓦解、封建制确立和巩固的阶段，对唐朝的昌盛极为赞赏，因此向唐朝派遣的使者、留学生和学问僧数量很多。中国的食品工艺与政治教育、宗教艺术、语言文化一起传入日本，且深受日本民众喜爱。

中国食品的口碑渐渐在日本民间流传开来，进而在各种手工作坊得以发展，形成了以中国食品为基础的日系小吃。××食品公司的创始人早年前往日本游学时，听到不少日本友人提及中国的小吃时都赞不绝口，称中国为所有美食的发源地，深有感触。身为中国人，将中国传统美食发扬光大是义不容辞的责任！回国后，他便运用在日本时所学到的先进包装理念，搭配中国传统小吃工艺，创立了“××”食品公司。

年轻人对于传统食品并不热衷,因为他们更崇尚简单而明快的生活方式,并不喜欢传统食品浓墨重彩的包装,甚至认为这是一种资源的浪费。“××”品牌汲取中国千年传统食品工艺之精髓,采用日本最简约、时尚的精致包装。利用包装形象上的优势,吸引了年轻消费群的目光,同时也给中年消费群耳目一新的享受。为传统食品换上新装,成功打造了全新的食品概念。

罗马不是一天建成的,同样,企业文化也不可能一蹴而就。需要经过时间累积,伴随更新换代的市场需求而成长。

1. 根据市场需求,制订生产计划。建立完善的生产线,对各类产品进行质量把关,确保出厂之前的质检万无一失。

2. 考量市场环境,制订品牌计划。将产品分门别类,进行统一包装。进而深入公司的视觉识别系统,吸引消费者对公司的视觉联想。

随着产品入市,形成初步品牌认知。公司可以进一步制订公益宣传、健康食品宣传等方案,让消费者的认知从初步了解产品,到熟悉公司理念。

(二)视觉包装

参考国内竞争产品的包装。精美、精致无疑是档次的象征。但众所周知,日本是世界上最讲究包装的国家之一,但近年来,环保的概念深入人心,日本在商品包装方面也开始追求简单、绿色的新时尚。

1. 透明。透明让消费者更加信任食品的卫生安全,以透明为基础而延伸的包装设计,色彩更有质感。

2. 简约。这是一个提倡简约的时代,线条色彩的组合都应遵循于此。太多繁复层次反而让视觉容易产生疲劳,越简约,越有不简单的道理。

3. 实用。无论在包装的大小、方便,以及使用之后的剩余价值,都应该以“人性”为参考。

(三)推广策略

一个全新的休闲食品品牌进入市场,要让消费者知道它存在,对它有所了解,而后选择它。广告手段是其一,与卖场结合是其二。

1. 初入市场。建议选择站牌广告进行产品宣传。前期可结合品牌命名的故事与特色产品的具体信息进行广告设计。站牌广告亲近消费者,相对其他户外媒体广告而言,费用较低。

2. 卖场销售。传统的招贴、产品陈列、POP等手段之外,可考虑“垄断制”。例如“优乐美”奶茶上市时，与“新一佳”超市合作，全场只有这一种奶茶品牌，略有一些“强制”让消费者选择此产品的意味。只要产品本身没有引起消费者口味上的反感，这样的“垄断”反而让人感觉到品牌实力。经过初入市场的“预热期”之后，品牌已经在消费者心中形成最初步的印象。此时，推广应更加注重力度。

3. 形象塑造。“××”旗下各种价位和口味的产品分期在卖场陈列，站牌广告内容更新速度加快，让消费者感受到这个品牌在跟紧时代脚步。

4. 档次提升。健康食品、低糖食品、情侣食品、特色口味食品、有故事的食品等，可以在此时不断地刺激市场，让消费者形成对品牌更为熟悉的认知。

总之，无论是企业文化还是食品品牌，都需要从最基本的地方开始努力，以优质产品为依托，用专业的目光了解市场，选择最适合的时机、以最恰当的方式进入市场，吸引消费，必然能实现壮大品牌的远景。

注意要点

成功塑造一个品牌要注意以下几点。

1. 要把基础的工作做好，这是品牌策划的根本。例如，在策划时所提到的质量过硬、员工素质高等要与事实相符，不要过分夸大，并且企业的一些基础设施，如办公条件、生产设备、厂区环境等都需要必须随着品牌的成长而做相应的改善。

2. 一个品牌要在市场上立足，必须有其对应的市场空间，否则这个品牌根本无法生存。因此，在品牌策划时，必须要找准品牌定位和市场定位，让消费者有机会体验品牌，享用产品或者服务，并最终接纳品牌，忠诚于品牌。

3. 品牌策划要体现动态与变化，企业所处的生态环境在不停地变化，一个品牌自诞生之日起就面临诸多的风险。品牌要健康茁壮成长，企业就必须认清社会发展形势、企业所处行业的发展趋势、企业自身的发展态势和消费者兴趣变化之势“四势”，只有适应形势，并借势营销，品牌形象才能不断提升，赢得更大的市场空间。

企业识别系统（CI）策划文案

写作要点

CI即CIS，是Corporate Identity System的缩写，意即企业识别系统，也称企业识别战略。CI就是运用统一的视觉识别设计来传达企业特有的经营理念和活动，从而提升和突出同一化形象，使企业形成自己内在的、独特的个性，最终增强企业的整体竞争力。

一、企业理念识别

企业理念包含了基本要素，如企业的价值观、企业的经营方针等，应用要素部分则包括了企业的标语口号、企业歌曲以及企业座右铭等。

1. 企业使命。企业使命是构成企业理念识别的基本出发点，也是企业行动的原动力。企业使命是指企业依据什么样的使命在开展各种经营活动，是企业价值观的一种体现。企业的价值观也就是这家企业的宗旨，员工的共同信仰和信念。它规定着全体员工的共同的方向和行为准则，明确了企业的使命实际上也就明确了企业自身存在的意义。价值观能使员工对企业产生认同感，使企业更具有向心力和凝聚力。

2. 经营理念。也叫经营思想或经营战略，是指企业根据自身内部条件和外部环境来确定依据什么思想、观念开展经营活动。它实质上反映了企业经营者及员工的思想水平、整体素质以及价值观念。

3. 行为规范。经营战略主要涉及企业对外的经营姿态，行为规范则主要指企业员工的行为标准与规则，体现了企业对员工的要求。这些要求以规范化的准则、制度、规定等形式体现，如劳动纪律、工作守则、行为规范、操作要求、考勤制度、管理实施条例或细则等。

4. 企业理念的应用形式。标语、口号、企业歌曲、企业座右铭、条例、手册等。

标语、口号是将企业理念识别的核心内容提炼成箴言、警句，言简意赅地加以表达。

把企业的有关精神谱成企业的歌曲，歌曲以通俗易懂、朗朗上口的词句和优美流畅的旋律为载体，能达到感染人情绪的目的。

企业座右铭，在本质上还是企业信条、企业标语。准确地说，企业座右铭是企业领导人遵循的准则，它常常以横幅、条幅等书法形式陈列于企业内的显著之处或有关办公室内。

条例、手册，企业把企业理念确定的价值观念和行为准则列为若干条例，形成文件、规则，在企业内部公布，使之具有某种制度性的作用和效力。

总之，企业理念的事业范畴和表现形式不仅仅局限于这些，更重要的是，企业在导入CI的过程中要善于创造出符合企业实际、有个性特点的企业理念识别语汇，目的是使企业理念能够更好、更快地在企业内的职工和企业外的公众中传播。

二、行为识别

BIS是CI的动态识别形态，是对企业理念在行动上的贯彻。对内通过建立完善的组织、管理、教育培训以及福利制度、行为规范、工作环境等，来增强企业内部的凝聚力和向心力；对外通过市场营销、产品开发、公关、公益活动等来表达企业理念，从而取得大众和消费者的识别认同，树立企业的良好形象。

（一）企业内部活动识别

1. 关心员工，强化企业的凝聚力。企业通过对员工的关怀，能让员工感到生活、工作稳定和公司的温暖，因而拼命工作，从而增强了企业的凝聚力。

2. 公司内部宣传教育活动，教育培训可分为员工培训、经理培训，指导领导言谈举止，提高员工素质、行为规范。

（二）企业外部活动策划

其包括企业有关活动，如市场调查、新产品开发以及公关活动和企业的广告活动的策划。

三、视觉识别

CI的静态识别符号，是CI中项目最多、效果最直接的部分。在CI中，

MIS 作为理念精神，难以具体显示；BIS 侧重公司的行为过程，难以在短时间内达成共识；只有 VIS 能明确地、一目了然地传递公司的理念精神，将与其他企业的差异性充分表达出来。

（一）视觉形象识别系统（VIS）的内容

1. 基本部分：企业名称、品牌标志、标准字、标准色、辅助色、企业象征图形、吉祥物。

2. 应用部分：事务用品、广告媒体、交通运输、衣着设计、室内设计、建筑设计、包装设计及出版物。

（二）企业识别系统（CI）设计的原则

CI 设计的原则充分传达企业理念，同时遵循人性原则、民族性原则、员工参与原则、法律原则、艺术性原则以及个性原则。

参考范文

××企业识别系统（CI）策划范文

一、企业理念识别（MI）

例如，松下电器公司制定“五条精神”，如产业报国、光明正大、和亲一致、奋斗向上、礼节谦让，后又添加了一条“感恩报德”，构成了松下企业理念识别的核心内容。

二、企业行为识别（BIS）

例如，小天鹅公司对维修人员的一系列行为要求，使“全心全意”的经营理念得到了很好的阐释：要求维修人员上门按门铃之后必须退后两步，拉开这个距离是为了给客户一个礼貌、轻松的感觉。紧接着进门换上自带的拖鞋，同时把换下的鞋装入塑料袋，然后再在修理处垫上塑料布才开始修理。修理完毕必须带走修理时产生的垃圾。这一规范化的可识别的行为，体现的正是“全心全意”这一企业经营理念。如果不是这些具体行动，它的美好理念就无从体现。

三、企业视觉识别（VIS）

一家企业的图形标记设计能够明确体现企业理念。浙江××服饰有限公司的图形标记“96”是其自律意识的充分体现。××为自己设定的经营之最高目标是100分,然而××给自己的现状评96分,××企业自省欲达到完美境界尚有四分需要永远追求:其一为名牌的最高境界;其二为品质的最高境界;其三为经营的永无止境;其四为服务的最高境界。××以此自勉并鼓励员工每天面对这96分自省不足。同时,图形标志结构还可视为“,”(逗号)和“‘”(单引号)的组合。这是××每一个阶段自省的写照,逗号象征××对过去的总结,在总结的基础上,××永远有新的内容令人关注。

注意要点

从CI上述的含义可以提炼出它由以下三个部分组成。

1. 企业理念识别是以企业经营理念和经营战略的统一化和定位,是CI的灵魂,也是CI的精神所在。它包含了企业使命、经营思想以及行为准则。

2. 企业行为识别系统是以企业经营理念为中心,透过企业行为(销售、生产、新产品开发、员工培训、教育等活动),达成企业内部共识并展现企业外在魅力,从而获得公众认同,最终达到塑造企业形象的目的。

3. 企业视觉识别系统属于静态识别符号,是CI最外在表现部分。人们接受外界信息有83%来自视觉,因此,视觉传达成为企业信息传达的最重要的手段。通过VIS能把企业的基本精神内涵与其他企业之间的差异性充分表现出来。

品牌推广策划

写作要点

品牌推广是指企业塑造自身及产品品牌形象,使广大消费者广泛认同的系列活动和过程。品牌推广有两个重要任务:一是树立良好的企业和产品形象,提高品牌知名度、美誉度和特色度;二是将带有品牌名称的产品推销出去。

在制订品牌推广策划的方案时，内容包括：①品牌推广策划要进行客户细分，针对不同的客户制定不同的品牌策略；②品牌推广策划要分阶段，品牌的不同时期可划分为导入期、成长期、全盛期和衰落期四个发展阶段，根据不同阶段制定品牌策略；③品牌推广还要设定具体的目标，并在目标指导下，制定出具体的品牌推广的策略。

参考范文

××茶行品牌市场推广文案①

一、市场及竞争概况

近年来，由于安徽茶叶在国外逐渐风靡，导致国内市场对安徽茶叶的需求也逐渐旺盛，诸多企业与商家不断进入茶市场，形成群雄逐鹿的局面。虽然就目前形势来说，市场尚处于上升趋势，诸企业依靠传统的价格、渠道竞争仍有生存的空间。但从长远来看，茶叶市场必将在三五年之内重新洗牌。可以预料，那些不具备足够的竞争实力、没有品牌意识的竞争者必将被清扫出局，能够存活下来的，将是一批具有品牌意识，并塑造出具有自身特色的强势品牌。

“立顿”“团宁”已经进驻中国市场，其规范化的市场运作、强烈的品牌意识、迎合消费者心理需求的营销模式，必将不断蚕食中国的茶叶市场，也将培养消费者茶叶消费的品牌意识，中国本土企业要参与竞争，必须跟上国际品牌的步伐。否则就将落到为国际品牌提供原材料的尴尬境地。

消费者对茶叶带有中国传统的情结，对本土品牌情有独钟。××茶行必须抓住这个机会，为安徽茶生产及市场营销提出新的行业标准，一方面营造良好的茶叶市场环境；另一方面在规范的市场环境中树立自身的领导者形象，同时真正打造出一个安徽茶的强势品牌，应对未来更激烈的品牌竞争。

二、消费概况及分析

从传统来看，在中国，茶叶往往与其他生活物品联系在一起，“柴米油盐

---

① 铜陵钱府茶行品牌市场推广方案[EB/OL]. http://www.b770.com,2008－10－22.

酱醋茶”，将茶列为国人一天生活之必需；逢年过节送礼必备“烟酒茶”，将茶视为维护关系、联络感情之物。而随着人们生活与需求的不断变化，人们对茶叶又增加了诸多新的认识与需求。总体来看，当下消费者对茶叶的消费需求主要有以下几方面。

（一）个人消费者

年龄、收入、工作性质、生活习惯、个人性格、居住城市等因素都会影响个人消费行为。茶作为一种饮料消费，按消费心理和消费目的大致可分为时尚消费、习惯消费、功能消费、家庭消费。

时尚消费的对象主要为城市青年，他们讲究情调、追赶时髦，受媒体广告影响最大，明星效应也不容忽视。雀巢咖啡在中国市场的成功并非因为“味道好极了”，因为在此之前，大多数国人并没有喝过咖啡，更无从谈起速溶咖啡与现煮咖啡的区别。雀巢的成功在很大程度上是缘于大陆青年对国外生活方式的向往，把喝咖啡当成一种时尚。要抓住未来消费者势力，就必须吸引年轻的消费者，在时尚消费上下功夫。

习惯消费的主要对象为爱茶一族，这些消费者有自己喜爱的茶叶品种或品牌，消费惯性强，较难改变。由于区域不同，对茶的品种选择也会不同，如北方人爱喝茉莉花茶、华南地区的爱喝乌龙或铁观音、华东地区的爱喝绿茶、内蒙古西藏等少数民族偏爱砖茶，等等。这类消费者大多选择当地产的名茶，对袋泡茶有误解，认为袋茶是用边角废料加工的。因此，这类消费者大多对袋茶不屑一顾。

功能消费的主要对象为女性或中老年人，如各种减肥茶、美容茶、保健茶等都是针对这种消费市场开发的产品。这类产品大多注重功能而忽略口味，一旦产品无法达到消费者的期望效果，就会被消费者遗弃。由于这类产品的广告宣传常常过分夸大使用效果。因此，在这种消费形式中，口碑宣传更胜过广告。

家庭消费指普通家庭的日常消费。俗话说，清早开门七件事——柴米油盐酱醋茶。由此可见，茶是家庭日常生活不可缺少的。家庭消费品的购买者主要是家庭主妇，而城市女性大多有逛商场的嗜好，因此大型商场的促销活动对其吸引力较大。

（二）旅游消费者

茶在中国长期以来被视为土特产，不同的地方盛产不同的茶。如西湖龙井、黄山毛峰、太平猴魁、岳西翠兰、洞庭春、桐城小花，等等。到杭州旅游的人不会忘了买地道的西湖龙井，到安徽旅游的人也会带上一些安徽茶。

游客的消费行为多为一次性消费，因此当地的不法商贩往往以次充好，获取暴利。在这些名茶故乡，产品信誉度较高的多为当地的国营茶场或土产公司下属企业的产品，其品牌在当地有一定知名度。由于这些企业规模较小且经营观念陈旧，无法做长远的品牌营销战略，主要采用口碑宣传和自然销售的模式，市场份额十分有限。

（三）礼品消费者

中国人传统的三大礼品是烟、酒、茶。在这三项礼品中，唯有茶是老少皆宜，且有益健康。因此，无论在传统佳节还是在各种公关活动中，高档名茶都是消费者的首选。这种消费特点是喝茶的人不买，买茶的人不喝。送礼者最忌讳的是花了钱却看不出来，得不到送礼对象的认可。因此，产品的外包装、知名度和销售场所是其主要的购买动机。

（四）团体消费者

团体消费是指以团体购买为主的消费形势。这种消费的特点是消费选择权集中在少数人手中，而直接使用产品的人大多没有选择的机会。团体消费又分宾馆酒店茶楼等公共消费场所的消费和办公室消费两种。宾馆酒店等的消费多由专职部门负责，其消费品种选择除品牌、价格、品质因素外，更存在人情和信任程度等因素。办公室消费一般由企业后勤人员负责，可否及时送货上门是很重要的因素。

（五）专业场所消费者

专业场所是指以品茶为主要目的的茶艺馆、茶楼、茶馆等。这些场所最能集中体现中国茶文化，是极品茶、高档茶的主要消费区域。但由于这些场所需要高利润来维持，其选购的茶多带有一些神秘性，不希望价格公开。因此，对市场价格统一的品牌茶具有一定的排斥性。作为中国茶消费的顶级层次，这个市场具有示范作用，也应引起足够的重视。

三、品牌战略及推广策略

通过对消费者的分析，我们可制定出相应的品牌战略。

（一）个人或家庭消费——多品牌策略

在现代市场，消费者对同一种产品具有不同的需求。尽管同一种产品能满足不同消费者的多种需求，但同一个品牌的产品不能尝试去满足所有的消费者;否则,消费者对品牌的印象就会造成模糊,难以树立品牌形象。因此面对消费者的不同需求,在××茶行的企业品牌之下,推出多个品牌,以迎合不同消费者的需求。

高端的商务及政府人士,具有较高的消费能力及文化需求,应有针对性地推出具有高品质的产品,并赋予浓郁的品牌文化内涵。制定高端价格,主要以各高级茶楼、礼品专柜作为推广渠道。

城市新兴白领阶层对中国的茶叶文化有自己独特性的理解,应有针对性地推出时尚型茶品牌,传播新型的消费及生活文化方式,可根据消费者不同的时尚需求推出不同的系列。品牌的设计与推广应注意加入时尚元素,赋予中国传统千年的茶叶以新鲜的活力,赢得年轻消费势力的芳心。由于年轻白领阶层通常为咖啡、零食、时尚饮料的消费者,因此,可在销售渠道及推广方式上多多借鉴,也可采用捆绑方式进行促销。

应对大众家庭消费,可推出大众健康型品牌,传播"××"牌茶叶的绿色保健功能。由于家庭消费品的购买者主要为家庭妇女,因此,应在销售终端积极采取生动化陈列、现场促销、折扣搭赠及小礼品赠送等推广方式。

(二)旅游消费——分众营销策略

通常旅游购买者都是外地消费者,影响其对当地土特产的购买因素主要有:以前形成的认识;当地熟人的推荐;公交站点及旅游景点附近的广告及卖点的影响;产品的包装是否体现当地文化。很多旅游的游客购买的土特产大多是赠送家乡的亲人、朋友,因此包装是否体现档次也是其考虑的因素。应针对游行购买者专门设计纪念装,结合外地游客对安徽文化的认识与理解,设计具有安徽特色文化内涵的各式纪念装,满足游客的购买需求。

在推广渠道上,应选取游客出入较多的站点、旅游景点做广告宣传,例如媒体投放、导游推荐、专卖店设置等,并在站点、旅游景点附近的销售终端进行集中铺货。在促销方式上可选择民族特色纪念品赠送、搭赠便宜装等形式吸引游客。

同时,还应保证茶叶的品质,因为作为旅游产品会更多地受到口碑效应的影响。

(三)礼品消费——高端形象策略

中国是非常注重礼品馈赠的国家,由于近年来对礼品馈赠有贬斥的现象,因此,人们在选择礼品时更多选择赠送具有健康、文化内涵的礼品。在

“烟酒茶”中，茶叶逐渐成了人们赠礼的首选。

由于礼品讲求档次、形象，消费者更多地讲究心理接受价位，而对实际的所值考虑不多。因此，如何制造高贵的形象是礼品营销的关键，抬高产品的形象重点在于制造“托”。从茶叶推广的角度来看，“托”有以下几个方面：品牌的形象或企业的实力，即品牌的背景、广告的形象；包装，包括产品的包装设计、包装的规格、包装的材质等；价格，指价格的高低；销售环境，包括售点的环境设计、售点的位置；人员推销，包括人员的服装、谈吐、气质等。

推广茶叶礼品装，应在包装档次及设计上下功夫，在渠道上选择专卖、专营、专柜等形式，营造优雅的销售环境，加强销售人员的挑选及专业推销技巧培训。同时，在礼品的品牌名称、广告设计、媒体选择上与大众品牌区分开来。

（四）团体消费——增值服务策略

应该说，团体消费的购买者更多的是在确保产品品质的基础上，对价格及便利提出要求，制定合理的批量销售价格及销售服务。同时，由于团体消费的购买者具有特殊性——购买者是消费者的一个代表，企业需要为购买者提供更多的便利以及附加的赠品以维护客户关系。

团体消费从某种角度来说，也是“××”树立品牌形象的一个渠道，团体消费一般都是大型企业或单位，其消费从某种角度上来说，也等于在为“××”树立品牌形象。企业可以通过搭赠富有品牌形象的饮水纸杯、茶杯、茶壶等形式，既维护了客户关系，又能宣传品牌形象。

（五）专业场所消费——专业服务策略

对于专业场所来说，“××”的消费者可以分为两种：一是专业场所的经营者；二是这些场所的消费者。不管是经营者还是消费者，通常他们都对茶道有所研究，他们的消费行为以及间接评价往往会影响周围的消费者，而一旦赢得了这部分消费者的支持，将通过他们的口碑效应不断获得新的消费者。

因此，提供高品质的产品以及专业的服务是对专业场所进行推广的必经之道，“××”需要对专业场所提供促销支持，并配合进行专业茶艺服务。不仅把专业场所作为销售的渠道，更要将其视为宣传推广的渠道。作为形象树立及宣传渠道，在销售渠道所到的省市，专门设计“××安徽茶文化体验会所”，为专业的茶研究者、茶品味者提供特殊品牌会所，也将为企业带来丰厚的回报。

四、品牌推广阶段性目标

“××”品牌推广战略目标如下。

1. 上半年,重点进行“××”品牌塑造,树立“××”品牌形象。

2. 下半年,在全国实施“××”品牌推广及活动营销,扩大销售,初步确立“××”在茶市场的最高占有率及领导品牌形象。

3. ××××年,执行以中国为主,辐射全球的品牌传播方案,大幅提升“××”在中国的知名度,同时使“××”品牌借机传出国门,走向世界。

五、“××”品牌纵向延伸策略

纵向延伸策略可概括为“三部曲”:“××·安徽茶·现代茶·健康茶”

(一)“××·茶叶”

目标说明:高起点推出“××”品牌,使消费者将“××”与优质可靠的安徽茶结合在一起,形成“××”是中国安徽茶第一品牌的印象。

核心传播概念:茶之都,茶之秀。安徽茶,中国茶。“××”——正宗的安徽茶。

传播策略及手段:以公关活动及软性宣传为手段,以安徽茶文化为传播内容,使消费者在潜移默化中将“××”等同于“真正的安徽茶”。

(二)“××·现代茶”

目标说明:将“××”融入现代时尚,使传统的安徽茶与消费者亲密接触,为传统的安徽茶加入现代、年轻、时尚的元素,使城市人以喝安徽茶为生活的又一时尚。使“××”成为现代的、时尚的安徽茶文化的代名词。在年轻的消费市场,具有跟风消费现象,如果广告创意、推广形式能够做到创新,必将掀起“××”的购买及消费热潮。

核心传播概念:茶之都,茶之秀。安徽茶,现代茶。“××”——上演现代茶饮文化。

传播策略及手段:让“××”走出传统的销售渠道,走入年轻消费者出入频繁的消费场所,同时在广告和宣传活动中选取时尚的年轻人来表现。可选取大学校园、休闲场所等作为促销点,以时尚的包装设计,便利的小包装形式,多发放试用装、促销装吸引消费者使用“××”安徽茶。

(三)“××·健康茶”

目标说明:将“××”融入市民生活,向市民传达“柴米油盐酱醋”之外必须拥有的精神文明——中华茶文化。同时，宣传安徽茶的大众保健功能，使安徽茶成为市民关注健康、追求健康的象征。同时，传达“××”时刻与人们在一起的概念。

核心传播概念：茶之都，茶之秀。安徽茶，健康茶。“××”——伴您健康每一天。

传播策略及手段：设计大众家庭装，通过超市商品陈列及现场促销吸引家庭消费购买者。可采用“安徽茶××健康行”等主题进行公关活动，设计精美POP发放，使市民了解安徽茶健康功能及安徽茶文化。

六、“××”品牌横向推广策略

横向延伸策略也可概括为“三部曲”：××的、安徽的、中国的、世界的市场推广需要有步骤地进行，“××”在安徽市场具有“天时、地利、人和”的优势。因此，树立品牌形象当从安徽开始，以安徽作为样板市场，以现代品牌运作及推广手段赢得本土的消费者，通过本土消费者的口碑效应，不断地向来安徽这个旅游天堂的外地游客宣传。这一阶段我们可称之为“××的、安徽的”。

同时，选择消费比较成熟，经济水平较高及茶饮文化比较成熟的地区，如广东、南京、上海、北京等铺设销售网络，进行样板市场的建设。实现品牌推广到哪里，营销网络就到哪里；或者营销网络到哪里，品牌推广就到哪里。由于中国地域广阔，各地消费意识、消费需求各有所不同，因此应针对当地市场对品牌推广策略做灵活的调整，以使品牌深入当地人心。大型交易会、展览会是展示与交流的良好机会，多参与这样的会议是品牌推广很好的渠道。这一阶段我们可称之为“××的、中国的”。

“××”目前在全国多个省市建设了营销网络，在安徽省进行品牌建设的同时，可选取较为适合的区域进行品牌的进一步塑造及推广。

国际型的盛会，是国内品牌走出国门的大好机会，借助国际交流盛会，与国外的商家进行交流，获取信息，并争取合作机会。

全国性的分区域品牌推广计划希望于××年初之前完成，在××年初，开始实施全国覆盖性推广计划，使“××”的品牌推广达到一个高峰期，××年是一个中国的狂欢年，也是一个消费年、旅游年、会展年。茶叶市场将会出现一个消费新高，“××”通过有计划性的营销推广，必将在××年成为全国性的安徽茶，甚至整个茶叶市场最强势的领导品牌。并获得更多的跨出国门的机会。这一阶段我们可称之为"××的、世界的"。

七、周期性及临时性推广策略

通过计划性的品牌推广活动,使品牌的成长具有连续性,同时使消费者感觉到"××"默默地与他们同在,使"××"的品牌形象、核心主张在消费者心目中潜移默化,成长为一个真正的品牌。

一般来说,周期性的推广能够不断地积累经验,使推广日趋成熟,其成效依赖于长期的执行与积累;而临时性的策划则具有偶然性、不可预测性,但如果抓住临时的机会,有效地进行品牌推广,将对品牌的提升起到难以预计的效果。

(一)事件营销

事件营销就是借助临时或周期性的热点事件,借势对品牌进行关联炒作。"蒙牛"借助神五升空就是事件营销的一个范例。自SARS、禽流感以来,国人对健康的关注越来越强烈,"××"可借助健康事件有效地宣传自身健康形象。

近年来,茶叶行业均不断有热点新闻出现,不管是利好还是利坏新闻,都可以从某一角度与自身品牌形象进行捆绑,进行事件营销,特别是全民关注率非常高的事件,如奥运会、世界杯等,如果能有效利用,必将快速有效提升品牌知名度,塑造品牌形象。

(二)节日营销

节日营销主要是礼品市场的推广,最为具有深厚文化底蕴的茶,越来越具有替代烟、酒、保健品,成为消费者送礼首选的趋势。节日是送礼的最好时机,也是礼品促销的最好时机。如何针对不同的节日,迎合送礼心理需求,策划不同的宣传主题进行促销,是做好茶叶礼品市场的关键。同时,节日也是消费者集中采购、尝试新品的最佳时机,如能结合礼品促销,进行大众宣传,也将为快速大幅提升品牌知名度,树立品牌形象。一年之中可进行节日营销的机会很多,在此,暂就两个节日营销主题进行说明。

1."送茶,送健康——'××',茶中之君子"。

安徽茶具有保健功能,并蕴含中国博大精深的文化,品茶乃君子之为,送茶也可称为君子交往之为。其蕴含意义已经与送烟送酒区别开来。一般来说,节日送礼的消费群体主要分为两类:一类是个人送礼;一类是企事业单位公关送礼。

中国传统节日期间，主推礼品装，配合专卖店、超市商品生动化陈列。减少庸俗的商业促销广告，增强主题宣传，制作精美主题礼品手袋，增加促销人员力量。由于礼品购买者多会同时购买几种礼品，因此可与礼品市场的高端产品进行捆绑，比如五粮液、红塔山等。目前，茶叶品牌很少采取捆绑式促销，但节假日礼品装的捆绑式促销是近年来各商家屡试不爽的促销手段。针对个人购买者，可以礼品装搭赠家庭装形式进行促销；针对团购者，可在节假日设立公关小组，专门开发团购客户，为团购客户提供便利及折扣。

2.“一杯清茶谢恩师——‘××’谢师校园行”。

教师是社会的一个特殊群体，由于教师均具有较高的文化素质，并且大多具有饮茶习惯，他们成了茶消费的主要群体。中国自古就有拜师茶、谢师茶的礼节。教育机关、学校及学生都有在教师节为教师送礼物的习惯与风俗。而茶叶，作为蕴含中华千年文化的物品，作为教师节馈赠教师的礼物当是最佳之选。

教师节前夕，可主推教师节礼品装，可通过时效性较好的报纸媒体、学生接触较频繁的电波媒体投放公益型广告。同时，选取名校，向老师赠送“××”茶，策划新闻发布会，借助媒体发布相关新闻，既能提高品牌形象，又能起到“教师节送‘××’茶”的示范效应，最终达到提升教师节礼品装销售的目的。

其他相关的周期性推广，还有季节性促销——迎合消费者的季节性需求，主推不同的茶系列；会展营销——利用会展强大的眼球关注率、巨大的商业机会进行品牌形象推广，等等。若能有效运用，均使“××”品牌获得有效提升。

注意要点

一般来说，一个成功、完整的品牌推广应该包括三个层次：①品牌宽度推广阶段，即建立品牌知名度；②品牌深度推广阶段，这个阶段主要是提升品牌美誉度，提高品牌忠诚度；③品牌维护阶段。在品牌推广过程中，品牌宽度是基础，是品牌的第一生命；品牌深度的推广是根本，是品牌的第二生命。品牌深度是建立在品牌宽度的基础之上的，主要是和消费者进行情感对话,提高品牌销售力。

围绕这三个层次,品牌的推广方式共有三种:①消费者推广方式。品牌推广的消费者推广方式具体又分为:样品、优惠券、现金折扣、特价包装、赠品、奖金、免费试用、产品保证、联合促销、销售现场展示和表演等。②营业推广方式。营业推广方式是品牌推广中最具有针对性且灵活多样的,可以是一次性的,也可以是不定期的一种推广方式。常用的营业推广方式主要有举办展览会、展销会、抽奖、时装表演等。③交易推广方式,在品牌推广活动中,用于交易的资金要多于用于消费者的奖金。一方面,由于货架位置很难取得,品牌经营者只有经常依靠提供减价商品、折扣、退货保证或免费商品来获得货架;另一方面,品牌会根据零售商完成任务的情况向消费者提供折扣。在品牌策划中,要体现对上述推广方式的灵活运用。

品牌的推广策划须分阶段进行,品牌的发展阶段共分为四个阶段:第一个发展阶段是导入期。企业在品牌的推广前必须制定一套有连续性和针对性的推广步骤,这些步骤着眼于长期并适用于目标顾客的生活方式和生活习惯。在企业内部导入品牌是前提,外部的宣传则是强调品牌所宣扬的内涵和精神实质;第二个发展阶段是成长期的品牌推广谋略。企业必须对该品牌产品的技术、外观、包装、品质和服务等产品成分,参考顾客反馈的信息和要求进行适应性或超前性调整;第三个发展阶段是全盛期的品牌推广谋略。因为品牌本身已经具有新闻特征,这势必成为各方关注的焦点,稍有不慎,尤其是产品或企业声誉方面稍有不尽如人意之处,再经过媒体的不实炒作,极有可能使品牌陷入万劫不复的境地。所以,运营层面的安全和媒体公关等工作是企业品牌全盛时期的重中之重;第四个发展阶段是衰落期的品牌推广谋略。绝大多数品牌走向衰落往往是由危机引起的,那么正确处理危机就成了挽救品牌颓势的主要工作。

环节十

公关活动文案

环节十

NO. 10 公关活动文案

新闻发布会文案

写作要点

要确定新闻发布会日期、地点、新闻点等。文案的重点是挖掘好新闻点、制造好新闻效应。文案还要拟定详细邀请名单、会议议程、时间表及发布会现场布置方案等。

参考范文

新闻发布会文案[①]

一、主办单位(略)

二、发布主题

××公益救助活动新闻发布会暨启动仪式。

三、发布时间、地点

1. 新闻发布会时间:××××年×月×日上午9:00。

① "名医联手,情动三湘"公益救助活动新闻发布会文案[EB/OL]. http://www.5xwmw.com, 2009-04-18.

2. 发布地点：××大酒店。

四、组织工作

由组委会负责，负责来宾签到、贵宾接待、材料分布等。

五、主持人（略）

六、邀请媒体及有关领导

1. 新闻媒体：潇湘晨报、红网、三湘健康网、湖南多家电视台。

2. 有关领导：×××××。

3. 医院代表（每家参与医院3~4人）：××××。

4. 地市：××。

七、会场布置

1. 鲜花。

2. 发布会会场背景：悬挂横幅，悬挂公益救助活动宣传海报（宣传画）。

八、发布会前宣传氛围的渲染

1. 组织媒体记者为公益救助活动新闻发布会，采写专题新闻报道。

2. 参与活动的地市新闻单位（地市电视台）要找角度、出亮点、精心组织，分别做好专题新闻宣传报道，并加大在《潇湘晨报》地市主页版块上的新闻宣传力度。

九、议程安排

上午9:00，主持人宣布新闻发布会开始。

1. 主办单位领导就公益救助活动的意义、目的、主题、内容、时间安排，公益救助活动的有关筹备情况进行发言。

2. 医院代表讲话。就医院参与公益救助活动的意义与医院对活动的支持方式发表意见，同时倡导更多的医院参与到医疗公益救助的活动中来，强调此次活动的公益性。

3. 承办方讲话。阐明承办此次公益救助活动的意义与报名活动的条件与方法。

4. 启动仪式。

注意要点

新闻发布的新闻点不要与重大新闻事件撞车。要确定组织者与参与人员，包括广告公司、领导、客户、同行及媒体记者等，与新闻发布会承办者协调规模与价格签订合同。要按计划召开发布会，发布会程序通常为来宾签到、贵宾接待、主持人宣布发布会开始、正式会议议程、会后聚餐交流及有特别公关需求的人员的个别活动。在新闻发布会召开后，要监控媒体发布情况，整理发布会音像资料，收集会议剪报，制作发布会成果资料集，评测新闻发布会效果，收集反馈信息，总结经验等。

新颖出奇事件策划文案

写作要点

新颖出奇事件策划是策划人员利用新颖出奇制胜之法而进行的促销策划。这种促销的心理学原则就是利用消费者求新、求奇的心理而进行的活动策划。新颖出奇事件策划活动可分成地点的选择、现场的控制、媒体的配合与社会的关注、消费者与商家及品牌的互动几大块。

参考范文

“××空调千禧寻宝大行动”①

一、主题确定

为了进一步促进销售，在“千禧寻宝活动”的大主题下，提出了“龙腾千禧感恩广州市民，千禧好彩从此开始”的口号。所谓千禧好彩，就是只要消

① 科龙空调(华宝空调)千禧寻宝大行动[EB/OL]. http://www.8899y.com,2010－02－10.

费者参与我们的活动，都能得到××公司的关爱。

二、地点选择

文化公园有个近千平方米的中心广场，可以进行产品展示；近200平方米的中心舞台，可以进行大型文艺表演；近千平方米的封闭游览区，可以进行寻宝活动。

三、操作流程

1. 活动前期在报纸等媒体做告知性广告。
2. 定制文化公园门票，消费者可以凭此门票全程免费参加本次活动。
3. 门票领取方式，消费者凭报纸广告到各××空调特约经销店领取。
4. 活动前期，在经销店门口张贴海报，悬挂横幅，换领门票。

四、设置奖励

为提高消费者的注意力及参加本次活动的兴趣，并促进消费者与××的真情互动，活动设置了五重大奖：

一重奖：××空调邀您免费游园（凭报纸广告获得1月6日文化公园免费门票一张）；

二重奖：元旦换取门票者另送神秘礼物一份；

三重奖：凭门票号码进行前期抽奖，送出照相机等贵重礼品；

四重奖：参加现场寻宝者均有机会获空调大奖；

五重奖：没有机会参加现场寻宝者可现场抽奖，抽奖者有机会获得空调及照相机等礼品。

五、现场分区

活动将现场分为八大区：

1. 集团展区。包括企业讯息、品牌价值、VI等。
2. 技术展区。核心技术展、网络空调等。
3. 产品展区。展示××空调、YY空调及小家电等。
4. 服务展区。“全程无忧虑”暖冬大行动等。
5. 经销商展区。经销商现场产品咨询、开单售机等。
6. 表演区。文娱表演、集团、产品、服务介绍等。
7. 抽奖区。现场抽奖，赢取空调或照相机等。
8. 寻宝区。消费者凭票寻宝游园等。

六、现场布置

主要布置为500平方米的超大拱门、150平方米的背景、100多平方米的舞台、近1000平方米的封闭寻宝区，数千平方米的中心广场，构成了活动的阵容。此外，气球制作成本相对较低，但有很强的吸引力，能增加活动的热闹场面，更能增加节日的喜庆气氛，具有极强的视觉冲击效果。本活动定制30000个气球，并印有××空调/YY空调公司标志。每个参加活动的人都能拿一个小气球。

本次寻宝活动，还组织比较强大的演出队伍。让消费者在寻宝游园的同时，有机会观看精彩的文艺演出，既能让活动本身增加节日的喜庆气氛，又能增加消费者参与活动本身的乐趣，甚至留下美好的“回忆”。

七、电视台宣传

活动同时又增加了电视台的参与，电视台除了一小时的现场直播外，还在前期对本次活动进行宣传，全方位调动消费者的积极性。能让消费者耳濡目染地积极参与，时时刻刻与××空调/YY空调维持频密的互动。

注意要点

新颖出奇事件策划，配以一个利于传播、充分引诱顾客创造性的主题，是非常关键的。除此之外，还可以配以让人出乎意料的促销工具，例如地点宜选择在人山人海城市广场，时机宜选择在节日期间，这些都会保证消费者的参与性，提高宣传的轰动性。

新闻策划文案

写作要点

新闻策划是指在发现或者制造、预测新闻之后，通过具体部署，有计划、有步骤地通知媒介，使新闻得以诞生。商业行销中的新闻策划与推广，是企业主有意识地选择和安排某些具有新闻价值的事件发生，或者利用某些具有一定新闻价值的事件，由此制造出适于传播媒介报道的新闻事件。美国著名传播学家威尔伯·施拉姆将这类事件称为“媒介事件”。

打造企业知名度和品牌的一个重要途径便是新闻策划，一家企业的形象和理念经常在媒体上出现，成为媒体关注的焦点，其知名度自然就会得到提升。BMS 企业顾问公司曾经发布了一份名为“提醒企业做品牌要善用新闻公关”的报告，在这份主要针对北京人的调查报告中可提炼出一个非常重要的结论——树品牌，新闻更有力。报告称，北京人更多的是从新闻报道中建立对公司和品牌的信任和喜好，从某种意义上说，出新闻越多的公司，其品牌认知度越高。北京人对国内品牌认知的手段基本上是新闻报道(57%)，看公司的广告(46%)，感受和口传(28%)。例如，海尔、微软、联想等公司频频在新闻报道中亮相，在消费者心目中树立了很好的品牌形象。BMS 公司对调查数据所做的交叉分析表明，在通过广告手段建立自己对国内品牌的认知的人群中，有七成还要再通过新闻报道加以印证；而当人们通过新闻或公司专题报道了解一家公司和它的品牌后，则有近 44% 的人对公司所做的广告不再看重，这组数据进一步表明，新闻和相关的报道对公众的影响力要远高于广告。

新闻策划实质上是对新闻的一次有意识的深层挖掘，如寻找某个相关的纪念日、某种庆祝活动、某项产品开发、某种赛事参与等，其目的在于尽可能促成具有新闻价值的事件发生。就企业本身而言，则可以从以下几个方面挖掘新闻点：①新产品；②企业领头人；③行业地位；④事件；⑤企业管理方法。

参考范文

美国××公司的鸽子事件[①]

一、选题

美国××公司 52 层高的新总部大楼竣工后，一大群鸽子竟飞进了总部大楼的一个房间，把这个房间作为它们的栖息之处。没过多久，鸽子粪、羽毛就把这个房间弄得很脏。面对这种情况，公司的公关顾问认为这是扩大

① 美国联合碳化钙公司巧传播[EB/OL]. http://gggx.x188.com,2009-05-18.

公司影响的一个好机会。如果举行一次记者招待会或设计一次专题性活动或散发介绍性的小册子等,都可以把总部大楼竣工的消息传播给公众,但这些方法太常规,很难引起轰动效应。现在一大群鸽子飞进52层高的大楼内,这本身就是一件很吸引人的事。于是策划人员下令关闭所有门窗,不让一只鸽子飞走,并采取了一系列行动。

美国××公司正是巧借飞来的“鸽子”制造新闻,吸引媒介纷纷前来采访、报道这一事件,使广大公众通过媒介报道,先对鸽子感兴趣,继而对公司大楼和公司本身产生深刻而良好的印象。

二、报道方案设计

(一)事件制造

首先通知了动物保护委员会,请其速派相关人员前来协助处理这件有关保护动物的事。动物保护委员会接到电话后十分重视,并立即派有关人员携带网兜来捕鸽。然后,公司又通知新闻机构。

(二)报道范围

把此次事件的具体经过,时间地点,事发缘由以及各方反馈链接其他事件进行全程报道。

(三)报道重点

为保护动物,“动物保护协会将派出工作人员前往××公司新落成的总部大楼捕鸽”。

(四)报道的规模和进程

第一阶段:立即赶往现场。进行现场报道,采访目击者,进行事件的初步报道,即事件本身的报道。过程中注意收集现场图片配以报道。第二阶段:追踪报道。继续跟进事件的发展进行报道,与有关部门取得联系,获取他们对此做出的反应、看法以及公开言论等,还要收集群众的看法和信息意见反映。第三阶段:社会各界人士的评论分析。整个报道规模持续至事件结束,配以大量的记者进行各方面的系列采访调查。

(五)制订发稿计划

体裁以消息和评论为主并配合社会舆论的言论。表现形式以文字稿件加大幅图片为主;还可向外约稿收集更多信息。版面设计,刚开始争取以头版进行报道,配以大图片。之后跟进报道的内容可排在二版或三版。视情况而定。

(六)报道结构与报道方式

报道结构可分为两种:①线型结构式,即报道方式连续式;②组合式,再链接到其他类似事件。

三、新闻报道的效果

由于新闻界认为这是一条有价值的新闻,于是电台、电视台、报社等媒介纷纷派出记者进行现场采访和报道。从捕捉第一只鸽子落网,前后共花了3天的时间。各新闻媒介通过消息、特写、专访、评论等形式进行了连续报道,引起了社会公众浓厚的兴趣,自然也就把公众的注意力也吸引到××公司以及公司刚竣工的总部大楼上来了。

注意要点

成功的新闻策划可使本不具有新闻特征的事件成为新闻,也即从平凡的工作中找出新闻。为了吸引消费者的注意力,抓住消费者的"眼球",广告人以及企业主在新闻策划这片大海中"八仙过海,各显神通"。但新闻策划是企业经营者手中握着的一柄"双刃剑",在布满荆棘的竞争路上,如果用得恰当,这柄剑就会成为企业披荆斩棘的利器;用得不好,这柄剑也会成为企业发展的绊脚石。

专题报道策划书

写作要点

当企业不满足于单个或零星的新闻事件策划时,便会想到采用策划专题系列报道来集中、持续、系列化地加强传播。专题报道策划较新闻报道策划的篇幅长、题材深且牵涉的方面多,是营销策划中比新闻策划更为复杂、要求更高的一种策划方法。专题报道策划的内容通常要包括背景分析、策划的优势和渠道、策划方法等内容。

参考范文

专题报告策划书①

一、策划缘起

在“东部旅游文化节”开幕的喜人背景下，××的旅游旺季和置业高潮已经到来。随着万科等新楼盘开盘，东部家居生活不断朝着海岸新时尚升级。

二、合作优势

《××周刊》，先锋时尚，为东部海岸生活冲浪领航。

××××年7月22日，全球时尚生活资讯，白领精英读本《××周刊》正式创刊。《××周刊》是深圳市公开发行的全彩色铜版纸印刷、在深莞两地同时发行、直投的第一张周报，经过7月8日试刊后，受到读者和业内外一致好评。证明这一独特崭新媒体深受市场欢迎。该媒体用精美的图片、优美的文字、精确的策划，《××周刊》为××生活传递信息。

三、媒体互动

《××周刊》与分众液晶电视互动，开创最新传媒模式。

为了充分传达东部海岸生活气息，更加准确地锁定白领、金领人士置业××，《××周刊》与分众传媒机构联手，在遍布深圳、东莞的高档写字楼、酒店、住宅等电梯间开辟液晶电视广告。凡在《××周刊》投放特殊版位整版彩色广告的客户都将同时得到分众传媒赠送的滚动播出的一周每天48次每次5秒钟的宣传广告，产生更为广泛的传播效果，达到事半功倍之效。

四、报道方法

全景描绘××生活，为置业东部展示立体画卷。

1. 介绍××简史：概括山海××，几年巨变。

2. 描述旅游东部：处处美景处处家的环境。

3. 谱写豪宅颂歌：聆听海、山无与伦比的天籁之音。

① 专题报告策划书[EB/OL]. http://www.ora.com.cn,2008-07-01.

4. 展示成熟配套:记录时尚小镇故事。

5. 图说东方夏威夷:动感都市的社区广告。

五、其他配合

全面互动,《××周刊》期待合作。

1. 采访国土局、交易中心领导,介绍××规划与发展蓝图。

2. 组织看楼专车,免费服务。

3. 赠送老板、总经理专访文章。

4. 请中介公司、专家畅谈置业××的多重优势。

5. 其他合作另行协商。

《××周刊》房地产部

××××年×月×日

注意要点

专题报道策划要选择好背景和时机、运用最恰当的方式来推出报道,以求吸引目标受众,达到预期的传播效果。从实施的角度来说,专题报道策划同新闻策划一样,要包括市场分析、确定宣传目标、策划“新闻点”、选择媒体、编制预算、策划的实施和控制及策划效果衡量等步骤。由于专题报道比新闻策划的内容更深,所以在实施费用上要多,包括一组相关联的新闻事件实施费用和新闻发布费用。在专题策划中,媒体是否愿意配合和转载都是决定成功的关键性因素,只有巧妙地制造一系列新闻点,持续引起目标受众的关注,专题报道策划才会显现价值。

新产品上市公关促销活动

写作要点

新产品上市公关促销不是单纯的一种买赠关系,而是一个涉及传播、公关、媒体等系统的一种整合策略。因此,促销也是需要用整合营销传播的理念来进行指导。一是设定新产品上市的主题，最好是生动而活泼，容易记忆；二是具体方案要可行，起到新产品上市后，迅速传播品牌，打开销售局面的作用。

参考范文

装饰材料新品牌上市公关促销活动策划文案

一、活动主题

空间·音乐·葡萄酒

二、活动时间和地点（略）

三、活动内容

举办一场“空间·音乐·葡萄酒”——新品形象发布及产品的推介会，邀请嘉宾到场，综合各种媒介宣传手段，以奢华浪漫的空间氛围、高雅华丽的古典音乐与香醇热情的葡萄美酒，营造极致的视听感受，为新品打造充满魅力及特质的新形象。

四、具体方案

做好前期准备工作，选择一处与生活家巴洛克在风格与形式上都较为和谐的大会所为主会场，确定推广会日程与环节设置，邀请嘉宾与家装公司、设计师及其他有关人员参会。以巴洛克风格进行会场布置，提供酒水、西点及水果。

举行嘉宾入场仪式、签名仪式以及新品牌的揭幕仪式，然后以冷餐酒会的形式，穿插萨克斯、弦乐与钢琴表演，并进行葡萄酒鉴赏知识与现场音乐欣赏礼仪，以及新品牌的地板理念与专业知识的宣导，讲解怎样通过个性化装饰材料提升设计品位。寓产品推广于文化宣导，营造新品牌高贵典雅与充满艺术感的现场氛围，以达到倡导新的生活理念与塑造品牌形象的双重功效。

酒会进行中设置抽奖环节或游戏环节。一是答题闯关。在现场地面上放置由多条纸带组成的圆环，以不超过六组选手为宜（由各装饰公司派代表参加），每组男女各一人站在圆环上，由主持人轮流提问本次晚会上讲述过的品酒、音乐及巴洛克地板文化及专业家装知识进行提问，答不出或答错问题即撕去一条环型纸带,最早没有立足之地(超出圆环范围)的选手即被淘汰出局。最后的胜利者可以获得奖品奖励。二是品酒大赛。准备四种葡萄酒,邀请嘉宾上台品尝,以是否能答出正确品种为准进行淘汰赛,最后留下的为胜利者。

五、宣传策略

利用各专卖店及专柜POP、海报、宣传单页、车体广告、户外广告等各种载体,发布新形象照片,进行前期宣传推广。利用报纸、电台及网络等其他软性广告扩大产品新形象的宣传力度。

六、可行性分析

通过本次活动,可以制造轰动效应,树立品牌形象。制造行业内及社会舆论关注焦点,打开市场的突破口,提高市场对新产品的认知度和接受度。通过本次活动邀请有关嘉宾及家装行业装饰设计师参与,在设计领域与家装业将本次活动的影响力达到最佳效果,将新品牌的艺术美学与专业品质在业内宣传并推广。

注意要点

新产品上市促销文案最好要集中而明快,能起到立竿见影的效果。因此,促销文案虽然是一项系统化工程,但一定要突出重点,核心内容必须简单明了,如果新品促销方案像天书一样令人感觉晦涩难懂,将会使可执行性差,导致方案在新产品促销活动执行中大打折扣,甚至中途夭折。新产品促销在执行上要形成市场气氛,就必须十分迅速,防止新产品上市促销虎头蛇尾,不要留死角,以免给市场造成破坏。

赞助策划书

写作要点

赞助是一种商业性行为,可以满足企业的特定营销目标和可评估的投资回报。简单地说，赞助是建立在双赢原则上的交易，交易双方都能获益。赞助策划书包括引言、项目背景、主办机构、方案简介、赞助商的获益点、赞助经费及联系地址等。具体来说，要简单扼要地介绍活动方案，赞助商的宣传点或获益点，赞助商的投资、决策期限；如果赞助商不了解活动的主办单位，必须对主办单位做一简介，并介绍活动的背景资料，包括构思和主要参与者；详细介绍活动方案，时间/期限、地点、参与人数和目标受众；表明活动的目标；包括过去类似活动的资料，如新闻剪报等；制定详细的赞助内容，包括现金/产品/奖金/广告/促销/服务/专业咨询等，每项内容必须转换成定量的价格；要明确列出赞助商所有的展露点/宣传机会和获益，包括无形的利益，如提高形象/增加公众认知度；明确表明公司最后答复的日期和联系方式；附录部分可以列出相关材料，如赞助计划书和大概的预算，推荐函或支持函、新闻剪报、照片、以前活动的方案，以及一切可能增强说服力的材料。

参考范文

赞助方案范文①

一、背景

西部大开发是党中央、国务院在世纪之交做出的重大战略决策，不仅关系到东西地区之间的协调与可持续发展，而且关系到中华民族的伟大复兴、关系到国家的长治久安。在西部大开发战略实施十周年之际由甘肃省人民政府、中国科学院、兰州大学共同发起举办“西部再出发·2010兰州论坛”，这不仅在中国西部大开发史中为第一届、意义重大，在中国产学研合作史中亦盛况空前、影响深远，其所带来的新闻效应、社会效应以及影响力更将成为2010年中国区域经济、产业经济的新视点，中国政、商、产、学、研界的盛世华宴，活动沸点一触即燃！而参与合作本次“论坛”，不仅是对西部、对兰大的支持，还是对产学研合作和西部大开发的有力推进，同时借此

① 第十六届兰洽会主题论坛“西部再出发，2010兰州论坛”赞助方案[EB/OL]. http://www.lanzhouforum.org，2010－05－22.

还可以扩大企业知名度、提高品牌美誉度、提升企业软实力，从而获得超值的回报！

二、特色

（一）权威讲台

本次论坛依托国家发改委、教育部、科技部及全国工商联等国家部委的支持，甘肃省人民政府、中国科学院、兰州大学等权威机构共同主办，囊括中国各领域的领军人物，包括政界要人、商界精英、著名学者和媒体领袖。为这些风云人物搭建这样一个平台，就西部大开发十年来的成果与经验、西部大开发第二阶段发展的思路与对策、产学研合作的新机制与新模式等有关问题进行深入探讨，这不仅是一次西部大开发十周年的盛会、一道产学研合作的大餐，更是一次文化的享受、思想的盛宴！

（二）公益舞台

本次论坛是一次以公益为主导的大型峰会，通过政府、大学及科研机构的共举盛会，中国光华科技基金会、中华社会救助基金会等公益组织的合力协办，使此次盛会成为不仅具有公益性，更有高端性、持续性、社会性的多赢舞台。

（三）媒体平台

国内外近百家媒体对此次活动进行全程关注和跟踪报道，用媒介的力量，实现公益、高度、影响力价值的最大化。媒体包括人民日报、新华社、光明日报、经济日报、中央人民广播电台、中央电视台、中国青年报、工人日报、科技日报、科学时报、中国经济时报、南方周末、凤凰卫视、第一财经日报、21世纪经济报道、经济观察报、西部时报、西部商报、中国化工报、甘肃日报、青海日报、宁夏日报、新疆日报、内蒙古日报、广西日报、甘肃卫视、青海卫视、宁夏卫视、新疆卫视、内蒙古卫视、广西卫视、兰州日报、兰州晚报、兰州晨报、人民网、新华网、中国网、中华网、中国西部网、新浪网、搜狐网、网易、腾讯网、凤凰网、和讯网、财经网、科学网等。

三、赞助单位资格条件

由于本次峰会的规格较高且影响重大，又与中国西部大开发相关联，因此所有赞助企业必须符合以下几点。

1. 在国内有一定知名度的企业。

2. 有良好的信誉和较高的社会责任。

3. 企业或企业产品与西部大开发有直接或间接的联系，或者与国计民生有关的产品。

四、赞助单位类别

第一级别：钻石级——联合主办（或特别主办）100 万　　限 1 家

第二级别：白金级——协办（或特别协办）　70 万　　限 2 家

第三级别：黄金级——分论坛协办　　50 万　　限 2 家

第四级别：白银级——指定用品（或晚宴）　30 万　　限 3 家

五、招商执行

1. 参加赞助活动的单位（以下简称赞助单位）请填写《招商回执》，来人来函均可办理。

2. 赞助单位须提供营业执照正副本复印件和有关证明文件，以及企业简介和相关图片。

3. 经确定的赞助单位与组委会签订赞助合同，并获得合同规定的荣誉、待遇、回报等商业利益。

4. 双方赞助合同自签订之日起三日内，赞助单位向组委会指定的专用账户支付赞助总金额的 70%；活动正式启动前一周内，支付赞助总金额的 30%。组委会向赞助单位开具相应的正规发票。

5. 组委会成立专门的招商执行团队，并制定与商家联合办公的机制，共同保证商家招商回报目标的实施到位。

6. 赞助以现金（含外汇）为主，产品、礼品及奖品可以部分实物赞助。

7. 凡需要根据企业情况量身定做及需要一定制作周期的项目须在 6 月 15 日前与组委会确定合作协议。

8. 本招商方案的最终解释权归组委会。

注意要点

在写赞助策划书时，要注意以下要点：要很有技巧地把策划目的、要点用简短的几行文字表达完整，同时也把策划的核心构想或画龙点睛之处明确地写出；策划主题何以被提出，策划活动何以会进行，又是经过何种程序去完成等，这些缘起及经过都要交代；在正文部分表现方式要简单明了，使评审的人一看一听就很容易明白；赞助的投入应与所提供的回报相关联,不要过低地估计成本,也不要高估活动的商业价值;当拟定赞助策划书时,并没有硬性规定一定只能做一个策划案。对于同一个主题,同时做出两个或三个策划案也是可以的。有经验的策划者会预测审查者可能提出的反对意见,或者根据他们的习惯,然后准备第二套、第三套策划案。

告示书

写作要点

告示书是告诉目标对象,出于什么原因,达到什么目的,以及所产生的后果或者要采取的措施等。最后要有告示方的落款以及时间。

参考范文

致广大××用户的一封信①

亲爱的××用户:

当您看到这封信的时候,我们刚刚做出了一个非常艰难的决定。在YY公司停止对××进行外挂侵犯和恶意诋毁之前,我们决定将在装有YY软件的电脑上停止运行××软件。我们深知这样会给您造成一定的不便,在此我们诚恳地向您致歉。同时,也把做出这一决定的原因写在下面,希望得到您的理解和支持。

一、保障您的××账户安全

近期,YY强制推广并胁迫用户安装非法外挂"扣扣保镖"。该软件劫持了××的安全模块,导致了××失去了相关功能。在YY软件运行环境下,我们无法保障您的××账户安全。

---

① 致广大QQ用户的一封信[EB/OL]. http://im.qq.com,2010-11-03.

二、对触犯道德底线的行为说“不”

YY 屡屡制造“××侵犯用户隐私”的谣言，对××的安全功能进行恶意污蔑。事实上，××安全模块绝没有进行任何用户隐私数据的扫描及监控，也绝对没有上传用户数据。目前，我们已经将××安全模块代码交由第三方机构检测，以证明我们的清白。

更糟糕的是，YY 作为一家互联网安全公司，竟推出外挂软件，公然站到了“安全”的对立面，对其他公司的软件进行劫持和控制。这些都是触犯道德底线的行为。

三、抵制违法行为

任何商业行为，无论出于何种目的，都应该在国家法律法规的框架下进行。而 YY 竟然采用“外挂”这种非法手段，破坏××公司的正常运营。

YY 已经在用户电脑桌面上对××发起了劫持和破坏。我们本可以选择技术对抗，但考虑再三，我们还是决定不能让您的电脑桌面成为“战场”，而把选择软件的权利交给您。

十二年来，××有幸能陪伴着您成长；未来我们期待与您继续同行！

××公司

××××年×月×日

注意要点

告示要注明发文的单位，被通知对象的名称要写清写全，所附的时间以及注意事项也都要写明，以避免发文不全，贻误工作。

商务谈判策划书

写作要点

商务谈判策划书首先要制定谈判主题和目标，确定谈判团队人员组成，双方利益的优、劣势分析，以及谈判的原则、底线和具体的策略等。

参考范文

××公司商业谈判策划书①

一、谈判主题

解决延迟交货的索赔问题，维护企业声誉以及双方长期合作关系，使双方合作向新的高度迈进。

二、准备阶段

这一阶段的工人包括寻求法律支持、援引过往案例等，从而达到明确谈判目标、明确谈判切入点等目的。

谈判团队人员组成：

主谈：公司谈判全权代表

决策人：负责重大问题的决策

技术顾问：负责技术问题

法律顾问：负责法律问题

（一）寻求法律支持

其中的核心问题是原因是否属于不可抗力，以及延迟交货问题在法律上怎么规制。经过详细找资料发现除了较少案例：如2003年北京一中法院曾判定为可抗因素外，更多的案例还是将其定性为不可抗力因素。我方停产基本属于不可抗力因素，因此我方坚持这一观点。

（二）知己知彼

1. 对方公司在整个产业中的位置，进一步明确这种合作关系对双方的重要性，以确定自己的谈判目标。

经过调查我们发现，一方面，对方公司是国内三大GD服装品牌之一，占有全国1/3的市场份额，对方如果失去我方这一合作伙伴，在原材料供应方面会很不利；另一方面，我公司是全国仅有的三家能够生产GD产品的公司之一，失去与我方的合作关系不利于对方的长期发展。

因此，双方都亟须通过这次谈判，和平友好地解决由这次延期交货引起

① 美菱公司商业谈判策划书[EB/OL]. http://www.lzy1.cn ,2010-08-11.

的不快，并力争使合作上升到一个新的高度。

2. 了解谈判对手，尽可能地收集信息，包括其性格、职务、任职时间，等等。

3. 与对方协商确定通则，包括谈判时间及地点等安排。

三、双方核心利益及优劣势分析

1. 我方核心利益：维护企业声誉，保持双方长期合作关系，降低本次疫情中企业停产造成的损失。

2. 对方利益：维护双方长期合作关系；要求我方尽早交货；要求我方赔偿，弥补其损失。

3. 对方优劣势分析：该布料市场为卖方市场，处于供不应求的状态；对方迫切需要布料供应，以恢复自身生产和销售；该布料生产技术及工艺流程处于发展起步阶段，对方无法全面了解。

4. 我方劣势：未按照合同约定按时交货；对方在该行业为强者，失去这个合作伙伴对我方不利；我方无力承担企业名誉受损的损失。

四、谈判目标

战略目标：以最小的的损失维护我方声誉及与对方的长期合作关系。

原因分析：我方重视企业声誉，在该市场上有长期发展；对方为服装行业强者，我方应重视与对方的强强合作；我方应尽量避免加重损失。

最高目标：用合理方式避免赔款；保持其他合作约定。

底线：维护企业声誉；适量赔款；给予一定优惠政策，如价格、供给量、交货时限；维护长期合作关系。

五、具体谈判程序及策略

(一)开局陈述：根据现有资料和情况，我方决定将谈判维持在和谐友好的气氛中。

方案一：平和开局。首先分析本次争端的背景，强调双方的损失，大家都应本着尽早解决争端，迅速恢复合作和各自生产的目的。

方案二：强硬开局。强调此次事件为不可抗力，强调我方已经尽力减少损失，希望对方以合作大局为重，不为短期利益而斤斤计较。

(二)中期谈判

双方进行报价：提出由对方首先进行报价。

我方报价：愿意提供数额很小的象征性赔款以示诚意，对对方提出的大金额赔款不予接受;对于交货期限等其他政策适当考虑优惠。

报价理由:停工为不可抗力;我方已尽力恢复生产,以减少双方损失;对于双方合作关系的重视。

根据对方报价提出问题,如质疑对方所报的赔偿金额的合理性;对对方的指责进行必要的回应。

两大问题:不可抗力,尽力生产。先讲不可抗力——理性分析有理有节,表明自身于理无亏;后说尽力生产——客观阐述,重在诚意诚心,打感情牌。

(三)磋商阶段

1. 我方对赔偿金额的基本原则如下。

(1)不做无谓的让步,应该体现已方让步的绝对值的大小,还取决于对彼此的让步策略,即怎样做出让步,以及如何让对方争取到让步。

(2)让步让在刀口上,让得恰到好处,使自己较小的让步能给对方以较大的满足。

(3)在我方认为重要的问题上要力求对方先让步,而在较为次要的问题上,根据情况的需要,我方可以考虑先做让步。

(4)对每次让步都要进行反复磋商,使对方觉得我方让步也不是轻而易举的事情,珍惜已经得到的让步。

2. 我方遵循的谈判方式——互惠式让步。

我方除坚持底线利益外,不固执于某一问题的让步,统观全局,分清利害关系,避重就轻,灵活地使对方在其他方面得到补偿。

(1)当我方谈判人员提出让步时,向对方表明,我方做出此让步是与公司政策或公司主管的指使相悖。因此,我方只同意个别让步,即对方必须在某个问题上有所回报,我们回去也好有个交代。

(2)把我方的让步和对方的让步直接联系起来。表明我方可以做出这次让步,只要在我方要求对方让步的问题上能达成一致,一切就好解决。

针对对方提出的赔偿金额进行磋商。

方案一:当对方让价为渐进式

基本态度:友好,耐心。

具体应对:初期金额徘徊在高位时,我方可反复强调本次争端并无重大过错,于理无亏。并且及时恢复生产,尽力减少双方损失。

方案二:对方让价幅度开始时很小之后变大

基本态度:冷静,沉着。

具体应对:与之据理力争,但切不可浮躁上火,必要时采用中场休息等技巧进行一定程度缓和,以期局面有所改变。

基本态度:坚决。

具体应对:对方降低赔偿金额的幅度大,则难度也大,故我方应当适当坚决,利用我方为供货方这个优势来要求对方降低赔偿要求。

3. 针对对方提出的提前交货要求进行磋商。

(1)该生产流程及技术环节为相对商业秘密,对方提出提前交货要求不合理,没有遵循正常生产规律,提出对方可以调查相关生产资料,请公证人员或技术人员进行公证。

(2)我方在与对方合作的同时,也与市场中其他厂商进行合作。因此,此次争端并不只是两家公司。其他厂商的订单也在安排之中,我方并没有义务为对方优先生产。

(3)依照我方谈判原则,可以适当采取应急措施,即在生产过程中提前分批供货,以减少对方损失。

(四)辅助性条款商榷阶段

经过激烈的主体条款磋商之后,我们尽量将谈判气氛缓和下来,经过一晚上的休息、娱乐后,第二天双方将进入辅助性条款的磋商。

如果说对主题条款的商榷是“就事论事”,那么关于辅助性条款的商榷就是“细水长流”了。辅助性条款签订的目的就是对未来长期合作关系的一种改进以及确立。

辅助性条款商榷的主体就是在对方进行赔款金额的削减过程中得到的一系列辅助条款,其目的是争取双方的长期合作。在实践中,因为这一部分并不像主体条款的商榷那样具有硬性,因此谈判一般会在一个较为和缓、宽松的气氛下进行。

(五)成交阶段

在这一阶段主要事项已基本确定,谈判趋于结束。

我方可适时提出最后的象征性的让步以显示合作的诚意,但是让步必须把握好尺度,既要考虑到对方主谈的身份地位,又不可让步过多而给对方“依然有利可图”的感觉以穷追不舍、回到谈判第二阶段。

不忘最后的获利,同时可适时要求对方给予我方相应的优惠。

注意协议的完整性与合理性，避免节外生枝。

六、应急预案

如果在谈判一开始，对方因为蒙受的巨大损失而将谈判定在一个极其强硬和恶劣的气氛中，我方则应通过回顾双方的友好合作等行为缓和气氛。同时暗示对方，双方的这一合作对双方的重要性。

如果在谈判中对方坚称该损失并非由不可抗力因素导致的，并举出相应已经宣判为可抗因素的实例，我方同样需要举出宣判为不可抗因素的法律实例，并且强调我方为全国仅有的三家面料生产商，与寻常案例之间基本没有可比性。

如果谈判中对方一再指出自身所受到的巨大损失，试图将这一压力转嫁给我方，我方则首先需要本着理解的态度做出实现拟定的适当让步，随后指出不同的商业合同之间是没有必然联系的，本着就事论事解决问题的态度是不应如此草率地转嫁压力的。

如果对方认为我方现在已经迟于事先约定的5月20日交货，因而要求进一步赔偿，我方则可称因为5月10日对方首先提出索赔，因此我们已经进入了另一套生产—合作程序，原先的约定自然也就作废了。

如果在谈判中对方坚称自己受到较大损失，执意要求我方给予巨额赔款，因我方为客场谈判，因此在进行适当让步之后，可适时提出请示公司高层管理人员，借机暂缓谈判，稳定双方情绪。

注意要点

谈判首先要制定具体的目标和底线，而且要分阶段制定相应的策略。其次，谈判的准备工作也很重要，包括相关的法律资料。我国《合同法》第一百零七条规定，当事人一方不履行合同义务或者履行合同义务不符合约定的，应当承担继续履行、采取补救措施或者赔偿损失等违约责任；联合国《国际货物买卖合同公约》规定：不可抗力是指不能预见、不能避免并不能克服的客观情况。因此，重要的谈判要有专业法律顾问的协助，并对合同、背景资料、对方信息资料、技术资料及财务资料等进行充分的准备。谈判还要制订应急预案，应急预案应当假设出各种紧急情况，制订详细的可操作方案。应急预案是否完备可行，决定着谈判的进程与成败。

环节十一

节假日活动文案

环节十一

NO. 11 节假日活动文案

春节策划文案

写作要点

新年是商品销售高峰:①冬季服装、珠宝首饰、家电等当季商品将热销;②年货商品的促销也将迎来高峰期。春节的促销节奏要“短、平、快”。春节促销的目的主要是提升销量,在举行活动时要注意营造一种紧俏气氛,活动时间不宜过长,要“短、平、快”,要像放爆竹一样急响骤停。在春节促销时,要突出春节文化氛围的营造。除了要围绕既定目标顾客群体展开促销外,还需要针对会员、单位团购、家庭等展开特别的促销。在举办各种商品促销活动的同时,也需要通过文化活动,制定颇具春节特色、适应春节营销的产品组合,营造春节欢乐喜庆的氛围,进一步刺激消费,来提高人气、渲染新年氛围,另外还要举办一些公益活动来提升商场形象。

参考范文

春节促销文案[1]

一、新年惊喜换购价

购物满200元,加×元可换购价值××元的商品;购物满2000元,加×

① 商场春节促销方案[EB/OL]. http://www.koduo.com,2009-06-29.

元可换购价值××元的商品(换购商品可为一些实用性商品,如茶杯、电饭煲、电吹风等)。

操作说明:凭购物小票到服务台一侧换购商品,并在小票上盖章以示无效,如某商品已换购完,可用同价值商品替换。

二、噼里啪啦迎新年

在商场内购物满200元,可扎破气球一个,在气球内藏有奖券。满400元扎两个,以此类推,单张小票限扎10个。奖券设置:(奖券为即刮即开型,100%中奖,奖品为实物商品或消费券)。

一等奖:在奖券上标有6个商场司徽,2名,奖品为价值2000元的礼品或消费券;二等奖:4个司徽,5名,奖品价值500元;三等奖:3个司徽,10名,奖品价值200元;四等奖:2个司徽,20名,奖品价值50元;五等奖:1个司徽,奖品价值10元。

操作说明:可以在商场内圈定一个区域,在里面摆放各种颜色的气球,顾客凭购物小票进内扎气球。

三、购物送马克杯——感受时刻温馨

当将图像印在T恤上已经不再新鲜时,随着流行时尚的不断变化,人们开始流行将自己喜欢的图像和自己的照片或亲友的照片印在陶瓷杯上,又称马克杯,寓意天天相伴,时时都能感受那份怡然自得或者是那份流淌在心底的温馨。活动目标顾客群体:重点针对年轻情侣或三口之家,将恋人的照片或家人的相片印在杯子上,可以让自己所喜欢的人时刻陪伴在身边。

购物满300元,即可赠送一个马克杯,顾客可以选择将自己喜欢的图片或恋人的相片或亲人的相片印在马克杯上,每个马克杯成本在6元左右。立拍立显,立等可取,体现个性魅力,可作为自己的专用杯,也是年轻人相互馈赠的佳品。

设备可以租用专业个性彩印店的设备,或与专业个性彩印店联合举办此活动。

四、拼图大赛

以两人为组合,可以是情侣或父母与孩子或朋友,拼今年的生肖动物图案(所有参赛者为同一幅图案),比谁拼得快,凡在规定时间内拼图完成的,并拼正确的,可以把拼图拿走,拼得最快的前三名再各奖励200元消费券。

另外，凡参加者均赠送一份价值6元的小礼物。

报名电话：在海报上和报纸广告上公布报名电话。

报名人数控制在60对左右。活动可与厂家联合举办，由厂家提供拼图。

五、一谏值千元——倾听您的心声

在旧的一年即将逝去、新的一年即将来临之际，听听顾客的意见，是十分有必要的，这有助于商场对过去一年进行更好的总结和反思，也有助于商场在新的一年里明确如何更好地提升完善自己。同时，此举也会让顾客感受到商场的真诚。

选择周末两天，商场老总亲自坐堂，倾听顾客的意见和建议，凡提建议的顾客均赠送一份精美礼品（价值5～20元，如台历、小型工艺品或印有商场名称的实用商品等），而那些提出了好建议的顾客，可以通过事后筛选，给予1000元的现金奖励，并于次日张榜公布。如果感觉建议特别好，也可以当场拍板给予1000元现金奖励。对于那些提出了好意见和建议的顾客，商场还可以聘为兼职监督员。

操作说明：地点可以选择在商场中央大厅或服务台一侧，准备好建议单（上面标有建议内容、建议人、联系地址或电话等选项），同时准备好笔、椅子、桌子等。具体奖励金额也可以视商场自身实力而定，不过当然是金额越高，吸引力越大，正所谓“重赏之下，必有谏夫”。商场老总坐堂值班，可体现商场的诚恳态度，可以是老总和副总轮流值班。

六、其他活动

礼品展：跟当年生肖动物有关的礼品和商品。

新年公益活动。如是社区商场，可以捐资建造社区公共设施，另外可以重点围绕老人和小孩展示公益活动。

编织围巾教学。冷冷的冬天，为心爱的人编织一条漂亮的围巾，你知道如何编织围巾吗？邀请专业人士在商场现场讲解并示范如何编织围巾，并提供材料供顾客购买。

注意要点

春节活动组织往往涉及的部门和人员比较多且复杂，所以要提前专门为活动设计一种临时性的组织——“活动组委会”，然后分工实施、责权到位，如此才能够将一个复杂的活动有条不紊地顺利进行到底，做到多位一体。此外，厂家、代理商应该在人员、物力、配送等各个方面也要做好充分的准备，防止出现断货或运力不足，以免影响销量。

春节促销固然重要，但要把握好度，要采取“短、平、快”的促销方式，首先时间不可以太长，时间太长会对价格有影响，促销的力度也不可以过于大。促销主要面向消费者而不是渠道，促销主要在终端而不是在流通市场。

圣诞节策划文案

写作要点

每年的12月25日，是基督教徒纪念耶稣诞生的日子，称为圣诞节，是西方国家一年中最盛大的节日，类似于我国过春节。圣诞节营销，要先确定活动主题，比如圣诞许愿、层层购礼等活动。此外，突出圣诞氛围营造。例如，设置圣诞老人、圣诞树等，让营业员和收银员戴上红色圣诞小帽子，以衬托节日气氛，刺激顾客消费，让圣诞老人发礼品等。

参考范文

圣诞节活动文案①

一年一度的圣诞节即将来临，公司决定开展如下活动。希望各连锁门店根据本活动方案，认真准备。

一、节庆假日

平安夜：12月24日

圣诞节：12月25日

① 某商场圣诞节活动文案[EB/OL]. http://www.shengdan.org.cn,2010-05-22.

二、活动主题

第一曲:《您许愿,我送礼》

第二曲:《圣诞节,送欢喜》

三、营销目的

创造气氛、吸引人流、提升销售。

四、商品促销

圣诞节前期推出圣诞贺卡、圣诞礼品、圣诞装饰品、圣诞帽、散装糖果、巧克力等应季商品。

五、活动方案

第一曲:《您许愿,我送礼》

时间:12月21~24日

地点:各连锁分店

内容:凡活动时间内,顾客在各连锁分店一次性购物满38元,即可将自己所喜欢的商品(须本商场有售,只能选一件)名称和本人姓名、联系电话、身份证号码填写到电脑小票背后,投入各店指定的抽奖箱内,12月25日圣诞节各店于大堂门口公开抽出若干名(名额可由各门店根据抽奖情况而定,商品总价值不超过2000元)幸运顾客,部分幸运的顾客即可在圣诞节来临的时候,实现自己美好的愿望;所抽出的商品费用计入各门店,详细运作待定。

第二曲:《圣诞节,送欢喜》

时间:12月20~25日,每晚6~8点

地点:各连锁分店

内容:

1. 活动期间,由各门店自行安排一位身材较为高大、头脑机灵具有幽默感的男员工,穿上圣诞老人服装(装扮得越像越好),背上礼物糖果袋,在店门口或卖场内(最好是巡回走动,这样效果更好)为来店的小朋友派发糖果和圣诞节小礼物。

2. 凡一次性购物满38元的顾客,还可免费和圣诞老人合影一张,以作留念(照片在各店指定时间内领取)。同时,还可与圣诞老人猜拳(剪刀石头布,三局两胜),胜利的顾客即可用一只手在圣诞老人糖果袋里一把抓,抓多少免费得多少。

3. 散装糖果，由采购部负责联系赞助散装糖果，大店约配10公斤，小店可减少，合计约200公斤。12月15日前下发各店。

4. 其他赠品、小礼物，活动所需照相机及胶卷费用由各门店自行解决。

六、气氛布置评比活动

1. 门店于12月10日前按照市场部指定标准，完成圣诞节气氛布置。

2. 门店以创意圣诞装饰和商品关联陈列为主。

3. 市场部制定圣诞节气氛布置评比标准和方案。

4. 营运部、市场部共同进行本次评比活动。

5. 奖金总额3000元。奖状费用较少，暂且不计。

6. 圣诞气氛布置费用预计为2000元。

7. 装饰品由门店上报，市场部统一购买，费用总额不超过10000元。

8. 圣诞气氛布置总费用约15000元（含3000元评比奖金）。

9. 详细情况见《圣诞气氛布置评比表格》。

七、费用预算

1. 第一曲：《您许愿，我送礼》每店2000元×20店=40000元。

2. 第二曲：《圣诞节，送欢喜》糖果每店10公斤×20店×5元=1000元。

3.《卖场气氛布置》费用：1200元。

4.《卖场气氛评比》费用：3000元。

费用总计：45200元。

注意要点

为了衬托圣诞节的节日气氛，举办的活动要丰富多彩。例如，圣诞小礼品可以包括圣诞帽、袜子、手套、毛巾、巧克力、饼干、八宝粥、沐浴绵等；做一些玩具堆头和部分特价玩具，营造一个玩具节的气氛；分阶段推出超低价商品，吸引人流；还可以举办欢乐平安文艺晚会。

母亲节促销活动文案

写作要点

“母亲节”越来越受到广大消费者的重视，开展母亲节的促销活动，要突出感恩母亲、母爱永恒等主题。围绕感恩主题，可以开展多种多样的营销活动。例如，为目标客户发出感恩的提醒或祝福；将卖场的电话定为“感恩热线”，欢迎顾客进行咨询；活动期间，每天为来店的前十位购物的母亲送上一束康乃馨，并送上一声节日祝福；送出的礼品可以视年龄的不同分为孝心礼、青春礼、长寿礼等；可提前制作好以母亲为主题的POP及宣传画等，在店内适当位置进行张贴或者悬挂。

参考范文

针对准妈妈的营销活动文案

一、活动目的

针对准备当妈妈的准母亲，进行当妈妈的初步初体验，以吸引人气，带动销售。

二、活动时间

5月×～×日，选一时间全天举行。

三、活动内容

（一）大腹便便

活动内容：准备好气球，让消费者将气球塞进衣服里面，模拟大腹便便的母亲，开始一天怀孕的生活。坐、站、起身、捡拾物品、游戏、如厕、午睡……体验生活上的不便。制定游戏规则，例如，不得侵犯、伤害别人及自己肚子里的气球宝贝等。

（二）护蛋游戏

准备彩绘用具、生鸡蛋一枚、塑胶袋一个、绳子一条。将鸡蛋彩绘后，放进塑胶袋内，用绳子把袋子绑好，并将蛋挂在脖子上，开始护蛋的游戏。坐、站、起身、捡拾物品、游戏……体验生活上的不便。制定游戏规则，例如，不得侵犯、伤害别人及自己挂在脖子上的蛋。

注意要点

为了保证活动产生更强烈的效果，必须进行相关的预热引导活动，为“母亲节”活动的正式开展做好铺垫工作。告知公众“今天距世界母亲节还有几天”，以及在“母亲节”当天要做的活动内容与活动期间的承诺，以激发消费者参与活动的欲望。

中秋节策划文案

写作要点

中秋是我国的一个传统节日，消费者在这期间消费比较活跃，容易形成消费热点，这一时期已成为商家争取的大好时机。据中国社会调查所（SSIC）公布的对北京等全国近十个城市 2000 位公众如何过中秋的问卷调查，有 53% 的被访者表示会去看望自己的领导或工作上的伙伴。如今的老百姓已经不再满足全家聚在一起吃顿饭这么简单的形式了，中秋节的消费趋向有了一些新变化，有人形象地把这种消费显现称为“月光经济”。特别是中秋节成为法定假日后，中秋更加受到重视。在中秋节策划时，可以突出家的氛围和格调为主，诠释中秋的内涵和底蕴，弘扬我国传统文化，触发所有与会者的共鸣，并使其能以最快和最自然的方式融入本次策划当中，使所有与会者真正体会到家的温馨情怀。

参考范文

中秋节月饼策划书①

一、月饼市场格局分析

西安月饼市场的格局基本上有三个梯队在博弈、角逐：

第一梯队：专业品牌梯队。以××品牌为首，其他品牌为辅，构成了西安月饼竞争最激烈的阵地。这些品牌以阵地战为主，竞争手段公开叫阵，分庭抗礼，营销手法灵活，讲究策略，以攻城略地、抢占市场份额，提高规模销售为主要目的。

第二梯队：酒店、酒楼梯队。知名酒店凭借其在市场的号召力和成熟的渠道，近年来也纷纷进入月饼市场，主攻企业等团购市场，酒楼则主要以特色月饼冲击市场，填补固有渠道的市场空白。

第三梯队：杂牌梯队。以零散小食品厂、小批发市场及集贸市场为主要组成，这类品牌主要沉积在中低端月饼市场，运用游击战术在市场上翻腾，因其力量薄弱，销售对象主要以低收入人群为主，有价格优势，但月饼质量难以保证。

在各梯队的奋力拼争下，西安月饼市场竞争逐渐加剧，品牌优势开始凸显；团购则以中高档为主，个人购买以中低档为主。本地产品占有明显主导地位。占据市场销售的90%。米旗、××、麦里金等西安本地产月饼以其新鲜、质优、价廉而受广大市民偏爱。

二、当前营销难题分析

××月饼前几年在核心主题的选择上，都找到了很好的嫁接点：十周年、台湾问题、新品出炉，等等。今年的嫁接点在哪里，还是个未知数。

有三种方法可以选择：①寻找嫁接点；②创造嫁接点；③和同类竞争产品（米旗）一样，提炼核心广告语，累积推广，形成品牌核心利益点。

在一个新的市场竞争到来之际，须遵循下面几点原则：①强化品牌核心，着力提升月饼品牌形象；②在情感内涵上做文章，寻找与消费者的情感共鸣

① 龙之九子策划机构．安旗月饼营销策划文案［EB/OL］．http://www.hottx.net，2010-09-02.

点,注重与消费者在情感方面的近距离沟通;③制造品牌嫁接点,制造新闻事件,借势造势,扩大社会影响力,增加营销的边际效应,占据市场的制高点。

三、市场促销方案

(一)团购促销活动

1. 罗列符合团购需要的月饼,统一市场价格,印制产品宣传单页。

7 月 31 日前签订团购协议,可享受 6.8 折优惠。

8 月 31 日前签订团购协议,可享受 7.8 折优惠。

9 月 25 日前签订团购协议,可享受 8 折优惠。

2. 团购月饼、更多甜蜜。

选择××月饼的团购客户,享受一定折扣优惠,并随赠 10 元"××糕点代金券",代金券可在 9 月 30 日前在××专卖店进行消费。

团购单位可留下相应数量的名片(可以是公司员工,也可以是要送礼的客户),中秋节前,××公司代表团购客户向以上人员发送祝福贺卡,并从中抽取幸运奖若干名。一等奖 1%,100 元糕点代金券;二等奖 2%,50 元糕点代金券;三等奖 3%,30 元糕点代金券,代金券于 9 月 25 日前在××专卖店进行消费。

(二)卖场促销活动

1. 欢乐度中秋·××礼上礼。

购买任何一款××月饼的消费者,都可凭商场小票领取《××会员卡》(使用《××会员卡》的消费者在每年的中秋节月饼团购、专卖店消费任何产品中,都享受折扣优惠)。

凡当日购买××月饼价值 100 元以上,将获赠××公司提供的兑奖刮刮卡一张,随机中奖率为 5%:一等奖 1%,100 元糕点代金券;二等奖 2%,50 元糕点代金券;三等奖 3%,30 元糕点代金券,现场兑奖。代金券在 9 月 25 日前在××专卖店进行消费。

2. 今年中秋买××、全家畅游芙蓉园。

凡当日购买××月饼价值 100 元以上的消费者,可将自己姓名和联系电话填写在销售小票上,参加××公司集体抽奖。

全市奖项预设置 88 个:幸运者获赠价值"大唐芙蓉园中秋全家欢乐游(限四人)"。

××公司负责在公众媒体上宣布中奖人名录,并向中奖人员传达信息,发放奖品。

注意要点

很多商家利用中秋开展月饼大展销活动。例如，展出不同厂家的各种月饼礼品盒及散装月饼，采取多种方式陈列，给人以丰富感；联合厂家展开不同程度的优惠、赠送小礼品等促销活动；按月饼馅划分陈列区域，如肉馅月饼、无糖月饼及水果馅月饼等；推出中秋礼品组合套餐，把月饼跟其他保健品类礼品组合包装在一起，分为几档，如 88 元、188 元、288 元等。

除了商家，厂家常常也利用中秋推出各种中秋推销活动。例如，可以举办“把月亮带回家”主题活动，凡是购买产品者，均可以送一个挂有月亮的钥匙扣，月亮钥匙扣形状多样，制作精致，上面刻有一些祝福语。如中秋快乐、祝美满、平安、快乐等话语，以及一些描写中秋节和月亮的诗歌词句。此外，还可举办喜拍“全家福”活动，凡购买本产品的消费者，都有机会获得拍全家福活动的机会。

端午节营销文案

写作要点

端午节的营销主题可以与重温爱国诗人屈原事迹等有机结合起来，或者借势端午节，提升品牌知名度，提升品牌形象，达到提高销售额的目的。端午节策划文案包括市场分析、目标制定、对象分析、主题制定及创意策略等内容。

参考范文

品牌粽子促销文案①

一、市场分析

扩大整个市场的需求，进一步扩大整个市场份额是××的长期目标。但如何在端午节短短的时间内达到提升品牌形象，提高市场占有率，达到预期销售额还需要制定短期的策略。

经过对竞争对手的深入分析与反复比较，××需要迅速建立以竞争对手为导向的差异化定位策略。××与其他竞争者最具有特点的就是来自浙江嘉兴的粽子大王、中华老字号！这一点完全可以作为独特性主张进行诉求，并赋予其全新的含义。中华老字号却散发着健康清新的气息，典雅、有文化，是为热爱生活、有品位的人们准备的，要树立高品质、高品位的品牌形象，把高价位的劣势转化为优势，用现有的产品开发新市场，增加销量，扩大市场份额，利用强大的终端销售网络建立终端促销现场，传达与竞争对手不一样的声音。

二、确定广告目标

1. 通过促销活动，在端午节前后一个月内达到预期销售额280万元。

2. 使广州市场占有率提高6%～8%，达到30%。

3. 在广州市场建立的良好品牌形象，树立高品质、高品位的品牌形象。

三、广告诉求对象

此次促销活动属于节假日促销。一方面节假日是团购消费的旺季，在一般的企业中都会由上级发给下级福利和慰问品。而在端午节，粽子正好是礼品的最佳首选，而高档礼品粽系列正迎合了这方面市场的需求。另一方面粽子在端午节几乎是家家必购的消费品，无论是自己吃还是作为礼品走亲访友都是少不了的，没有粽子可以说就不能叫作过端午节。所以，大众消费群仍是粽子消费的主力军。因此，把广州地区内所有可能消费者都列为其促销诉求的对象。

其中细分为三：

---

① 嘉兴“五芳斋”粽子端午节广州市场促销文案[EB/OL]. http://sl.cnad.com,2007-05-04.

1. 基于对团购市场的研究，发现在团购的过程中决策人和购买人行为分离。促销广告将锁定决策人，对其进行广告传播。

2. 利用强大的终端销售网络，锁定广州地区所有市民，对其进行广告传播。

3. 饮早茶，“一盅两件”，是广东人的生活嗜好。所以，出入高档茶楼、酒楼的消费群也是促销对象。

四、广告传播主题

节日使广告的目的变得更加单纯，因为嘈杂的环境使消费者会很快忘记那些繁多的广告说辞。因此，更有针对性的广告才是最有效果的。节假日广告并不必与所有消费者沟通，只需与目标群体达成共识，并刺激他们产生购买欲望，从而形成购买。

1. 市场细分使市场需求呈现多元化。团购市场是节日消费市场的一个分支。这次团购市场的目标消费者主要是广州地区内所有的厂矿企业、机关事业单位。所以，广告要能有效攻击目标消费群体的心，并与其进行沟通。研究节日福利礼品市场消费者的心理，我们发现无论是送礼品的人还是收礼品的人，都希望送礼送得体面，收礼收得大方。而中华老字号百年品牌的产品特性，正可以满足这种心理需求。于是，体面大方就成了团购市场诉求的重点。

2. 根据以上竞争对手的广告分析和自身的特点，在大众消费品市场应该树立起一种有文化、有品位、有内涵、有价值感的品牌形象。××与别的竞争对手相比的最大优势就在于百年老店中华老字号，并更好地诠释了江南稻作文化内涵。所以，在传播主题上应以有文化底蕴的、高品位的、高价值感的产品为主要诉求点。

五、广告创意

（一）广告口号

“品位出粽，与众不同”；“选大品牌，当然体面过人”；“中华粽子第一品”。

（二）媒介标题

“选大品牌，当然体面过人”；“与您一同品味中国食文化的清芬”；“品味生活好滋味”；“粽子大王”；“来自浙江嘉兴的专业粽子生产企业”。

（三）文案创作

1.“龙舟水又涨，端午粽飘香”。一年一度的端午节又将来到，员工们平日辛劳工作，客户们鼎力支持，做老板的您最清楚，趁着这个传统佳节，当然得表表心意！该选什么礼品呢？既要经济实惠，又要大方得体，品牌粽子自然是佳节首选！

××粽子——中华粽子第一品牌，传承江南古镇浙江嘉兴7000多年的稻作文化，根深叶茂。粽子采用绿色无污染之专门基地产糯米、新鲜猪后腿肉和上等作料，并特许取用180米深井水烧煮粽子，确保其“香糯可口，油而不腻，咸甜适中”的传统风味，畅销全国并批量出口到美国、日本及东南亚市场，是名副其实的“粽子大王”！

选大品牌，当然体面过人！

2. 品味。时间是一切最好的见证，就像几千年的粽香，在历史长河的流逝中越发醇厚而又迷醉了。

记忆刻画在岁月深深浅浅的年轮上，永远难以抹去的是对嘉兴粽子不可割舍的眷恋。

幸福不是忙碌生活的一种奢侈享受，随意打开一片粽叶，甜蜜和幸福早已在空气中悄悄弥漫。

六、广告实施

团购市场以直邮广告(DM)为主。直接与消费者进行沟通，设计形式为双面折页彩色印刷品，DM在端午节前一个月发出，寄往各厂矿企业、机关事业单位的后勤部门的主管。

建立强大的终端促销网络，并统一其促销视觉形象。

分析同类竞争对手的促销策略，并及时解决在促销广告传播阶段中存在的问题，适当调整广告策略，并结合企业整体形象进行宣传。

注意要点

商家企业在利用端午节进行营销时，可选择的主题可以是爱国、爱家等，例如可以用“融融端午情，团圆家万兴”为主题，来营造端午节的消费氛围。在策划执行时，要本着“先谋势再谋利”的营销总体思想(也就是先做人气)，吸引顾客前来消费，再通过端午节期间对家庭、亲朋好友的优惠体现对顾客的诚意。同时，也可以根据产品本身的特性，找到与端午节相契合的点进行策划。

其他节日策划

写作要点

国内外主要的节日如表 11－1、表 11－2 所示。

表 11－1　中国主要节日

节　日	时间(农历)	节　日	时间(公历)
春　节	正月初一	元　旦	1 月 1 日
元　宵	正月十五	妇女节	3 月 8 日
清　明	公历 4 月 5 日	植树节	3 月 12 日
端午节	五月初五	劳动节	5 月 1 日
七　夕	七月初七	青年节	5 月 4 日
中　秋	八月十五	儿童节	6 月 1 日
重　阳	九月初九	建军节	8 月 1 日
腊　八	十二月初八	教师节	9 月 10 日
小　年	十二月二十三	国庆节	10 月 1 日

表 11－2　世界主要节日、纪念日(公历)

节　日	时　间	节　日	时　间	节　日	时　间
妇女节	3·8	联合国宪章	6·26	圣诞节	12·25
劳动节	5·1	扫盲日	9·8	复活节	3·21
儿童节	6·1	旅游日	9·27	佛诞节	4·8
消费者	3·15	和平日	932	开斋节	10·1
卫生日	4·7	聋人节	947	感恩节	1144 ①
戒烟日	4·7	老人日	10·1	情人节	2·14
红十字	5·8	住房日	1011	母亲节	527
护士日	5·12	粮食日	10·16	父亲节	637
电信日	5·17	联合国日	10·24	万圣节	11·1
禁烟日	6·3	艾滋病日	12·1	愚人节	4·1
环境日	6·5	诺贝尔日	12·10	敬老节	9·15 日
奥林匹克	6·23	人权日	12·10	老人节	927 美

① “1144”指 11 月第四个星期四，其他类同。

一般来说，节日的营销策划在写作时要包括以下内容。

一、明确目标

一个节日营销活动的主要目标是通过一系列活动，利用消费者在节日里消费较大的特点，通过节日促销来提高销售。对于促销设计，除了迎合喜庆的节日文化氛围，还应该考虑到消费者希望获得经济实惠的消费心理，设计的活动切不可只注重出彩，更应该考虑实实在在。

二、制定促销主题

促销活动要给消费者耳目一新的感觉，就必须有一个好的促销主题。因此，节日的促销主题设计有几个基本要求：①有冲击力，让消费者看后记忆深刻；②有吸引力，让消费者产生兴趣，例如很多厂家用悬念主题吸引消费者探究心理；③主题词简短易记。例如，酒店在春节期间要做好年夜饭生意，就必须以“合家欢”“全家福”为促销主题，有针对性地开展服务项目。

三、制定促销形式

促销形式包括现场秀、买赠、折扣、积分及抽奖等方式。尽管在促销方式上大同小异，但细节的创新有较大的创意空间。

四、把产品卖点节日化

产品节日化的实现，要注重产品的休闲化、主题化、营养化这三个基点，所有节日营销活动都要围绕产品的“三化”展开。产品“三分养七分装”，包装要创新，要别具一格，要使其从千篇一律的金黄红紫的节日装中跳出来，让其好看又实用时尚。

参考文案

在各个节日可以参考的营销主题如下：

元旦——“新年新气象”。新年特别组合优惠活动主导带动其他消费。

春节——“爆竹声中一岁除，春风送暖入屠苏”。各类年夜饭、守岁活动主导带动其他消费。

元宵节——“通宵灯火人如织，一派歌声喜欲狂”。全家团圆饭、赏灯游园会主导带动消费。

情人节——“鲜花和巧克力”。浪漫情人烛光餐、情人套房等主导带动其他消费。

妇女节——“云想衣裳花想容”。女性健身比赛、营养减肥餐、美容课程主导带动消费。

愚人节——“愚人节假话聚会”。另类化装舞会、餐饮及相声等表演主导带动其他消费。

复活节——“复活节糖果化装舞会”。化装舞会、甜点会展等主导带动其他消费。

清明节——“梨花风起正清明”。吃青团、做青团比赛主导带动其他消费。

劳动节——各类活动套票组合优惠活动。

青年节——“春风得意少年志”。网球比赛、羽毛球比赛、乒乓球比赛主导带动其他消费。

母亲节——“做时尚、健康的玫瑰”。女性各类活动主导带动消费。

端午节——“千千情结端午粽”。夏季进补餐饮、包粽子比赛、各种粽子会展主导带动消费。

儿童节——“快乐小精灵一日游”。才艺大比拼、专业营养餐、戏水比赛等主导带动消费。

党的生日——联络各企业开展党员表彰等活动，带动各种消费。

中国情人节——“七夕乞巧，红豆相思”。情人餐、情人套房优惠活动主导带动其他消费。

建军节——军人证优惠活动主导带动消费。

中秋节——“但愿人长久，千里共婵娟”。赏月团圆全家福活动主导带动其他消费。

教师节——“教育点燃知识之火”。凭教师证优惠活动主导带动消费。

重阳节——“桑榆晚景乐无边”。赏菊、吃糕、餐饮等主导带动消费。

国庆节——国庆假期中的各类活动套票组合优惠活动。

万圣节——“让我们一起去见鬼”。化装舞会及自助餐等活动主导带动消费。

感恩节——“感恩节的火鸡大餐”。特别风味餐饮及火鸡大餐等活动主导带动消费。

冬至——“年年至日一阳生”。各类自制补酒推介会、药膳等餐饮活动主导带动消费。

圣诞节——“温馨圣诞冬日情”。圣诞大餐及圣诞舞会等活动主导带动消费。

年末——以各类企业的庆祝活动为主。

注意要点

在消费者被各种各样的节日广告包围的形势下，一个好的节日策划一定要体现其与众不同之处。例如，台湾地区庆祝“母亲节”，在“母亲的伟大、母亲的爱”这一主题下，广告牌上方排列了24位世上伟人的照片，下面的广告词是：“在妈妈的心中，他们只是孩子。”广告牌下方又排列了24个新出生的婴孩，配上的广告词是：“在妈妈的心中，他们都是伟人。”短短两行胜过千言。可见好的节日策划，不但要在视觉上触动人，更应该在心灵上打动人。

环节十二

客户关系管理文案

环节十二

NO. 12 客户关系管理文案

客户联谊会策划文案

写作要点

为了拉近与客户的关系，加强与客户的感情，企业常常会举办客户联谊会，为了确保客户联谊会的顺利实施，联谊会策划文案是实施过程中必不可少的资料。客户联谊会策划文案主要内容包括前言、活动时间、活动前的准备工作、联谊会的程序等。

参考范文

客户联谊会范文①

一、目的和意义

在××家园开盘之前，举行一次客户联谊会，目的就是为新老客户了解项目开发进度，体验快乐、健康的社区文化，交流共同关心的问题提供一个平台。通过这次活动，充分展示项目的魅力，使老客户产生主人翁的认同感，增强自豪感，并自觉或不自觉地传播项目价值，增强意向客户的购买信

① 客户联谊会范文[EB/OL]. http://zhidao.baidu.com,2005－12－05.

心,最终促进销售量的提高。

二、时间和地点

时间:×月×日 18:30~22:30

地址:××家园风情街

三、活动规模

全体业主共约600户、部分意向客户、领导、嘉宾及工作人员。

四、活动内容概要

整台晚会分为四大部分内容,即自助式游园活动、歌舞表演、抽奖及交流互动。这四个部分相互穿插,共同营造社区文化,传达项目信息,加强信息传播密度,加深客户对项目的了解。

(一)自助式游园活动

安排游园活动主要是使业主能在轻松、愉快的环境中自由自在地娱乐,拉近业主、意向客户和开发商之间的距离,使大家能够体验轻松、活泼、多样的休闲感受。在轻松、惬意的活动中,小小的成功就能够让人满足地绽放笑容。这种氛围正是社区文化所需要的,也是容易让人为之动容的。趣味性的游园活动便于营造其乐融融的活动场面,特别是和家庭成员一起参加的业主,为其享受天伦之乐提供了平台,更容易使业主对项目价值产生强烈的认同感,并乐于传播项目价值。自助式游园活动是与会客户自由参与的活动,所以在活动设置上都是一些老少皆宜、难度适中的活动,如蒙眼击鼓、吹气球、投飞镖等项目,成功过关者将得到一定的奖励。

(二)歌舞表演及互动节目

歌舞表演容易聚集人气,是整个活动的集中区。在高雅、精彩的文艺表演中穿插发布项目信息,介绍项目情况,业主易于接受。设置歌舞表演及互动节目不仅能活动气氛,还能调控整个活动场面的氛围,使人在既活泼又紧张的氛围中放松自己,在有张有弛的过程中全身心地投入到活动中来。在表演这个环节中,将以小演员的节目为主,使气氛变得活泼、融洽并更具亲和力。活动中将特别请出一至两户业主和家人一起上台表演节目,使业主以主人的态度参与到我们的活动中来。

(三)抽奖

这一环节是穿插在表演这个环节中进行的。抽奖活动与歌舞表演穿插进行,更能调动现场的气氛,增强活动效果。为使与会业主能自始至终地配合活动的开展，积极参与到活动中去，同时体现开发商对客户的关怀，回报业主的诚心，特别设置了抽奖这个环节。抽奖活动的设置能使与会者更加关注我们以后的活动，更加关注我们的项目，更有利于项目价值的传播。

奖项设置：特等奖1名，价值约3000元奖品1份；一等奖1名，价值约1000元奖品1份；二等奖10名，价值约500元奖品10份；三等奖30名，价值约200元奖品30份。共计约15000元。

（四）交流互动

所有与会客户签到之后，均会领取一份项目资料，并由置业顾问引导进场娱乐。这些过程中，置业顾问不但能在轻松、愉快的氛围中把项目信息传达出去，让客户了解项目进展情况，更可以在与客户交流中收集客户无意间表露的信息。在歌舞表演、游园活动及奖品兑现这些环节中，亦穿插传播一些项目信息，强化客户的记忆，巩固信息的传达效果，项目信息能够集中、强势地传递给客户。

五、场地功能分区

分为报到区、食品发放区、游园区、表演区、兑奖区。

六、工作安排

（一）前期筹备

前期筹备工作包括：活动详细执行方案、工作人员安排、与专业演出公司对接、物料准备、活动现场布置、舞台布置、客户邀约、食品、礼品及奖品采购。

（二）活动过程

保安到位、停车场地安排、客户报到、食品发放、游园活动、歌舞表演、抽奖活动、礼品及奖品发放。

（三）后期跟进

清点剩余物料，对可二次使用的物料登记在册，并入库存放；效果分析报告。由策划部对活动进行分析，并形成报告交开发商；客户跟踪。由置业顾问对活动中对项目感兴趣的客户进行跟进。

七、活动物料

签到区：门票600张、签到桌椅、抽奖箱、台布、报到牌、活动须知公告牌、活动流程图、停车指示牌、警戒线、花篮、拱门等。

舞台区：桌椅、获奖公告牌、抽奖流程、抽奖须知、兑奖流程、兑奖须知、奖品展示、舞台、灯光、音响、背景、节目单及相关道具。

游园区：指示牌、各游戏须知牌、兑奖须知、兑奖点及相关道具。

食品发放、兑奖区：食品、奖品、办公桌、食品发放须知、兑奖流程。

八、费用预算（略）

注意要点

联谊会的注意要点是必须成立会务组，分工明确，责任具体到人。活动小组常常设立三个小组：外联组负责给相关药店经理、友好营业员发放邀请函；后勤组负责场地的联系及准备交通工具、食品、礼品等；礼仪组负责在活动场地门口迎接和接待客人进现场。此外，还要制作计划推进表，以便于检查和落实，各种准备工作都要考虑全面、重视细节到位。

客户服务工作标准

写作要点

客户服务工作标准适用于客户服务中心的工作，是为了提高对客户的服务质量而制定的一种规定。此类文案要包括工作内容与要求、责任与权限、检查与考核。

参考范文

客户服务工作标准范文

1. 到客户处进行服务应是接到客户部通知才可前往。
2. 接到有关客户投诉应前往核查时，应以最快的速度到达客户处。
3. 如因自己另有安排而不能立即到达客户处的，应马上通知客户部内勤，以便另行安排。

4. 在处理投诉的过程中，如果确因我公司质量事故，不得过分地游说客户以勉强接受我公司产品而招致客户不满。

5. 在客户处核实投诉时，如果由客户机器原因或操作不当引起的，不得过分夸大客户的原因，应实事求是。

6. 在客户处核实情况时，如果涉及的问题不是太严重，对产品的使用影响不是太大时，应尽量说服客户接收。

7. 客户服务走访人员应做到不定期地对客户进行走访。

8. 走访人员在客户处应做到不吃、不喝、不拿。

9. 走访人员在客户处不得随意地盘查、询问涉及客户隐私的问题。

10. 客户服务走访人员应做到每次走访后，认真填写“客户走访记录表”。

11. 机器维护服务人员在公司出发前应从客户部领取“客户服务回执单”。

12. 在进行机器维修的过程中应以最快的速度将机器修好，以尽量减少客户被耽搁的时间。

13. 在为客户进行设备维修时，应认真、仔细地分析客户设备的型号、特性，不可修好老毛病，又出新问题。

14. 如因是客户操作不当所致，应认真地向客户讲解清楚，并告知一些应注意的操作常识。

15. 如果客户的机器不必更换零件，不得不负责任地要求客户更换零件。

16. 在客户处进行机器维修时，不得随意地盘问客户，以免致其不满。

17. 在进行机器维修的过程中，不得用脏手随意触摸客户的产品或其他任何物品。

18. 机器维修完毕，应将客户机器周围的油污及脏物主动地清理干净。

19. 机器维修完毕，如客户馈赠答谢，应婉拒，不得接受客户任何钱财的馈赠。

注意要点

客户服务工作标准涉及企业内部管理、运作流程问题。但是，工作标准的出发点如果是基于企业的自身利益而非客户的需求，就会在客户服务中体现出推卸责任、敷衍了事的表象，常常造成企业员工自觉或不自觉地忽视了客户和消费者的感受，客户服务的质量和价值将大打折扣。工作标准一定是以客户为出发点，站在客户的立场上考虑客户服务工作，以便协调资源及执行，奠定客户服务变革的基础。

客服人员的工作目标、利益与企业的目标、客户的利益如果没有有效的统一，或者客服人员没有得到充分的授权，则客服人员往往会有"客户流失了与我有什么关系""客户是否满意又能怎么样""客户做噩梦了关我什么事"的心态，这样工作标准不仅不能起到提高服务质量的目标，还常常容易僵化，养成推托的不良习惯。

因此，客户服务标准要从目标与利益统一入手，将企业目标逐层分解，将客服人员的日常工作内容和职责与企业目标充分结合起来，设置诸如时间、时限处理结果反馈、处理过程通报等考核指标，将员工的利益与客户的利益统一起来。同时，要尽可能在详细地分析客户对服务的不同需求侧重的基础上给予客服人员适当的授权，在制度上创造提供有效服务的空间，避免陷入因标准化而僵化的误区。

客户投诉处理规定

写作要点

客户投诉处理规定主要是为了有效地处理客户投诉，以提高公司对客户投诉案件的处理能力和管理水平，提升客户满意度和忠诚度，促进公司各项工作的可持续健康发展，并避免同类事件发生。客户投诉处理规定要突出时效性，在内容上要体现出具体的解决投诉问题的流程和细则。

参考范文

客户投诉的时效性规定

一、时效性

相关人员通过各种方式接收到客户的投诉时，应立即填写“客户信息反馈单”交至客户部登记（时间大概在30分钟之内，如因提交者延误时间而耽误客户的投诉处理时间，一切责任由提交者负担）。

反馈单的填写必须注意一式三份。

反馈单的有效时间为×天（即客户所反馈的货物批次为×天以内）。

反馈单应填好如下参数：客户名称、提交者、日期、投诉方式、投诉内容。

投诉内容必须将客户所投诉的规格、数量、用料及收到货物的时间一一表述清楚。

如果反馈单的投诉内容中有相关内容未写清楚，客户部有权将反馈单退至提交者处重新填写，甚至不予受理。

客户部在收到反馈单的15分钟之内登记完毕，如有需要现场派人去处理，必须马上联系相关人员及车辆做好准备；如有因客户部工作人员无故拖延时间的，提交者有权进行内部投诉，提请公司上级人员处理。

二、投诉处理分两类时效进行处理

投诉为一目了然型，即我们单从字面上就可以知道出现问题的环节，例如规格做错、出库数量与实收数量不准等情况，我们必须在一天之内全部处理完毕。

投诉为比较复杂的，例如脱胶、起泡、压线破裂等，必须由品质部及相关责任部门的相关人员进行分析并采取相关的控制措施的，三天之内必须处理完毕。

任何人接到关于规格误差较大、发货错误的反馈情况，必须回复客户退货，并及时通知相关部门做好补单及生产工作，不能耽搁客户的生产。

相关责任部门责任人必须认真填写“改进措施”一栏，包括责任人姓名及处罚的相联系的实际情况等。

对于责任部门分析过于片面及形式化,客户部有权退回重新处理。

所有反馈单客户部在三天之内必须收回、登记处理结果并填写“核查结果”是否属实,并留存一联备案,一联给责任部门,一联必须交回至提交者。

如有提交者对处罚结果不满意仍可到客户部进行说明,提交者有权要求重新进行分析和处理。

客户部对所有投诉整理归档,每周向部门经理会议提交统计资料。

三、时效性要求

咨询类问题可以立即予以解答的当场答复,不能立即解答的在一个工作日内予以回复。

投诉、意见或建议类问题,要在三个工作日内予以解决。如有特殊情况,经“中心”同意可以适当延长。

“中心”要在收到各相关部门“投诉派单”后的两个工作日内,进行电话回访。

对于上级派发的“投诉派单”必须在接到派单后的三个工作日内(双休日及法定假日顺延)完成,如发生特殊情况,经上级相关部门同意可以适当延长。

注意要点

客户投诉处理规定贵在执行和落实,应成立客户投诉工作领导小组,负责督促落实相关部门在规定时限内完成对客户投诉的有效处理,并及时回访。因此,要对投诉受理、投诉处理、结果反馈、回访督办及信息通报等各个环节建立流程式管理,并提出时限要求;如果超过规定的时限,则应进行责任追究。

企业公关危机应对策略

写作要点

任何一家企业在纷繁复杂的市场环境下都会遇到一些大大小小的公共关系危机（以下简称公关危机），而在互联网高度发达、媒体泛滥的时代里，企业公关危机的蔓延速度是非常快的，在你犹豫不定或处理不当的时候，事件的负面效应已经被成倍地放大。处理不当将给企业带来毁灭性的灾难，很多知名企业便是突发危机后未能及时进行有效处理，导致企业破产倒闭。企业面临公关危机时应该果断采取应对行动，以便化解危机或把危机带来的负面效应控制到最低。

参考案例

××××年11月30日，香港地区廉政公署拘捕了涉嫌盗取公司资金的××董事局主席YY。××董事局副主席及公司多名高管得知消息后连夜召开紧急会议，商议对策，并在深圳××大厦紧急约见媒体。12月1日，国美、苏宁、永乐、大中四家家电连锁巨头均发出声明：全力支持××。12月2日，YY获得保释。当日，北京松下、彩虹、三星等八大国内彩管企业发表声明，表示将优先保证××的原材料供应。12月3日，深圳7家银行分行行长聚集深圳××大厦，表示将鼎力支持××。而在公司内部，全体员工更是齐心协力共度危机，为了控制局面，YY家族成员集体撤离××管理层，聘请有政府背景的ZZZ出任公司CEO。12月中旬，深圳市副市长到××表态：××本部发展非常稳定，市政府全力支持。×年2月4日，××PDP/LCD技改项目正式获得深圳市政府财政贴息，从侧面向公众告知了政府对××公司的信赖。

随着××股票在香港地区发布年报，显示上一个财务年度营业额再创历史性新高，为104.66亿港元，较上年同期增加13.6%；纯利为4.03亿港元，增长17.8%，利润增长远远高过同行，该事件的风波平稳度过。

注意要点

企业发生公关危机时反应速度必须比救火的速度更快些，因为这比大火烧毁企业的厂房更危险，危机在吞噬的是企业、品牌的信誉。速度是危机公关中的第一原则。堤坝出现一条裂缝，马上修补很简单，如果速度迟缓，几十分钟就可以发生溃坝，企业发生危机时就像堤坝上的一条裂缝一样，马上修补可以避免很多损失，但却因为看似很小的问题，没有引起重视或缺乏危机处理经验等，而错过了最佳处理时机，导致事件不断扩大与蔓延。上述事件化解危机就是在速度上控制有力，把事件的负面影响控制到了最小，取得了危机公关的胜利。处理危机事件除了速度，还有专家解读、转移视线、及时沟通、解决“瓶颈”及征集群众建议等多种处理技巧，在处理危机事件时要善于综合运用，绝不能心存侥幸、推诿责任。

突发公共事件应急预案

写作要点

突发公共事件应急预案的内容要包括编制目的、编制依据、应急事件的界定、适用范围及工作原则，并详细编制应急预案体系。

参考范文

烟草行业突发公共事件应急预案①

为了深入贯彻并落实某文件精神，坚持“以人为本、常抓不懈、重在预防”的安全观，结合公司实际，特制定本预案。

① 烟草行业突发公共事件应急预案[EB/OL]. http://www.wenmi114.com,2009－05－28.

一、应急预案的救援原则

遵循“信息准确、快速反应；以人为本，安全第一；统一指挥，各负其责；立足自救，内外结合”的救援原则。

二、法律依据

依据《中华人民共和国安全生产法》《中华人民共和国消防法》《中华人民共和国道路交通安全法》《中华人民共和国劳动法》《特种设备安全监察条例》《国务院关于进一步加强安全生产工作的决定》《国务院关于安全事故行政责任追究的规定》《关于制定烟草行业突发公共事件应急预案的通知》等法律、法规及党中央、国务院、省政府、烟草行业有关安全生产管理规定。

三、成立安全事件应急指挥机构

1. 成立“安全事件应急指挥组”，设指挥、副指挥。指挥组下设 3 个小组：现场救援小组、后勤保障小组、通信联络小组。

2. 工作职责指挥组职责：①组织、指挥、协助事故部门开展事故救援、现场恢复及其事故善后工作；②提供、联系事故救援所需的相关物资；③协助社会救援部门所进行的现场救援、事故调查和事故处理工作；④组织、协调各专业救援小组的工作；⑤向上级部门汇报事故发生情况；⑥提出对事故责任人的处理及对立功人员的奖励意见。

现场救援小组职责：①根据指挥组安排携带相关物资；②抢救在各类事故(事件)中被困现场人员及其重要物资；③随时向指挥组报告现场情况，为指挥组提供决策信息；④根据上级指示，采取“紧急避险”措施。

后勤保障小组职责：①根据现场需要，汇报所需要救援物资，保证救援物资的供应；②抢救、安置事故伤亡者，安置疏散出的物资。

通信联络组职责：①根据指挥组安排，启动预案，通知所有预案内人员；②根据指挥组的指令，向上级等有关部门报告事故现场情况；③负责维护现场秩序，疏散现场围观群众；④调解事件矛盾并做好政策宣传教育工作。

四、筹备应急资源

(一)物质资源

①各批零售网点及公司大库必须备有下列救援及防护物品：干粉灭火器3～5具；防盗抢专用器械：电警棍 2 个、狼牙棒 1 个；②单位值班应急车辆；③应急药品、急救工具。

（二）人力资源

以下人员必须经过相关方面的专业训练或者从事过本专业工作：①火灾事故现场保护人员；②事故现场伤者的救治人员；③其他需要现场分析、决策等相关技术人员。

（三）资源的配置与管理

以上应急资源由安全事件应急指挥组调配。

五、应急启动程序和应急处置程序、措施

（一）应急启动程序

1. 不论发生何种安全事故（事件），都要立即启动本应急预案，同时向公安、保险等职能部门报告。

2. 不论发生何种安全事故（事件），事故部门都应视事故性质、严重程度上报相应的社会救援部门。

3. 预案指挥组成员接到预案启动命令后必须迅速各就各位，认真履行其职责，保证24小时通信畅通。因特殊情况不能履行其职责的，其职权转交本单位（部门）其他负责人。

（二）应急处置程序、处置措施

1. 火灾事故：①了解火场内部是否有被困人员、所燃烧物品、是否有爆炸物及化学危险品；②了解燃烧物质、失火现场建筑物情况、疏散通道出口起火点处于建筑物内的大致方位；③切断火场电源，解救被困人员；④利用现场灭火设施进行扑救；⑤确认人员已全部疏散，关闭防火门。应该注意的问题：①进入烟雾较大的火灾现场应携带应急照明以及湿毛巾；进入火势较大的火灾现场应穿消防服；进入楼房火灾现场人员抢救被困人员应携带消防救生绳，所有进入火灾现场人员均应携带通信工具，并保证每5分钟联系一次，若联系中断，必须组织第二次救援。②在没有足够的安全措施下，严禁进入火灾现场，所有人员未经过火灾现场指挥员允许，不得进入火场。③火灾扑救完毕后，要组织人员现场看守（不得破坏现场），防止余火复燃。

2. 交通事故：①车辆故障发生影响车辆正常行驶的故障要迅速在保证安全的情况下停驶到安全地点进行现场维修，不能现场维修的拨打电话等待救援。发生车辆失火事故，要立即停驶，车内人员要迅速离开车内。若车前盖内冒烟，在没有准备好灭火措施前，不要打开车盖；若不能自救，要马上离开车辆，同时拨打“119”“122”电话。②轻微碰撞按事故程序快速处理。

③人员伤亡事故若发生有人员伤亡的重大交通事故，车内轻伤人员要迅速打开车门或车窗离开现场，并及时拨打“120”“122”电话。在救护人员未到达之前，有条件的要对重伤人员进行现场抢救（主要针对正在大量出血的伤口、受外力挤压及严重呼吸障碍等情况采取措施），对头脑清楚，骨骼、颈椎可能受损人员，不要轻易采取措施。

特别提示：①处理以上两种情况时，应尽量离开公路，防止二次事故；②要尽量争取时间，最大限度降低人员伤亡和财产损失；③要始终坚持救人先于保护现场的原则。

3. 抢劫盗窃事故：①发生盗窃事件。若发现窃贼正在行窃中，应首先报警。发现人（营销人员、部门值班人）要持有防身器械。若发现人（营销人员、部门值班人）与窃贼同在一个建筑物内，在可能的情况下，发现人（营销人员、部门值班人）可离开建筑，将窃贼反锁在建筑物内。②发生盗窃既遂案件。发现人（营销人员、部门值班人）不要进入现场内部，按程序上报。特大盗窃案件，应立即报告，并立即组织力量布控，设置警戒线，在公安部门到达之前，禁止任何人进入现场。③发生抢夺案件。受害部门应及时报告“110”。发生这类事件之后，受害人（营销人员、部门值班人）应当尽量将犯罪嫌疑人的体貌特征辨认清楚，牢记在心，并及时拨打“110”，在条件允许的情况下，最好能够当场抓获其中的一名犯罪嫌疑人。此外，还要保持现场原状，组织人员维护现场，同时报告有关部门进行现场勘验。对有关案件信息要做好记录。此时单位各部门电话必须有人看守，案件情况不宜在单位内传播。

应注意的问题：①发生盗窃、抢夺案件，所有措施都要在充分保护人身安全的前提下进行。②事故当事人要沉着、冷静。

4. 事故善后工作：①事故救援调查结束后，要积极组织现场恢复，尽快恢复生产经营工作。②积极协助有关部门进行事故原因调查，并写出书面事故报告，按程序上报有关部门。③主动与地方政府及有关部门协商，按有关政策对事故伤亡人员进行补偿，并及时对伤亡人员家属进行安抚。

六、处罚与奖励

1. 事故依法判定后，依据有关部门对事故结论的判定结果上报，申请对事故救援中表现突出的人员给予奖励，对事故有关责任人进行处罚。

2. 奖励与处罚的书面材料连同事故报告一并上报备案。

注意要点

在制订应急方案时,应急措施的制定是关键。例如,在发生应急事件时,首先要采取正确的警示措施,包括发警报、警示牌和宣传材料等,类似细节要具体可行;再如,控制谣言方法,因为谣言造成的危害有时比灾害或事故本身还要大。所以,如何控制信息散布渠道、公布权威信息,也要在应急方案中做出详细可行的规定。

环节十三

营销策划合同文案

环节十三

NO. 13 营销策划合同文案

企业广告策划合同

写作要点

广告策划合同,是指广告策划客户与广告策划经营者之间确立、变更、终止广告承办或代理关系的协议。根据广告策划业务活动的内容,广告策划合同应当具备下列主要条款。

1. 标的和数量、质量。标的是指承办或代理的广告项目;数量是指完成广告项目的多少;质量是指广告策划项目满足规定要求的特性的总和。

2. 广告策划内容及交验、查验广告策划证明文件。以此认定广告策划内容是否经过审查和合同双方当事人是否履行了法规规定的签约程序,如发生违法问题,各自应当承担什么责任。

3. 广告策划费用。广告策划费用包括两部分:①广告策划合同当事人一方向另一方支付的,与其为完成广告项目所提供的财产相当的货币;②广告策划合同当事人一方向完成委办的广告策划项目完成的期限、地点和方式。

4. 广告策划原材料的提供以及其规格、数量、质量、交付期限。

5. 技术资料、图纸或广告策划作品提供的期限、质量、数量及保密要求。

6. 广告策划项目验收标准、办法、期限和违约责任及解决合同纠纷的方式。

参考范文

企业宣传策划文案

项目名称:××企业宣传策划

委托方(甲方):

顾问方(乙方):

一、技术情报和资料的保密

包括当事人各方情报和资料保密义务的内容、期限和泄露技术秘密应承担的责任。

二、双方可以约定,本合同变更、解除或终止,本条款均有效

三、本合同依据《中华人民共和国合同法》的规定,合同双方就某企业的企业策划,经协商一致,签订本合同

四、咨询的内容、形式和要求

乙方为甲方提供宣传方案并实施。

五、履行期限、地点和方式

本合同自××年×月×日至××年×月×日于某地点履行。合同的履行方式:提交策划方案,经甲方认可后付款。

六、报酬及其支付方式

1. 本项目报酬(咨询经费):__________元。

2. 支付方式:时间__________,支付__________。

七、违约金或者损失赔偿额的计算法

违反本合同约定,违约方应当按合同法规定,承担违约责任。

八、争议的解决办法

在合同履行过程中发生争议,双方应当协商解决,也可以请求________________进行调解。

双方不愿协商、调解解决或者协商、调解不成的,双方商定,采用以下第(　)种方式解决。

1. 由仲裁委员会仲裁

2. 向人民法院起诉

九、本合同有效期限

______年____月____日至______年____月____日

甲 方：____________________　　乙 方：____________________

代表人：____________________　　代表人：____________________

______年____月____日　　______年____月____日

注意要点

签订合同的双方当事人会特别注意合同质量条款，要规定得尽可能详细、具体。广告策划合同的标的，一般表现为脑力劳动的成果，不可能规定出精确的标准。因此，合同双方当事人应当在洽谈、协商具体的广告项目时，就质量条款进行认真协商，尽可能规定得具体些，并明确检验的标准和方法，以保证合同正确、全面地履行。

广告策划的请战书（函）

写作要点

请战书是企业向客户或下级向上级请求合同任务时所使用的一种文书。请战书要表明受领合同或任务的能力、程序和承诺，以期得到对方的反馈。

请战书虽然不是法律文书，不具有法律效力，但是，由于它是广告策划公司自愿申请或签订的，受到客户的关注与监督，这就产生了约束力。写请战书的广告策划公司将会自觉地在所定条款内行动，保证出色完成所委托的任务。

请战书一般采用书信体格式，请战书的具体请战内容一般是用分项的方式一条条地列出的。请战书的格式及结构比较简单，通常由标题、称呼、正文、署名和日期组成。

参考范文

广告招商策划请战函

尊敬的××：

我们的广告招商特别策划将是一份更好的广告招商方案！启动此项策划方案，将为您提供更好的招商思路，有可能大幅提高贵台的广告招商收益！

策划的能力与背景：我公司是一家高起点、专业化并拥有十几年项目策划经验和管理经验的专业策划公司。通过长期的策划实践，我公司在策划服务和项目运作方面，积累了一整套高效的策划服务和项目运作经验。我们精心策划了××项目，并在全国各地举行的招商巡回研讨过程中，对广告招商思路有了比较特殊的招商创意，将可能大大提高招商效益，故此特地提出此策划请战函。

工作程序及任务：为了保护我们的策划创意和正当权益，特别拟定了此项工作的基本程序：您若同意我公司的策划申请，将此策划申请签字盖章后邮寄给我公司；我公司在收到您签署的申请后，将拟定《策划方案的主题创意和基本思路》，并将方案当面提交签收；再共同探讨方案的可行性，如果同意使用我公司的策划方案后即付给我公司创意费（策划费总价为××万元，首期付创意费××万元人民币）；若不同意执行策划方案，则应在五年内不得使用我公司的主体创意思路和策划方案；我公司协助拟定策划文本的实施细则；我公司提供不断跟进的策划服务，以协助进行招商工作；若贵公司在策划执行一年后，仍然决定在下一年使用我公司的主体创意，则应立即付清策划费。

承诺：我公司先拟订并提交策划方案，由贵司签阅并同意使用才付款，否则分文不取！

特此申请

×××

××××年×月×日

注意要点

请战书的目的和缘由的写法常有以下几种：①从总体形势出发，引出请战的事由；②从面临的任务写起，引出事由；③从某一个的具体事例写起，引出请战事由。这部分应写得言简意赅，不可拖泥带水。

请战书的理由和请求，是请战书的重点部分，理由通常写明本单位或者个人完成任务的有利条件、请战的理由、能力和承诺，等等。理由较多时，可以分出条目一项一项列出。写作时一定要防止空洞无物、单薄无力，要写得具体、充分、实在，使其有很强的可信度，能使阅读者相信递交者有完成该项任务的条件和能力。

请战书时语言要实事求是、简洁凝练，不可使用过多的华丽辞藻，不可过于煽情，让人产生不信任感，只需把理由、能力和承诺都用质朴无华的语言充分表达清楚。

销售代理协议书

写作要点

生产单位或生产企业委托中间商在某地区或市场销售其全部产品，称销售代理商。在销售代理协议中应明确规定委托方和代理销售商的权利和义务。

参考范文

销售代理协议书

第一条　约因

制造商姓名__________，其公司法定地址__________________________

(简称制造商),同意将下列产品________________________(简称产品)的独家代理权授予代理人(简称代理人),代理人姓名________,其公司法定地址____________________。代理人优先在下列指定地区(简称地区)推销新产品:______________________________。

第二条　代理人的职责

代理人应在该地区拓展用户,代理人应向制造商转送接收到的报价和订单。代理人无权代表制造商或签订任何具有约束性的合约。代理人应把制造商规定的销售条款(包括装运期和付款)对用户解释。制造商可不受任何约束地拒绝由代理人转送的任何询价及订单。

第三条　代理业务的职责范围

代理人是______________市场的全权代理,应收集信息,争取用户,尽力促进产品的销售。代理人应精通所推销产品的技术性能。代理所得佣金应包括为促成销售所需费用。

第四条　广告和展览会

为促进产品在该地区的销售,代理人应刊登一切必要的广告并支付广告费用。凡参加展销会须经双方事先商议后办理。

第五条　代理人对用户的财务责任

代理人应采取适当方式了解当地订货人的支付能力并协助制造商收回应付货款。通常的索款及协助收回应付货款的开支应由制造商负担。

未经同意,代理人无权也无义务以制造商的名义接受付款。

第六条　用户的意见及代理人的作用

代理人有权接受用户对产品的意见和申诉,及时通知制造商并以关注制造商的切身利益为宜。

第七条　向制造商不断地提供信息

代理人应尽力向制造商提供商品的市场和竞争等方面的信息,每4个月须向制造商寄送工作报告。

第八条　保证不竞争

代理人不应与制造商或帮助他人与制造商竞争,代理人更不应制造代理产品或类似于代销的产品,也不应从与制造商竞争的任何企业中获利。同时,代理人不应代理或销售与代理产品相同或类似的(不论是新的或旧的)任何产品。

此合约一经生效，代理人应将与其他企业签订有约束性的协议告知制造商。不论是作为代理的或经销的，此后再签订的任何协议均应告知制造商，代理人在进行其他活动时，绝不能忽视其对制造商承担的义务而影响任务的完成。

本协议规定在此协议终止后的5年内，代理人不能生产和销售同类产品予以竞争，本协议终止后的1年内，代理人也不能代理其他类似产品，予以竞争。

所有产品设计和说明均属制造商所有，代理人应在协议终止时归还给制造商。

第九条　保密

代理人在协议有效期内或协议终止后，不得泄露制造商的商业机密，也不得将该机密超越协议范围使用。

第十条　分包代理人

代理人事先经制造商同意后可聘用分包代理人，代理人应对该分包代理人的活动负全部责任。

第十一条　工业产权的侵犯

代理人应视察市场，如发现第三方侵犯制造商的工业产权或有损于制造商利益的任何非法行为，代理人应据实向制造商报告。代理人应尽最大努力并按照制造商的指示，帮助制造商使其不受这类行为的侵害，制造商将承担正常代理活动以外的此类费用。

第十二条　代理人独家销售权的范围

制造商不得同意他人在该地区取得代理或销售协议产品的权力。制造商应把其收到的直接来自该地区用户的订单通知代理人。代理人有权按本协议书第十五条规定获得该订单的佣金。

第十三条　向代理人不断提供信息

为促进代理活动，制造商应向代理人提供包括销售情况、价目表、技术文件和广告资料等一切必要的信息。制造商应将产品价格、销售情况或付款方式的任何变化及时通知代理人。

第十四条　技术帮助

制造商应帮助代理人的雇员获得代理产品的技术知识。代理人应支付其雇员往返交通费及工资，制造商应提供食宿。

第十五条　佣金额

代理人的佣金以每次售出并签字的协议产品为基础，其收佣百分比如下：

__________美元按__________%收佣；

__________美元按__________%收佣。

第十六条　平分佣金

两个不同地区的两个代理人为争取订单都做出极大努力，当订单于某一代理人所在地，而供货制造厂位于另一代理人所在地时，则佣金由两个代理人平均分配。

第十七条　商事失败、合约终止

代理人所介绍的询价或订单，如制造商不予接受则无佣金。若代理人所介绍的订单合约已中止，代理人无权索取佣金，若该合约的中止是由于制造商的责任，则不在此限。

第十八条　计算佣金的方法

佣金以发票金额计算，任何附加费用如包装费、运输费、保险费、海关税或由进口国家征收的关税等应另开发票。

第十九条　佣金的索取权

代理人有权根据每次用户购货所支付的货款按比例收取佣金。如用户没有支付全部货款，则应根据制造商实收货款按比例收取佣金，若由于制造商的原因用户拒付货款，则不在此限。

第二十条　支付佣金的时间

制造商每季度应向代理人说明佣金数额和支付佣金的有关商务，制造商在收到货款后，应在30天内支付佣金。

第二十一条　支付佣金的货币

佣金按成交的货币来计算和支付。

第二十二条　排除其他报酬

代理人在完成本协议义务时所产生的全部费用，除非另有允诺，应按本协议第十九条之规定支付佣金。

第二十三条　协议期限

本协议在双方签字后生效，协议执行1年后，一方提前3个月通知可终止协议。如协议不在该日终止，可提前3个月通知，于下一年的12月30日终止。

第二十四条　提前终止

如本协议第二十三条规定，任何一方都无权提前终止本协议。除非遵照适用的____________法律具有充分说服力的理由方能终止本协议。

第二十五条　文件的归还

协议期满时，代理人应将本协议第十三条中所述及的由制造商提供的全部广告资料及所有文件归还给制造商。

第二十六条　存货的退回

协议期满时，代理人若储有代理产品和备件，应按制造商指示退回，费用由制造商负担。

第二十七条　未完之商务

协议到期时，由代理人提出终止但在协议期满后又执行协议，应按本协议第十五款支付代理人佣金。代理人届时仍应承担履行协议义务之职责。

第二十八条　赔偿

协议因一方违约而终止外，由于协议终止或未能重新签约，则不予赔偿。

第二十九条　适用法律

本协议适用于制造商总部______________所在国之现行法律。

第三十条　仲裁

因执行本协议而发生的任何争执应根据________________的法律____________________仲裁解决。投诉方和被投诉方应各指定一名仲裁员，双方应提名一位公证人。

如两名仲裁员在30天内未能就提名一位主席达成协议，仲裁应有权提名第三名仲裁员为主席。仲裁所作出的裁决是终局的，对双方均有约束力。

第三十一条　变更

本协议的变更或附加条款，应以书面形式为准。

第三十二条　禁止转让

本协议未经事先协商不得转让。

第三十三条　留置权

代理人对制造商的财产无留置权。

第三十四条 无效条款

如本协议中的一条或一条以上的条款无效，协议其余条款仍然有效。

本协议一式两份，双方各执一份。

甲 方：
地 址：
邮 编：
联系人：
电 话：
传 真：
E－mail：
授权代表：
签署日期：

乙 方：
地 址：
邮 编：
联系人：
电 话：
传 真：
E－mail：
授权代表：
签署日期：

注意要点

委托方授予代理销售商全权经营权利，在执行协议的期间内，不得再委托另外代理商销售同类产品。代理销售商在推销其商品时在一定时期内有一定的售价决定权，并且在规定的时间内必须完成一定的销售额或销售量。此外，代理销售商还负责刊登商品广告、举办陈列展销，促进销售业务，其中按比例收取佣金。对于生产单位规模较小，资金有限而产品又有竞争能力的产品但又无销售渠道的生产企业宜采用这种方式将产品打入目标市场。

产品经销合同

写作要点

经销合同总体来说是买卖合同的一种，但经销合同还是有其自身的特性。制定产品经销合同，在内容上要突出这些差异：一般的买卖合同，主要强调是对某种商品的一次性的买卖，而经销合同是对某种商品的连续性的买卖;在一般的买卖合同中,卖方不关心买方对产品使用的用途,而在经销合同中,有时生产厂家会规定经销商销售的地域;在一般的买卖合同中,卖方只要与买方协商一致,就可以确定产品价格;而在经销合同中,有时生产厂家会规定经销商销售的最低价格,甚至规定所有经销该产品的统一价格;在退换货方面,经销合同的规定往往比买卖合同规定的要宽松得多。

参考范文

产品经销合同

鉴于双方在平等自愿的基础上就甲方委托乙方作为上述产品的______地区经销商事宜,特订立协议如下。

第一条:定义

1. 产品。本协议中所称“产品”,系指__________系列产品。

2. 地区。本协议中所称“地区”,系指__________经双方经书面同意的其他地区。

3. 商标和专名。本协议中所称“商标”和“专名”,系分别指________________(商标的全称和专名的全称)。指定产品的中文名称:__________。

第二条:经销权甲方兹给予乙方以“商标”和“专名”向“地区”内客户总经销“产品”的权利。

第三条:专管权

1. 交易甲方不得再将“产品”售予、让予或以其他方式使“地区”内乙方以外的任何个人、公司或其他主体取得“产品”。

2. 委托。甲方不得委托“地区”内乙方以外的其他个人、公司或其他主体作为其经销商,以进口和销售“产品”。

3. 询购。甲方收到“地区”内任何客户有关“产品”的询购,均应交给乙方。

4. 再进口甲方应采取适当措施防止他人在“地区”内出售“产品”,并不得将“产品”卖给甲方知道的或有理由相信拟在“地区”内再进口或出售“产品”的第三者。

第四条:价格、条件

1. 价格

(1)甲方给予乙方的价格和条件,应随时由甲方和乙方商定,此项价格和条件的确定并应考虑到正常贸易惯例及经常存在的市场竞争情况,使双方从销售中获得相当利润。

(2)甲方给予乙方一个较稳定的市场价格,如有变动,也是每年年初发给的年度价格表。

(3)如有产品价格变动,甲方应在改变价格和折扣的30天前书面通知乙方,所有改变价格期限之前双方签订的合同一律保证价格,并按正常交货期交货。

(4)乙方所享受的代理折扣由双方另行商定,但甲方应当保证乙方应获得不低于______的折扣。

2. 单独合同在每次具体购买产品时,双方应缔结单独合同。

3. 最惠条款甲方声明,本协议中各项条款是甲方现在给予经销商和制造商最优惠的条款,今后如甲方向任何其他经销商或制造商销售“产品”时提供比本协议更有利于买方的条件时,甲方应立即以书面形式通知乙方,并向乙方提供此项更有利的条件。

第五条:甲方的责任

甲方同意在下列方面承担义务:

1. 承诺并保证作为×产品的中国总代理完全有资格与乙方签订本协议。

2. 自费提供样品和一切可以供应的广告资料。

3. 提供现行的国内价目表,并将价目表内任何预期的变更迅速通知乙方。

4. 甲方将向乙方免费提供一定数量的产品资料。大批量的资料在必要的情况下可由乙方申请甲方提供。

5. 应及时向乙方提供其产品在国际市场上最新的行业动态信息,经常为其提供有利于推销产品的意见,以便乙方能采取多元化的市场推广策略和销售方式。

6. 甲方将对乙方的工程师提供全面的技术培训,并提供足够的技术支持。

7. 甲方对于乙方售出的产品，凡是属于产品质量问题而造成的损失，一切均由甲方承担责任或给予免费更换。

第六条：乙方的责任

1. 为在“地区”内推销“产品”并为客户服务，应自费提供和保持一个有经营能力的机构，并尽一切努力争取达到有利于甲方为利用“地区”内各种销售机会而制定的销售指标。

2. 乙方应根据需要，在“地区”内发展区域性代理商和分销商，签订合同和管理将由乙方独立负责。

3. 乙方将配备足够的销售工程师和技术工程师来配合市场销售的需求，他们会全面了解系列产品的特性及用途，并能够承担培训、现场检测服务和操作示范等任务。

4. 供给甲方有关销售“产品”的详细报告，以及尽可能多的有关“地区”内各种销售机会和竞争者推销活动的情报。

5. 乙方应尊重和保护甲方的知识产权，并保证不将售出的任何甲方产品复制后用于商业目的。

第七条：双方关系

根据本协议所建立的甲方和乙方，在协议有效期内的关系仅属卖方和买方的关系。任何一方均无权对某一第三者代表另一方，或以另一方的名义签订合同。本协议并不产生代理权，如果任何一方以另一方的名义或以另一方代理人的名义行事，以致另一方遭受损失时，该导致损失的一方，应使受害的一方不负担由此而产生的费用。双方并未也无意建立任何代理、合伙、合营企业或雇主和雇员的关系。

第八条：甲方名称等的使用

1. 特许。乙方为商业目的使用“商标”和“行名”或它们的简称或变称，并得标明自己为“地区”内“产品”的经销商。

2. 注册。如乙方提出要求，甲方应自费负责为“商标”和“专名”在“地区”内办理申请、正式注册并保持其效力。

第九条：期限、终止本协议自______年____月____日起生效，有效期为______年，如遇下列情况和条件，本协议应终止

1. 如任何一方有违背本协议的实质行为，另一方得以书面通知该方，叙述此种违约行为，并说明除非该方对此种违约行为按本节规定加以纠正；否

则,另一方将按照本节规定终止本协议。如该通知发出后九十天内仍未得到纠正,则本协议根据这一事实在上述九十天期终时即时终止。

2. 如任何一方根据破产法或债务人救济法提出或同意提出破产申请或其他救济申请,或被裁定破产,或解散,或清理,或对债权人做任何转让,或对该方指定了产业管理人或类似人员,则在上述任何情况下,另一方得在任何时候以书面通知终止本协议。

3. 如遇本协议所规定的某种不可抗力事由,以致协议一方在超过______天期限后依然无法履行其义务时,则另一方可在任何时候以书面通知立即终止本协议。

第十条:解约的影响

凡在本协议终止前双方间已发生且尚未了结的任何债务,或在本协议终止前由于一方违约而发生的另一方的损害赔偿请求权,均不受本协议终止的影响。

第十一条:保证

1. 甲方向乙方保证,所有“产品”均符合“地区”内的标准。可以出售,并适合销售目的。甲方并保证“产品”在原料和制造工艺方面均符合质量标准。

2. 免受损失。凡因“产品”被指称质量低劣,或因侵犯专利、商标,或因在“地区”内销售或使用“产品”而引起的其他任何类似的责任事由,甲方应保护乙方,使之不受损失。

3. 质量。如乙方发现任何“产品”质量低劣,并将此事实通知甲方,甲方应按乙方提出的要求,立即予以调换或对乙方给予补偿,其费用由甲方自行负担。对由于上述调换或补偿而引起的损害,乙方不丧失其索赔权。

第十二条:一般条款

1. 不可抗力。本协议任何一方如遇到非所能控制的事由,以致直接或间接地造成任何延误或无法履行本协议及(或)各个单独合同的一部或全部条款时,则在此范围内得以免除其责任。此类事由包括但不限于:水灾、火灾、海啸、地震事故或机械故障、天灾、战争、封锁、禁运、劫持、战争威胁、战争性情况、扣押、暴动、动员、暴乱、非暴力骚乱、革命、制裁、抢劫、罢工、劳动纠纷、工业干扰、动力供应不足、缺乏正常运输工具、金融恐慌、交易所关闭、国有化、禁止进口或出口、拒发政府命令、敌对行动或其他类似或不类似上述原因而非该方或双方所能控制的。如由于立法或政府行政命令以致任何一方或双方失去根据本协议应得的利益时，双方应重新审查本协议的条款，以便恢复任何一方或双方根据本协议原已取得的同样的相应的地位。由于发生不可抗力事由的书面的通知，应由受影响一方以合理速度送达另一方。

2. 转让。本协议任何一方在未征得另一方书面同意之前，不得转让本协议或本协议内规定的任何权利和义务。任何转让在未征得对方事前明确的书面同意之前，应属无效。

3. 商业机密。本协议任何一方均不得在本协议期限内或期满后______内，对不论与另一方是否有竞争的任何个人、行号或公司泄露有关另一方业务经营或行情的任何消息或情报。

4. 通知。根据本协议规定所发出的任何通知应以中文和英文做成书面，并以预付邮资的航空挂号信，按上文载明的地址或本协议任何一方可能按本节规定通知送达的其他地址，送交收件人。任何此种通知应视为在付邮日后第________个营业日送达。而此种通知正式付邮的证件，应视为送达此种通知的充分证明。

5. 适用法律和贸易条款。本协议的成立、效力、解释和履行，应以______国法律为准。本协议内的贸易条件应服从最新修订的条款的规定和解释。

6. 仲裁。所有其他一切来自本协议或关于本协议或关于违背本协议的争执或异议，在双方通过善意协商未能达成和解时，应提交某仲裁委员会按其仲裁规则进行仲裁，裁决应视为终局裁决，对协议双方均有约束力。

7. 可分割性。本协议内各条款应视为可以分割，本协议内任何条款的无效，不应影响本协议其余条款的效力。

8. 保留权利。协议任何一方在任何时候不坚持另一方执行本协议的任何条款时，不应视为放弃此项条款或放弃以后坚持另一方执行此项条款的权利。

9. 其他约定。本协议包括双方关于本协议主题的全部协议和谅解，并取代双方以前关于本协议主题以书面或口头提出的任何性质的讨论所达成的一切协议和谅解，除本协议的明文规定外，其他有关本协议主题的任何条件、定义、保证或声明,对双方均无约束力。

关于本协议的任何更正、修改、更换或变更,以书面为之,并明确与本协议有关、由协议双方正式授权的人员或代表签署。

为证明起见,本协议一式两份,在本协议起自所载的日期内双方正式授权的人员或代表签署。

甲方:	乙方:
地址:	地址:
联系人:	联系人:
电话:	电话:
签署日期:	签署日期:

注意要点

在市场的激烈竞争中,经销商直接面临消费者,他们最担心的是,出现问题后如何解决。经销商在经营活动中,由于供货商的原因,会在两个方面引起麻烦:①由于产品质量的问题,消费者要求索赔;②由于知识产权等问题,第三人要求侵权赔偿。因此,值得经销商注意的是标的、质量、违约责任等条款。在经销合同中,一定要写明标的。建议广大经销商在签署合同时,将所经销的产品的品名、型号、规格等一一写明。即便是老客户,在拿货时,也必须将上述条件写清,以免日后引起纠纷。质量条款,这也是极为重要的一条。建议广大经销商根据实际情况,在签署合同时,写明质量标准。此外,根据经销产品合同的特殊性,建议广大经销商在签署经销合同时,多增加一些条款。例如,存货的处理;降价产品的结算;产品侵权的责任;关于知识产权等。

另外,如果考虑到进行诉讼,建议经销商将诉讼的管辖地订立在自己经营住所,这样,一方面避免进行诉讼时一些额外费用的支出;另一方面避免一些由于地方保护主义而给诉讼带来的不必要的麻烦。

广告发布委托合同

写作要点

广告发布委托书，是指当事人为把广告代理权授予委托代理人而制作的一种法律文书。它是委托人实施广告发布授权行为的标志，是产生广告发布代理权的直接根据。广告发布委托人和受托人要写明法人的全称、地址、法定代表人姓名等情况。合同还要把广告发布委托事项、代理权的范围、价格费用以及违约责任等写得明确、具体。

参考范文

广告发布委托合同

甲方（广告客户或代理单位）：________________________________

地址：____________邮政编码：____________电话：____________

法定代表人：__________________职务：__________________

乙方（广告发布单位名称）：________________________________

地址：____________邮政编码：____________电话：____________

法定代表人：__________________职务：__________________

甲、乙双方根据《中华人民共和国广告法》及有关规定，签订本合同，并共同遵守。

一、甲方委托乙方于______年____月____日至______年____月____日期间发布__________广告。

二、广告发布媒介为__________________________________。

三、单位广告规格为__________________________________。

四、广告采用样稿（样带），未经甲方同意，乙方不得改动广告样稿（样带）。

五、乙方有权审查广告内容和表现形式，对不符合法律、法规的广告内容和表现形式，乙方可要求甲方做出修改，甲方做出修改前，乙方有权拒绝发布。

六、广告样稿（样带）为合同附件，与本合同一并保存。

七、广告单价__________元，加急费__________元，其他费用__________元，扣除优惠__________元，扣除代理费____________元，播出（刊登）次数________，总计__________元。

八、甲方应在______年____月____日前将广告发布费付给乙方，付款方式______。

九、违约责任________________。

十、合同纠纷解决方式：①由______仲裁委员会仲裁；②向______人民法院起诉。

十一、其他（略）。

十二、广告的编排方式和发布时间表（略）。

十三、本合同一式两份，经双方代表人签字后生效。

甲方：____________________　　乙方：____________________

代表人：__________　　代表人：__________

______年____月____日　　______年____月____日

注意要点

签订广告发布委托合还应当注意以下事项：广告发布委托的期限一定要写明起止的时间；不写明起止的时间，就容易引起争议。对涉及的媒介或渠道名称、单位广告规格、广告的编排方式、发布时间表、播出（刊登）次数都要进行明确标注，以免日后产生不必要的纠纷。

委托销售合同

写作要点

委托销售合同要写明委托事项、对双方的具体要求、合作方式、佣金的计算、给付方式、给付时间、违约责任、争议解决方式等主要内容。

参考范文

委托销售合同

委托方(甲方):____________

地址:______________邮政编码:______________电话:______________

法定代表人:____________________职务:____________________

代销方(乙方):____________________

地址:______________邮政编码:______________电话:______________

法定代表人:____________________职务:____________________

一、甲方委托乙方代销下列商品:

商品名称	产 地	规 格	单位	供应单位	包装	每件重量	备 注

二、上列代销价格按以下办法执行:____________________

三、商品包装应按运输部门规定办理,否则运输途中损失由甲方负责。如因不符运输要求,乙方代为改装及加固,其费用由甲方负责。

四、交货地点:凭乙方发货通知单,由甲方代办托运直拨至购货单位。

五、代销商品发货数量必须根据乙方通知。

六、手续费收取与结算按下列办法:按销货款总额的______%收取手续费;待乙方收到货款后,即给甲方结算并扣回代垫费用。

七、甲方代销商品应与样品相符,保质保量,代销数量、规格、价格,有效期内如有变更,甲方必须及时通知乙方,通知到达前,已由乙方签出的合同,应照旧履行。如因质量或供应脱节而造成的损失和费用(包括手续费),均由甲方负责。

八、附则:______________________

九、本协议一式____份,甲方____份,乙方____份,自签订日起生效,有效期____月。

甲方:__________________　　乙方:__________________

代表人:__________________　　代表人:__________________

日期:__________________　　日期:__________________

注意要点

委托销售合同常常在兑现佣金、报酬或利润分成时产生分歧。因此,应当重点对达到的要求、权利和义务、任务、标准、时间、结算条件、考核指标等要尽量具体或量化。

对于结算的要求可以列出以下条件:①货物必须已经出运;②货款结算的基本文件必须齐全,货款结算的基本文件包括出口发票/ 增值税发票/专用缴款书/提单副本;③有关票据内容必须真实、有效(包括票据表面完整);④结算的数量、金额必须与出运的货物完全一致;⑤在指定付款条件下,货款必须已经收汇;⑥在货款的支付上,增值税发票、专用缴款书写须符合开票资料的要求,有关开票资料将另行通知;如因业务需要,应开具发票企业的要求,须将货款付给其他企业的,必须有开具发票的企业填写代付委托书,并加盖企业公章;货款支付时,如受款单位与甲方存在欠款的,应按实扣回。

对费用的界定,也要在委托销售合同中一一列出并仔细确认。例如,在条款中对费用的界定可以这样写明,即“乙方应承担有关业务项下产生的费用,如结汇费用、国外运费、保险费、内陆费用、核销费、邮电费用、集港费用、银行利息等”。类似的条款必须在签订合同时一一确认,做到完备且具体,以减少在执行时产生争议的可能性。

环节十四

新媒体营销文案

环节十四

NO. 14 新媒体营销文案

视频类营销脚本

写作要点

微信、微博等新媒体的崛起,使消费者方便参与传播过程,可以关注、评论、点赞、转发并传播,令营销的渠道发生改变。融视、听、图、文、体验为一体的营销策划更容易被受众青睐,这类营销文案被称为脚本。视频类的营销文案脚本主要由三部分组成:

1、视觉部分,屏幕画面和字幕如何体现。

2、听觉部分,有声语言、音乐和音响的设计。

3、图文部分,画龙点睛的广告文字与图形如何进行组合。

将视、听、图、文、体验融为一体需要蒙太奇(镜头剪辑技巧)。

参考范文

在微信朋友圈推广的视频广告脚本

时间:15 秒

镜头一:拉起围栏的豪宅发生失窃案,神探与助手进入现场勘查。背景音乐为神秘紧张类,渲染气氛。

镜头二:警察局长打来手机电话,责令:“立即破案”。

镜头三:现场勘查,珠宝没有失窃,名画没有失窃。警察目光聚焦到:卫浴水龙头不见了。

镜头四:画面一转,女贼出现,失窃的精美水龙头被装在女贼的卫浴间中。

镜头五:结尾出现该品牌卫浴的广告词与Logo。

注意要点

在正式制作剧本视频类营销文案时,常常根据拍摄需要用列表式来体现制作过程,制作内容包括镜头号、场景号、镜头运动、画面、人声、音乐音效、字幕、时间等更为详细的脚本。

要分析研究相关资料,明确广告定位,确定广告主题。在主题的统率下,构思广告形象。脚本要用镜头进行体现,语言要具有直观性、形象性。以镜头段落为序,运用语言文字描绘出一个个广告画面,必须时时考虑时间的限制。因为电视广告是以秒为计算单位的,每个画面的叙述都要有时间概念。镜头不能太多,必须在有限的时间内,传播出所要传达的内容。脚本常见的时间段有5秒、10秒、15秒、30秒、60秒等。要依据广告策略、广告信息内容、广告目标受众、成本等情况,制定不同时段的脚本。视频广告的解说词是最重要的组成部分,包括画外音解说、人物独白、人物之间的对话、歌曲和字幕等,要体现生动化、生活化,力争成为能口口相传的语言。所以要尽量简短,具备容易记忆、流传、口语化及语言对仗押韵等特点。剧本策划案的写作要考虑剧本的受众以及制作方面的问题,脚本或剧本的策划案应尽量详细,为后面的制作铺路。

故事类营销策划文案

写作要点

故事营销策划文案,目标是通过讲述一个与品牌理念相契合的故事来吸引目标消费者。在消费者感受故事情节的过程中，潜移默化地完成品牌信息在消费者心智中的植入。简单来说，这类文案写作就是用好听好记的故事来赢得消费者好感，从而让消费者记住和认同品牌，成为品牌的忠实顾客。故事营销更强调的是一种品牌理念的输出，以让消费者过目不忘。

参考范文

某投资类企业的品牌故事

某年的某一天，该企业的一位交易员接到了一个机构客户的一笔交易委托：买入50000股某家公司的股票。这个单子在当时是少有的大单，因此很自然在交易大厅引起了一阵兴奋。交易员执行完指令就出去吃午饭了，回来的时候发现桌子上有一大摞秘书留下的粉红便条，都是让他尽快给那个刚刚下单的客户回电。他急忙打回去，那边声音都变了："我……我犯了一个大错，这次我肯定得被炒鱿鱼了！"原来，那位客户把卖出指令错误地下达成了买入，更可怕的是他本来应该是卖出5000股而不是买入50000股！晴天霹雳。交易员马上找到高管汇报了情况。高管问他："是我们的错还是客户的错？"他如实回答："是对方的错。"高管又问他："他们是不是一个好客户？"他同样如实回答："是好客户。"高管很快做了个决定："既然他们是我们的好客户，那么让我们把他们变成我们更好的客户。这次交易错误算我们的，我们来买单。"请记住：我们要把客户的利益永远放在第一位。

注意要点

新媒体时代把企业的营销信息以在最短的几秒内将信息传播到受众面前，但也存在信息过剩、传播过度、注意力稀缺、眼球经济等问题。故事的传播，无疑是解决上述问题的一种好的策划文案，在制作故事时要注意：一是要能体现品牌的个性；二是情节真实可信，建议是曾经发生过的真实故事；三是有冲突、悬疑等内容，刺激受众的好奇心，消费者却需要鲜明的冲突感刺激，他们需要跌宕起伏的故事情节；四是通俗易懂并易于传播。

情感类营销策划文案

写作要点

情感类营销策划文案常常是故事类营销策划文案最常用的主要题材，两者有交叉的地方。与目标消费者建立起“情感连接”是情感类营销策划文案成功的关键，要把情感诉求贯穿于文案始终，使文案成为传递情感的触媒，隐藏于跌宕起伏的情感剧情中。让特殊情感赋予广告生命力，让形象丰满立体、鲜活生动，让顾客在消费商品时有深度情感体验，从而可以更高层次地使企业的品牌成为一种标志和象征，从而提升品牌附加值。这类文案写作一是讲究创意，只有从情感深处打动人，才能让人过目不忘；二是创意方法，把要传达的广告信息，融合在情感类营销策划文案中；三是题材（文字、图片、视频）有特色，让人产生深刻记忆。

参考范文

有人偷偷爱着你

你有被这个世界冷漠对待过吗？当你去买杂志，却被老板一句“快走吧，别烦我”赶走。截止送餐时间3分钟，外卖小哥挤进电梯，电梯超载，没人肯下，只能自己黯然地走出电梯。三轮车大爷剐到奔驰，光头男拿出铁棍吼道：破拉车的，你拿什么赔！每个人都自顾不暇，没有人会在意你的感受。每个人都小心翼翼地活着，没有人在乎你的境遇。行色匆匆的人群里，你并不特别也不会有优待。你的苦楚，不过是别人眼里的笑话。人心冷漠的世界里，每个人都无处可逃。但你要相信，总有人在角落里偷偷爱你。

拒绝卖杂志的大叔，是为了阻止小偷的动作；关上的电梯门，再次打开，是为了让快递小哥进来；外表凶悍的车主其实嘴硬心软，巧妙化解了冲突。

这个世界没有想象中的那么好，但似乎……也没那么糟，这个世界，总有人偷偷爱着你。感恩有你，一路同行。最后出现企业的品牌Logo。

注意要点

为了达到上述目标，感类营销策划文案一是切忌带“血”的营销，切忌利用人的同情心去赚取利润；二是切忌隐瞒事实，一旦被揭穿，被宣传的企业或个人就成了虚假营销的代名词；三是新媒体时代是“体验经济”时代，但过度的体验场景设置会喧宾夺主，例如不要让明星、背景音乐与特效成为主角，这会让消费者记住了配角，却忘记了产品或服务本身。

后 记

在具体做营销策划文案时，我们常常在不同的环节被要求写各种不同文体格式的文案。

在营销的过程中，面对这么多的营销环节，究竟可能会遇到哪些文案？

我们要掌握多少种策划文案格式，才能真正做到有备无患？

这么多的营销策划文案，其主要的差别在哪儿？

如何才能快速写出既符合要求，又精彩纷呈的文案呢？

针对这些问题，本书从市场调查到定位、到制订营销计划、到产品开发上市、到制定价格、到选择渠道、到广告制作、到开展促销、到营销主题活动策划、到公关、到组织节假日活动、到客户关系管理，再到最后的签订合同，这一整套流程，共分为13个环节，提供了80余种、全案式操作的营销策划文案，可以简称为营销策划文案大全的写作指南，并对写作要点和注意要点进行了解剖式分析。同时，为了方便读者参考，还附上了精选精编的范文，旨在让读者一册在手，一目了然，随时参考，信心十足地从容应对各种营销策划文案的挑战！

本书所精选精编的各篇范文，只要有刊载的准确地址可查，只要有企业或者作者的署名，均做了详细而准确的标注，并在引用正文时对涉及的具体企业名称或人名均做了相关处理，以避免产生争议。尽管如此小心谨慎，但是由于时间仓促，行文肯定存在不当之处！如果无意冒犯了有关企业或者有关作者，还请您多多海涵！如果确有异议，请来信与我们联系沟通。

吕　波

2013年4月